Adulti e catechesi

성인 교리교육

성인 교리교육의 방법론적 요소

E. 알베리치 - A. 빈즈 지음
김상인 옮김

Emilio Alberich & Ambroise Binz

ADULTI e CATECHESI

Elementi di metodologia catechetica dell'età adulta

Copyright ⓒ 2004 Editrice ELLEDICI - 10096 Leumann (Torino)
Korean Translation Copyright ⓒ 2022 by Wisdom&Vision, Gimpo, Korea

저작권법에 의해 한국 내에서 보호를 받는 저작물이므로
무단 전재와 복제를 금합니다.

Adulti e catechesi

성인 교리교육
성인 교리교육의 방법론적 요소

E. 알베리치 - A. 빈즈 지음
김상인 옮김

위즈앤비즈
Wisdom & Vision

차례

추천의 글 ··· 8
개정판에 부쳐 ·· 10
공의회 문헌과 교황청 문헌 ··· 12
다른 문헌의 약어·· 13
들어가는 말 ·· 17

제1장 성인 교리교육을 위한 사목 선택　　　　　　　　27

1. 과거를 돌아봄: "교리서 시대"에서 그리스도인 종교교육으로서의
　　성인 교리교육 ·· 29
　　1.1. 트리엔트 공의회의 자극 ·· 29
　　1.2. 20세기 안에서: 성인 교리교육 ··· 31
　　1.3. 성인 교리교육의 특별한 체험 ··· 33
2. 공의회적 전환과 발전 ·· 35
　　2.1. 공의회의 노력 ·· 35
　　2.2. 공의회 이후 첫 번째 시기: 성인 교리교육의 우위와
　　　　교리교육의 "성숙한" 특성의 재발견 ································· 36
　　2.3. 성인 교리교육을 위한 선택의 강화: 공식 확인 및 복음화적 전망 ·· 42
　　2.4. 구체적인 현실 살펴보기: 명과 암 ···································· 53
3. 성인 교리교육: 교육학적이고 문화적인 중대 도전 ················· 58
　　3.1. 성숙하지 못한 사회화와 자유로운 성숙 사이의 쟁점 ········· 59
　　3.2. 보수적 사회화의 핵심인 성인 교리교육 ··························· 60
　　3.3. 성숙한 교육과 변화의 열쇠인 성인 교리교육 ··················· 64
　　3.4. 성인 교리교육의 도전과 과제 ·· 66

제2장 성인 교리교육의 정체성과 형태 및 모델
　　　　　- 설명과 분류의 시도 -　　　　　　　　　　69

1. 이질적이고 복잡한 세계인 성인 교리교육 ······························· 71
2. 개념적이고 용어적인 설명을 위해 ·· 73

2.1. 복음화, 예비신자 기간, 교육, 양성 ·· 73
2.2. 성인 교리교육의 정체성과 범위 ··· 79
3. 성인 교리교육의 형태와 모델: 분류 시도 ·· 80
3.1. 첫 번째 분류 기준: 교회의 다양한 사목 기능과의 관계에 따라 ······ 81
3.2. 두 번째 분류 기준: 교리교육적 행동의 본성에 따라 ···················· 90

제3장 성인 교리교육을 위한 요건과 동기　　　　　　　　95

1. 동기 부여와 설득하기: 성인 교리교육의 핵심 과제 ································· 97
   1.1. 요건과 기대의 다양성 ··· 97
   1.2. 요건과 동기: 몇 가지 설명 ·· 99
2. 사회문화적 지시의 요건과 동기 부여 ·· 102
   2.1. 현대 사회의 도전: "성인의 어려움" ·· 102
   2.2. "지속적인 교육"의 이상과 계획 ·· 105
   2.3. 지속적인 교육과 신앙교육 ·· 108
3. 심리인류학적 지시의 요건과 동기 부여 ·· 109
   3.1. 성인에 대한 개념 안에서의 새로운 강조점 ································· 109
   3.2. 심리적 인간적 성숙에 대한 열린 시각 ·· 110
   3.3. 성인의 삶에서의 단계 혹은 기간의 존재 ····································· 113
   3.4. "학습"의 지속적인 상태에 있는 인간 ·· 114
4. 사목신학적 지시의 요건과 동기 부여 ·· 115
   4.1. 개인적 차원에서의 부족함과 결함 ·· 115
   4.2. 교회적 차원에서의 부족함과 결함: "성숙한" 교회 안에서의 "성숙한" 교리교육에 대하여 ··· 119
   4.3. 성인 교리교육을 위한 새로운 지평과 자극 ································· 121

제4장 성인의 성장과 인간적이고 그리스도교적인 학습　　127

1. 성장하는 존재인 성인 ·· 129
   1.1. 상태라기보다 과정인 성인이 되는 것 ·· 129
   1.2. 성인에 대한 과학적 지식: 두 가지 보완적 접근법 ······················ 131

        1.3. 세 가지 이론적 모델··135
        1.4. 성인 교리교육을 위한 이러한 모델의 가치와 한계··············147
    2. 성인 신자와 성숙···151
        2.1. 몇 가지 기본적인 결과··153
        2.2. 제임스 파울러: 자아와 신앙의 구조화 단계······················155
        2.3. 프리츠 오저: 종교적 판단의 단계···································165
        2.4. 비평적 성찰··171
        2.5. 사목적 지침···173
    3. 신앙 안에서의 성인과 학습··181
        3.1. 배우는 성인: 고유성과 특징··182
        3.2. 신앙 안에서 배우거나 망각하기····································187
        3.3. 신앙 학습을 위한 인지 부조화와 어려움························189
        3.4. 성인 교리교육을 위한 결과··191

제5장 성인 교리교육의 목표와 목적　　　　　　　　　195

    1. 목표와 목적: 일반 원칙···197
        1.1. 목표와 목적의 의미와 성격···198
        1.2. 목적의 올바른 표명을 위해···200
        1.3. 성인 교리교육 안에서의 목표와 목적: 선택과 표명의 기준········201
    2. 성인 교리교육의 목표와 목적: 구체적인 지침························205
        2.1. 개인적 차원: "성숙한 신앙인"의 새로운 모델을 향해············205
        2.2. 공동체적 차원: "신앙 안에서 성숙한 공동체"를 촉진···········217
        2.3. 교회적 차원: "교회의 쇄신된 계획"을 향해·······················219

제6장 성인 교리교육의 내용에 관한 문제　　　　　　231

    1. 성인 교리교육의 내용 선택을 위한 기준································234
        1.1. 기능성의 기준··234
        1.2. 그리스도교 메시지의 전체성과 온전성의 기준·················237

2. 성인 교리교육의 내용 제시와 표명의 기준 ··· 241
   2.1. 의미 ··· 242
   2.2. 본질 ··· 243
   2.3 성숙("성인") ··· 244
   2.4. 토착화 ··· 248
   2.5. 대화 ··· 256

제7장 성인 교리교육을 위해 일하는 사람과 방법 및 도구　259

1. 사람: 성인 교리교육의 참가자와 담당자 ··· 261
   1.1. 참가자 ··· 262
   1.2. 활성가 ··· 264
   1.3. 집단과 공동체 ·· 266
   1.4. 그리고 '참여하지 않는 사람들'은? ··· 273
2. 방법 ··· 275
   2.1. 교리교육 계획의 "전체적인 여정"으로서의 방법(행동의 논리) ····· 276
   2.2. 교리교육 "모델" 혹은 "계획"으로서의 방법 ································· 279
   2.3. "유효한 개입의 순서"로서의 방법 ··· 285
   2.4. "기술", "도구", "재료"의 사용으로서의 방법 ································· 293
3. 기술, 도구, 재료 ··· 293
   3.1. 기술과 그 기능 ·· 294
   3.2. 도구, 재료 및 학습 유형 ··· 295

성인 교리교육을 위한 기술 ··· 298
성인 교리교육을 위한 도구와 재료 ·· 299

참고문헌 ··· 300

추천의 글

'성인 교리교육'

이 용어를 들으면 제일 먼저 떠오르는 생각이 '성인 예비자 교리교육'일 것입니다. 그리고 그 이상의 것은 생각이 잘 떠오르지 않습니다. 현재 한국천주교회의 주일학교에서 행하여지는 교리교육 이외에 제일 많이 실시하는 것이 성인 교리교육인데, 이것을 연관하여 생각하지는 않습니다. 이를 좀 확대해서 생각해 보라고 한다면, '신자 재교육', '평생교육' 그리고 '지속적인 교리교육'이라는 말을 하게 됩니다. 그런데 우리 교회의 사목 현장을 돌아보면, 다양한 형태로 성인 교리교육을 실시하고 있으며, 심지어 전문적인 양성을 위한 성인 교리교육도 실시되고 있습니다. 이처럼 우리 교회 안에서는 다양하게 성인 교리교육을 실시하고 있는 것은 사실입니다. 하지만 이 용어를 우리는 왜 생소하게 느끼는 것일까요?

그 이유는 성인을 대상으로 하는 교리교육의 형태가 너무 다양하기 때문일 것입니다. 연령별로 볼 때, 청소년기까지 주일학교 교리교육이 끝나면, 우리는 일반적으로 모든 교리교육은 부지불식간에 끝난다고 생각합니다. 그리고 이후의 신앙에 대한 다양한 교육은 교리교육이기보다는 재교육, 양성교육, 심신 단체나 활동 단체의 영성을 알기 위한 교육으로 생각할 뿐입니다. 또한 그것은 신자들 각자의 카리스마나 원의에 맞게 선택하면 된다고 생각합니다. 이런 생각이 지배적이다 보니, 성인 교리교육의 범주 안에 교회가 성인들을 대상으로 행하는 다양한 교육의 형태를 생각하지 않게 되었고, 성인들을 대상으로 한 교리교육에 대해 연구도 하지 않게 되었습니다.

(사)미래사목연구소 소장 김상인 신부님이 번역한 『성인 교리교육: 성인 교리교육의 방법론적 요소』는 우리 교회 안에 성인 교리교육을 위한 첫 번째 심도 있는 연구물이라 할 수 있습니다. 많은 교회에서는 오래전부터 성인 교리교육을 위해 다양한 연구를 하였습니다. 이 책의 후반부에 소개된 많은 연구 서적을 통해, 우리는 그동안 전 세계 많은 교회에서 성인 교리교육의 방법을 얼마나 많이 연구해 왔는지 알 수 있습니다. 또한, 그런 연구들을 종합한 것이 바로 이 책입니다. 로마 교황청립 살레시오 대학의 명예교수이자 교리교육의 대가 에밀리오 알베리치 교수님과 스트라스부르그 대학의 암브로와즈 빈츠 교수님의 공동연구로 완성된 이 책은, 분명 한국천주교회에서 이제까지 행하였던 모든 성인들을 대상으로 한 교리교육의 방법을 새롭게 생각할 수 있도록 도와줄 것입니다.

아울러 앞으로의 성인 교리교육은 어떻게, 어떤 방법으로 실시해야 할지에 관한 도움도 줄 수 있을 것으로 생각합니다. 이 번역물을 통해 앞으로 우리 교회 안에서도 성인 교리교육에 대해 다양한 연구가 시도되기를 기원합니다.

천주교 인천교구장
정신철 요한세례자 주교

개정판에 부쳐

교리교육에 대한 관심은 분명히 어린이에서 성인으로 이동하고 있고, 교리교육과 성인 교리교육이 교회의 사목활동에서 시급하며 우선순위가 됐다는 확신이 매일 커져간다. 하지만 이러한 선택의 효과적인 실행은 여전히 초기 단계에 머물러 있고 제한적이며, 어떤 면에서는 문제가 있고 구체적인 설계와 실현에 있어 항상 설득적이진 않다. 여러 곳에서 실망과 낙담이 쌓여가고, 우리가 무엇을 해야 하는지에 대한 예측할 수 없는 감정이 널리 퍼져 있다. 그렇기 때문에 실천적 관점에서의 적절한 방법론적 지침이 명확할 필요가 있다.

이 책의 두 저자는 이런 방향에 기여하길 희망하며, 연구와 교육, 사목자 양성 분야에서의 우리의 감각과 경험을 교리교육 담당자와 책임자들을 위해 봉사하고자 한다. 저자 중 E. 알베리치[Emilio Alberich]는 로마 교황청립 살레시오 대학(교육학부)과 교황청립 그레고리안 대학의 교리교육학 교수이며, A. 빈즈[Ambroise Binz]는 유럽 공동체 중심에 있는 프랑스 스트라스부르그 대학의 종교교육학 교수이다. 이 매뉴얼의 초판[Adulti e catechesi, Leumann [Torino], Elledici 1993]은 스페인과 브라질, 크로아티아와 캐나다, 프랑스에서 번역돼 퍼져 나가는 등 좋은 반응을 얻은 바 있다.

이번 개정판에서는 현시대의 성인 교리교육의 실천과 관련해 그 정체성과 동기, 사목적 의미와 목적, 내용과 방법을 관련 문헌을 통해 포괄적이며, 또 진지하게 증명하는 형식으로 다루려 한다. 10년 전 출판된 초판과 비교할 때, 본문은 가장 최근의 공식 문헌들과 교리교육적 성찰을 적용해 더욱 풍성하고 새로워졌다. 이 책은 근본적으로 교리교육 기초에 대한 성찰로 이어지고 있으며, 특히 E. 알베리치의 『오늘의 교리교육 La Catechesi oggi, Leumann[Torino], Elledici 2001』을 자주 참고하고 있다.

저자들은 이런 "방법론적인 요소"가 성인 교리교육에 관심 있는 사람들에게 효과적으로 사용될 수 있기를 희망한다. 특히, 교리교육 담당자 및 지도자 양성과 관련된 여러 신학교와 기관 그리고 대학교의 학부에 자료처럼 제공되길 기대한다. 아울러, 본문 수정을 제안해 준 살바토레 바르베타 신부 S. Barbetta와 이 작업이 가능하도록 격려와 도움을 준 동료들과 학생들, 친구들에게도 진심으로 감사 인사를 전한다.

2003년 11월 1일, 로마에서
모든 성인 대축일에

에밀리오 알베리치

공의회 문헌과 교황청 문헌

AG	*Ad Gentes* (1965) 교회의 선교 활동에 관한 교령「만민에게」
CCC	*Catechismo della Chiesa Cattolica* (1992)「가톨릭 교회 교리서」
CD	*Christus Dominus* (1965) 주교들의 사목 임무에 관한 교령「주님이신 그리스도」
ChL	*Christifideles Laici* (1988) 교황 요한 바오로 2세의 사도적 권고「평신도 그리스도인」
CT	*Catechesi Tradendae* (1979) 교황 요한 바오로 2세의 사도적 권고「현대의 교리교육」
DV	*Dei Verbum* (1965) 하느님의 계시에 관한 교의 헌장「하느님의 말씀」
EN	*Evangelii Nuntiandi* (1975) 교황 바오로 6세의 사도적 권고「현대의 복음 선교」
GS	*Gaudium et Spes* (1965) 현대 세계의 교회에 관한 사목 헌장「기쁨과 희망」
LG	*Lumen Gentium* (1964) 교회에 관한 교의 헌장「인류의 빛」
RM	*Redemptoris Missio* (1990) 교황 요한 바오로 2세의 회칙「교회의 선교 사명」
SC	*Sacrosanctum Concilium* (1963) 거룩한 전례에 관한 헌장「거룩한 공의회」
UR	*Unitatis Redintegratio* (1964) 일치 운동에 관한 교령「일치의 재건」

다른 문헌의 약어

Asia (Singapore 1995) «A Renewed Catechesis for Asia. Towards the Year 2000 and Beyond. Statement of the Pan Asian Conference on Catechesis. Singapore 23 October 1995», in: F.-J. Eilers (ed.), *For All the Peoples of Asia. Federation of Asian Bishop's Conferences. Documents from 1992 to 1996. Volume 2.* Quezon City, Claretian Publications 1997, 27-35.

Brasile CR *Catequese renovada. Orientações e conteúdo*, Documento aprovado pelos Bispos do Brasil. «Documentos da CNBB» n.26, Sâo Paulo, Edições Paulinas 1983.

CA catechesi degli adulti (성인 교리교육)

CAL DECAT-CELAM, *La catequesis en América Latina. Orientaciones comunes a la luz del Directorio General para la Catequesis.* Santafé de Bogotá, Centro de Publicaciones del CELAM 1999.

Cat.oggi E. Alberich, *La catechesi oggi. Manuale di catechetica fondamentale*, Leumann (Torino), Elledici 2001.

DGC Congregazione per il Clero, *Direttorio Generale per la Catechesi*, Città del Vaticano, Libreria Editrice Vaticana 1997.

Diz.Cat. Istituto di Catechetica (Facoltà di scienze dell'educazione) dell'Università Salesiana di Roma, *Dizionario di Catechetica*, a cura di Joseph Gevaert, Leumann (Torino), Elledici 1986.

Diz.Sc.Ed. Facoltà di scienze dell'educazione-Università Pontificia

Salesiana, *Dizionario di scienze dell'educazione*, A cura di José Manuel Prellezo (coord.), Carlo Nanni, Guglielmo Malizia, Leumann/Torino/Roma, Elledici/LAS/SEI 1997.

Dossiers Office de Catéchèse du Québec-Novalis, Université Saint Paul, Ottawa (Edd.), *Dossiers d'andragogie religieuse*. Ottawa, Novalis 1981-1985 (10 quaderni). 문서 번호와 함께 자료가 인용됨(예, *Dossiers* 4).

Francia CNER Centro Nazionale dell'Insegnamento religioso in Francia (Ed.), *Formazione cristiana degli adulti. Una guida teorico-pratica per la catechesi*. Bologna, Dehoniane 1988.

Germania KWK «Das katechetische Wirken der Kirche. Ein Arbeitspapier der Sachkommission I der gemeinsamen Synode der Bistümer in der Bundesrepublik Deutschland», in: L. Bertsch et al. (Edd.), *Gemeinsame Synode der Bistümer in der Bundesrepublik Deutschland. Ergänzungsband*, Offizielle Gesamtausgabe II. Freiburg-Basel-Wien, Herder 1978, 31-97.

Inghilterra LSOF Bishops' Conference of England and Wales, *Living and Sharing our Faith, a National project of Catechesis and Religious Education: To Be a People of Hope; Adult Education: a Christian Perspective*, edited by A. Patrick Purnell, London, Collins 1987.

Medellín *Medellín documenti. La Chiesa nella attuale trasformazione dell'America latina alla luce del Concilio Vaticano II*, Bologna Dehoniane 1969 [메델린 (교리교육) 문헌이나, 메델린 문헌과 관계된 유사한 문헌도 인용함].

Messaggio Sinodo '77　*Messaggio del Sinodo sulla catechesi. La catechesi nel nostro tempo. Quarta Assemblea Generale del Sinodo dei Vescovi.* Leumann (Torino), Elledici 1977.

Nuevo Dic.Cat.　V.M. Pedrosa Arés et al. (Edd.), *Nuevo Diccionario de Catequética.* 2 Voll, Madrid, San Pablo 1999.

Puebla　*Puebla. L'evangelizzazione nel presente e nel futuro dell'America Latina, Bologna,* Ed. Missionaria Italiana 1979.

Québec OCQ　Office de Catéchèse du Québec, *Les nouveaux défis de l'éducation de la foi des adultes au Québec,* Montréal, Fides 1988.

Québec OP　Comité Épiscopal de l'éducation de l'assemblée des évêques du Québec, *Options privilégiées en éducation de la foi des adultes,* Montréal, Comité épiscopal [...] 1994.

RdC　Conferenza Episcopale Italiana, *Il rinnovamento della catechesi,* Roma, Fondazione di Religione Santi Francesco di Assisi e Caterina da Siena 1988.

S.Domingo　IV Conferencia general del Episcopado Latinoamericano, *Santo Domingo, República Dominicana, 12-28 de Octubre de 1992, Nueva evangelización, promoción humana, cultura cristiana. « Jesucristo ayer, hoy y siempre»(cf Hebreos 13,8),* Santafé de Bogotá, Consejo Episcopal Latinoamericano-CELAM 1992.

Spagna CC　Comisión Episcopal de Enseñanza y Catequesis, *La catequesis de la comunidad. Orientaciones pastorales para la catequesis en España, hoy,* Madrid, Edice 1983.

Spagna CA Comisión Episcopal de Enseñanza y Catequesis, *Catequesis de adultos. Orientaciones pastorales,* Madrid, Edice 1991.

UCN 1 Ufficio Catechistico Nazionale, *Adulti nella fede testimoni di carità. Orientamenti per la catechesi degli adulti. Schede di lavoro in preparazione al Convegno Nazionale 1992,* Leumann (Torino), Elledici 1990.

UCN 2 Ufficio Catechistico Nazionale, *Adulti e catechesi nella comunità. Orientamenti per la catechesi degli adulti n. 2, Contributo di studio in preparazione al Convegno Nazionale 1992,* Leumann (Torino), Elledici 1991.

UCN 3 Ufficio Catechistico Nazionale, *La catechesi e il catechismo degli adulti. Orientamenti e proposte,* Bologna, Dehoniane 1995.

USA NCD *Condividere la luce della fede. Direttorio catechistico nazionale dei cattolici degli Stati Uniti,* Leumann (Torino), Elledici 1981.

USA *Our Hearts* United States Catholic Conference, *Our Hearts Were Burning Within Us: A Pastoral Plan for Adult Faith Formation in the United States,* Washington, United States Catholic Conference 1999.

들어가는 말

위기 속의 사목 상황

오늘날 교리교육은 엄청난 도전의 위험에 처해 있는 만큼 기대와 실현으로 가득 찬 파노라마로 제시된다. 우리가 다른 곳에서 지적한 바와 같이[1] 오늘날의 교리교육은 그리스도교의 "글로벌 언어"(linguaggio globale), 곧 그리스도인과 교회가 현시대 사람들에게 전달하는 유효한 메시지의 심각한 위기와 함께 매우 중대한 상황에 놓여 있다. 눈으로 바로 확인할 수 있는 사실이자 글로벌 언어이며, 의미를 제시하는 것으로 현재의 그리스도교는 더 이상 믿을만한 사실로 인식되지 않으며, 그리스도인이 되고 싶은 욕구를 불러일으키지도, 매력적이지도, 설득적이지도 않으며, 의미 있는 메시지처럼 압도하지도 않는다. 우리 사회에서 벌어지는 "종교의 회복"(ritorno del religioso)과 "성스러움의 설욕"(rivincita del sacro)이라는 현상의 모호함에도 불구하고 이 같은 현상은 분명하게 나타나고 있다.

어느 정도 객관성을 가지고 볼 때, 어떤 사실들은 교리교육의 전통적인 "제도"가 기능을 발휘하지 못하고 그 목적에도 도달하지 못하며, 깊은 재검토가 필요한 것으로 보인다. 예를 들어, 종교적 무관심과 불신앙 현상의 확언, 현시대 많은 신앙인이 갖는 정체성의 위기를 들 수 있다. 그리고 그리스도교 입문 과정과 새로운 세대에 신앙을 전달하는 데 대한 중대한 문제 상황(역설적으로 "입문" 과정이 종종 "결론" 과정이

---

[1] Cf. Cat.oggi. cap. 1.

되기도 함)이나 무엇보다 많은 사람에게 복음화의 도구가 아닌 장애물로 인식되는 제도적 측면에서의 교회와 그리스도교의 신뢰성의 위기도 예로 들 수 있다. 또한 이런 예 가운데에서 신앙과 삶, 신앙과 문화 간의 분리와 많은 그리스도인에게 그리스도교가 윤리적으로 대수롭지 않고 실존적으로 공허하며, 문화적으로는 이질적이고 무익한 사실로 축소되는 "우리 시대의 비극"(EN 20)을 예로 들 수 있다.

이러한 사실은 교회의 모든 사목활동과 더 구체적으로는 교리교육에 대한 포괄적이고 철저한 재고를 요구하는 도전을 나타낸다. 이런 상황에 직면하여 오늘날 긴급 상황에 적격성을 부여한 촉매제를 선택하는 것으로 복음화 선택의 우위를 주장하는 것은 일반적이다. 사실 우리는 보존의 사목부터 복음화나 선교 사목의 필요한 통로이자, "복음화의 상태로" 두어야 할 필요성을 지닌 "새로운 복음화$^{nuova\ evangelizzazione}$"까지 계속해서 말하고 있다. 그리고 이러한 맥락에서 지난 수십 년간 성인 교리교육을 위한 우선적 선택이 확립됐다.

성인 교리교육을 위한 사목적 선택

"성인 교리교육$^{catechesi\ degli\ adulti,\ CA}$" 혹은 "성인의 그리스도인 양성$^{formazione\ cristiana\ degli\ adulti}$"은 거의 모든 곳에서 교회와 그리스도인 공동체의 특별한 관심의 대상이 되어 왔다. 이것은 오늘날 교회의 복음화 사명의 맥락에서 긴급하고 중요한 사목적 우위로 여겨진다. 따라서 교리교육 성찰의 맥락에서 첫 번째 공의회 이후에 이미 존재했던 요구, 즉 전통적인 교리교육의 영역인 유아의 세계에서 성인의 세계로 강조점을 옮기는 요구는 그렇게 형성되고 드러나게 되었다. 이제는 새로운 감수성과 우려가 넘쳐난다는 것을 입증하는 몇몇 사실과 지표도 잘 알려져 있다.²

- 교리교육의 공식 문헌 속에서 성인 교리교육은 분명히 교리교육의 가장 중요하고 긴급한 형태이자, 사목 계획의 중심축과 같다고 강조하는 것은 널리 알려진 바이다.³
- 공의회 이후 시기는 교회사에서 사실상 새로운 "문학 유형^{genere} ^{letterario}"을 열어가면서 성인을 위한 다양한 교리서의 탄생과 확산을 발견하였다. 1966년 네덜란드의 유명한 성인 교리서가 제시한 모범은 세계의 다른 많은 국가와 여러 지역들에서 뒤따랐다.⁴
- 주목할 만한 또 다른 사실은 수십 년 동안 성인과 함께하는 교리교육 활동의 구체적인 형태를 촉진시키고, 운영 지침을 제공하려는 목적으로 성인 교리교육에 대한 주교단의 다양한 공식 문서들이 등장했다는 것이다.
- 성인 교리교육은 전체적인 교리교육의 실천에서 여전히 그 존재가 너무 미비하다는 점이 확인됨에도 불구하고, 매우 풍부하고 다양하게 구성된 개요에 따라 여러 교회 안에서 점진적이고 다채로우며, 구체적인 형태로 원칙에 대한 선언이 뒤따르고 있다.⁵

---

2 자세한 문헌적 설명은 제1장을 참조하시오.
3 Cf. DGC 59; 171-176; 274; CT 43.
4 책 뒷부분에 있는 참고문헌을 참고하시오.
5 일반적 개요를 위해서는 다음 책을 참고하시오. Cf. E. Alberich – A. Binz, *Forme e modelli di catechesi con gli adulti. Esperienze e riflessioni in prospettiva internazionale*, Leumann (Torino), Elledici 1995.

- 다양한 언어와 문화 영역, 곧 성인 교리교육의 실천을 계획하고 동반하기 위한 이론적이며 실천적인 통합에 대한 체계적이며 과학을 기반으로 한 다양한 시도에도 불구하고, 성인 교리교육에 대한 교리교육적 성찰의 노력은 더디게 성장하고 있다.[6]

심화된 방법론적 접근을 향해

이 모든 사실은 오늘날 교회 안에서 성인 교리교육에 대한 문제 인식과 진지한 연구를 촉구한다. 그리고 우리는 이 책에서 무엇보다 방법론적 성격을 띠는 더욱 정교하고 교리교육적인 관점에서의 연구를 실행하려 한다. 그래서 이 책의 부제를 "성인 교리교육의 방법론적 요소들"이라고 적었다.

"방법론적" 전망

공식적인 교리교육적 접근은 본질적으로 "인간행동학적^{prasseologico}"이다. 따라서 방법론적 전망이 교리교육적 중재 문제에 대한 중심축을 구성한다는 의미에서 이러한 접근은 "방법론적^{metodologico}"이다.[7]

사실 모든 교리교육은 본질적으로 **행동**으로 평가되고, **의사소통**의 순서에 따라 엄밀히 **가르침**^{insegnamento}, **교육**^{educazione}, **입문**^{iniziazione}으로 간주된다. 따라서 교리교육의 실현에서는 성인 교육학적^{andragogico}, 교육

---

6 참고문헌에서 더욱더 중요한 문헌을 참고하시오.
7 Cf. Cat.oggi, cap.10.

적, 신비교육적 형태의 접근이 요구된다. 그리고 모든 경우에서 방법론적 전망을 핵심적으로 발견할 수 있다. 곧 그 전망이란 교리교육적 행동이 수행되고 그 목적을 달성하기 위한 다양한 요인과 조건이 **어떻게** 갖춰지고 실행될 수 있는지에 대해 고려하는 것을 의미한다.

이러한 방법론적 전망에서 우리가 다음에 개괄적으로 언급하는 모든 올바른 교리교육 계획을 전체적인 여정으로 목표로 삼으면서, 성인 교리교육의 문제를 구체적으로 다룬다.

이 책은 실질적으로 이러한 이상적인 방법론적 여정의 모든 프로그램 단계를 따르지는 않지만, 몇 가지 중요한 시기와 요구를 고려해 구체적 적용을 위한 지침과 기준을 제공하고자 한다.

이 책에서 다루고자 하는 것

이 책은 7개의 장으로 나뉘어 있다. 첫 두 장은 해석과 배열 및 일반적 평가의 노력 속에서 현 교회의 성인 교리교육 출현에 대한 전반적인 이해를 시도한다. 제1장 "성인 교리교육을 위한 사목 선택"은 현시대의 사목 의미를 이해하고 교회의 새로운 사목 선택의 맥락에서 이해관계를 파악하려는 우려와 함께, 특히 제2차 바티칸 공의회의 전환점 이후 성인 교리교육의 여정에 대한 종합적 개요를 제시한다. 제2장 "성인 교리교육의 정체성과 형태 및 모델 - 설명과 분류의 시도 -"는 교리교육의 풍요로운 현실을 명확히 설명하기 위한 기준을 제공하고, 동시에 "복음화", "교리교육", "양성" 등과 같이 중요한 관련 용어들의 개념을 명확히 밝히고자 한다.

제3장부터 제7장으로 이어지는 다음 장에서는 성인이 참여하는 교리교육적 행동의 주요 결정 요인들을 살펴본다. 무엇보다 "성인 교리교육을 위한 요건과 동기"(제3장)는 성인 교리교육 계획의 책임자와 참여자를 위한 동기 부여의 적절한 플랫폼을 위해 논제를 제공하고 권유하는 것을 목적으로 하고 있다. 제4장 "성인의 성장과 인간적이고 그리스도교적인 학습"에서는 다양한 관점과 인식론적 접근부터 성인의 역동성과 그들이 가진 구체적인 조건들 안에서 성인 교리교육의 대상에 초점을 맞춘다. 제5장 "성인 교리교육의 목표와 목적"은 개인과 공동체, 교회 등 세 가지 차원에서 성인 교리교육의 목적 선택과 그 공식에 대한 형식적 측면, 무엇보다 성인 교리교육을 위한 특수성의 가치 측면에서 성인 교리교육의 목적과 관련된 주제에 대해 생각해 본다. 제6장 "성인 교리교육의 내용에 관한 문제"에서는 특별히 현시대 성인의 요구에 유의하면서 성인 교리교육 내용의 선택과 공식 기준을 명확히 한다. 끝으로, 제7장 "성인 교리교육을 위해 일하는 사람과 방법 및 도구"는 방법론적 과정의 중요한 요소들을 검토한다.

이 책은 성인 교리교육에 대한 교리교육적 성찰이나 주요 언어, 그리고 문화 영역에서 나타난 성인 교리교육 사목 실천의 구체적인 현실에 관한 광범위하고 자세한 참고문헌을 검토하고 있다. 또한 이 책은 이 주제에 관심 있는 모든 사람의 성찰과 창의성을 위해 인상적인 분량의 성인 교리교육 모델과 경험을 제공하는 매우 고무적이고 다양한 총론이다.

교리교육 방법론적 전개

1. "인식^{conoscitivo}" 단계: 출발 상황을 인식하기

이 단계에서는 시작하는 교리교육 상황, 곧 (존재한다면) 기존의 교리교육 활동과 그것이 전개되거나 작용하는 구체적인 배경인 사람, 역사, 사회적·종교적·문화적·정치적 환경 등을 관찰하고 분석한다. 이 작업은 두 가지 인식 수준, 곧 경험적 인식(직접적이거나 경험적인 관찰)과 과학적 인식(적절한 도구와 기술을 사용해 체계적이고 계획적인)에서 수행된다. 여기에 실질적인 질문 및 요구와 기대의 초안이 분명한 결과로 나타난다.

2. "해석^{interpretativo}" 단계: 상황 해석, 평가, 문제화하기

이 단계에서는 원인과 의미, 평가와 전망("시대의 징표")과 관련된 연구 및 행동과 관련된 중요한 요점의 연구를 실행한다. 그래서 이 단계는 해석학적이고 비평적이다. 즉 문제에 대한 해석의 기본 단계이다. 이 단계에서는 사목신학적, 인문학적, 교육학적인 다양한 해석적 접근이 이루어진다. 그 결과 "교리교육적 문제"가 분명하게 드러나고 실질적인 질문이 명확해진다.

3. "기획^{progettativo}" 단계: 교리교육적 활동을 이상적으로 기획하기

이 단계에서는 역동적이며 지시하는 "유토피아적" 모델과 개입에 대한 이상적인 기획을 공식화한다. 이런 이상적인 기획 속에서 특별히 목표나 최종 목표, 주요 운영 선택, 가정된 전체적인 모델이 명확히 드러난다.

4. "계획programmatico" 단계: 교리교육적 활동을 구체적으로 계획하기

이 단계에서는 필요한 결정을 내리고, 이상적 기획에서 구체적으로 시행되고 실현 가능하며, "운영 가능한operazionabile" 수준의 정교화 작업으로 나아가는 것이 중요하다.

이 작업에서는 교리교육 프로그램의 근본적인 구성 요소인 (일반적이고 특수한) 목표를 결정하고, (교육 주도권의 가능한 예측으로) 교육 담당자와 참여자를 표시한다. 이후 내용을 선택하고 방법이나 실행 순서를 구성하며 도구와 기술 및 재료를 선택한다. 그리고 실행 계획(시간, 방식, 장소, 조직 및 재정적 측면)과 평가, 검증의 형태로 진행된다.

5. "실행realizzativo" 단계: 계획된 행동을 실행하기

마지막으로 학습 계획 작성의 예상 단계(아마도 첫 번째 실험 단계)에 따라 실제로 실행된다.

6. "평가valutativo" 단계: 실행된 행동을 평가하기

이 단계에서는 적절한 도구와 기술을 통해 실행된 교리교육적 활동의 검증과 평가가 이루어진다. 평가는 (과정에 따라) 연속적이거나 최종적일 수 있다. 여기서 평가할 측면은 (목표와 비교된) 결과, (달성된 목표와 이상적 설계 혹은 위임된 임무 간에 비교된) 타당성과 성질, (얻은 결과와 행해진 노력 간의 관계인) 효과이다.

7. "재기획"$^{ri\text{-}progettativo}$ 단계: 기획의 방법론적 여정을 재개하기

이 단계에서는 실행된 평가에 비춰 교리교육적 활동의 개선을 위해 기획 과정이 재개된다.

Adulti e catechesi

성인 교리교육을 위한
사목 선택

CAPITOLO PRIMO

*L'opzione pastorale
per la catechesi degli adulti*

성인 교리교육에 관한 주제에 첫 번째로 접근하는 목적은 최근 교회에 등장한 성인 교리교육의 우선적 선택을 상기하며, 제2차 바티칸 공의회로부터 촉진된 교리교육의 일반적 쇄신의 맥락 안에서 성인 교리교육의 의미와 위치를 파악하는 데 있다.

1. 과거를 돌아봄:
"교리서 시대"에서 그리스도인 종교교육으로서의 성인 교리교육

최근(현대) 교회의 역사는 널리 퍼져 있으며, 안타까운 종교적 무지에 시달리는 그리스도인들의 종교교육에 대한 우려가 항상 있어 왔다.[1] 또한 그리스도인들에게 구원을 위해 필요한 진실에 대한 지식을 보장해야 한다는 요구가 끊임없이 반복되고 있다. 그 이유는 이것이 구원을 위태롭게 만들 뿐 아니라, 그들의 무지함이 사회 전체에 심각한 도덕적 부패를 가져오고 해를 끼치는 원인이 되기 때문이다.

1.1. 트리엔트 공의회의 자극

근대 시기("교리서의 시대")의 교리교육은 그 기간 내내 정확히 기억되고 상기되는 트리엔트 공의회의 사목 규정에서 주된 자극을 받는다. 특히 영혼의 목자들에 관해 규정하고 있는 제5회기의 "독서와 설

---

[1] Cf. P. Braido, *Lineamenti di storia della catechesi e dei catechismi. Dal «tempo delle riforme» all'età degli imperialismi (1450-1870)*, Leumann (Torino), Elledici 1991, 14-16.

교에 관한^{super lectione et praedicatione}" 교령에 포함된 규범은 우리 주제와 관련돼 있다.

> 적어도 주일과 대축일에는 그들에게 맡겨진 백성을 자신의 능력에 따라 유익한 말로 양육하고 구원을 위해 모든 사람들에게 필요한 것을 가르치며, 그들이 피해야 할 악습과 실행해야 할 덕을 간결하고 쉽게 가르쳐, 영원한 형벌을 피하고 영복을 얻을 수 있도록 한다.[2]

트리엔트 공의회 이후 수 세기 동안 교리교육은 그리스도인들의 커다란 종교적 무지에 대처할 필요성과 모든 종류의 이단과 폭동 그리고 부도덕의 근원이기도 한 무지를 "구원에 필요한" 진리로 가르치는 것이 시급하다는 확신에 지배된 것처럼 보인다.[3]

실제로 지난 세기 사목 실천에서는 설교, 교리서, 대중 선교, 성사 준비 등의 성인 교육과 종교교육의 다양한 형태가 존재했다.[4] 점차 어린이와 청소년 분야로 확실하게 초점이 맞춰지지만, 성인들에게도 교리교육을 확장할 사목적 필요성을 지속해서 상기할 필요가 있다.

---

2 Concilium Tridentinum, Sessio V, Decretum secundum: super lectione et praedicatione, n. 11, in: G. Alberigo et al. (Edd.), *Conciliorum Oecumenicorum Decreta*, Freiburg i.Br., Herder 1962, 645. Cf. Sessio XXIV, Decretum de reformatione, Canon IV (*ibid*. p.739: 축일과 대림시기, 사순시기에 신자들에게 하는 설교에 대해) e Canon VII(p.740: 성사 준비에 대해)

3 다양한 근거를 위해 다음 책을 참고하시오. G. Adler-G. Vogeleisen, *Un siècle de catéchèse en France 1893-1980. Histoire - Déplacements - Enjeux*. Paris, Beauchesne 1981, 125-132.

4 Cf. Braido, *Lineamenti di storia*, 두 번째 부분.

1.2. 20세기 안에서: 성인 교리교육

20세기에도 그리스도인 종교교육을 위한 트리엔트 공의회와 전통적인 규정들은 여전히 유효하다. 이 내용은 교황 비오 10세의 회칙 「그리스도교 교리교육에 관하여$^{Acerbo\ nimis}$」, 1905년에서 소개된다. 교황은 그리스도인들의 종교적 무지를 안타까워하면서(1-4항; 14-15항), 신자 교육의 중요한 의무를 상기시키고(11, 12항) 입문성사를 준비하며 학교에 다니는 어린이와 청소년들을 위한 교리서의 시급함을 재차 강조했다(16항). 그리고 성인 종교교육의 중요함 역시 강조했다.

> 특히 이 시대는 어린이들 못지않게 어른들에게도 종교교육이 필요한 것이 사실이니 영혼을 돌보는 모든 사목자는 모든 주일에 본당 미사에서 행해야 하는 일반적인 강론 외에도, 듣는 이들의 지성에 맞게 쉽고 적절한 방법으로 신자들에게 교리서를 설명해야 한다. 이것은 모든 거룩한 주일에 신자들에게 가장 알맞은 시간에 시행돼야 하지만, 어린이들이 교육받는 시간과 같은 시간에는 시행하지 말아야 한다. 교리교육은 트리엔트 공의회 교리서에 기반을 두어야 하고 4, 5년의 기간 동안 신앙고백, 성사, 십계명, 주님의 기도 및 교회의 가르침을 다루는 순서로 진행한다.[5]

이 교황 회칙은 성인을 대상으로 하는 교리교육적 가르침의 의미와 방식을 명확하게 표현한다. 결론적으로 성인 교리교육이 가장 빈번하게 일어나는 형태는 본당에서, 특히 주일 오후에 실시되는 종교

---

[5] 회칙 「그리스도교 교리교육에 관하여」(*Acerbo nimis*) 1905년 4월 15일, n.16: «Acta Sanctae Sedis» 37 (1904-1905), 623-624.

교육일 것이다. 이러한 교리교육 형태의 취지와 정신은 일반적으로 연역적 전개의 전통적인 교리 해설 방식을 따른다.[6]

시간이 지남에 따라 적지 않은 교구에서 주일 오후에 성인들을 모으는 데 어려움을 겪고 있어, 주일 미사 동안 강론 대신 체계적인 형태의 교리서 해설을 지시한다는 설명이 있다.

이후 다른 공식 규정들, 예를 들면 1917년 교회법(제1332항)과 공의회성성의 교령[Provido Sane(1935)]에서도 같은 취지를 유지한다.[7] 여기에도 어린이와 청소년 종교교육의 중요성이 반복되고 트리엔트 공의회의 규정이 재확인되며, 이어서 성인들을 대상으로 한 교리서 해설의 필요성이 상기된다. 그 이유는 단지 성인들의 무지함을 달래기 위함이 아니라 "나이가 들어감에 따라 어린이들에게 가르친 종교교육을 잊지 않게 하기 위함"이다.[8]

1950년 로마 교리교육 국제회의(1950년 10월)와 교황 비오 12세의 폐회 연설(1950년 10월 14일)에서도 비슷한 가르침을 찾을 수 있다.[9] 교황

---

[6] 트리엔트 공의회의 규정과 교황 비오 10세의 정신 속에서, 성인 교리교육을 더 열정적으로 고양했던 주교들 중 하나인 비첸자(Vicenza)의 교구장이었던 로돌피(Rodolfi, 1911-1943)의 다음 말은 의미가 있다. "우리는 성인 교리서가 언어의 상식 속에서 하나의 설교가 아니라 수업이 돼야 한다는 것을 기억한다. […] 그것은 설명할 진리를 분명히 밝히고 정확한 정의를 내리며, 경계를 나타내거나 관련 근거들을 열거한다. 그런 다음, 제안된 주제에 대한 모든 주장들을 불필요한 우회 없이 하나로 모아서 하나씩 발전시킨다. 교리서를 잘 설명하기 위해서는 연설가보다 교사가, 연설보다 방법이, 문학적 교양보다 확고한 신학적 교리가 더 필요하다." «Bollettino Ecclesiastico» (Vicenza) 6 (1915) 12, 397-398.

[7] Cf. G. Frumento, *La catechesi nei documenti della Santa Sede*, Roma, Paoline 1965, 34-36, 42-48.

[8] Cf. *Insegnamento del catechismo e predicazione*, Roma, Paoline 1952, 39. 이어서 1947년 6월 26일에 공의회성성에서 공표한 실천규범도 참고하시오. 같은 책 55-56.

[9] Cf. *Acta Congressus Catechistici Internationalis MCML*, Typis Poliglottis Vaticanis 1953, 165-167 (Votum V: «De institutione religiosa adultorum»).

은 주일에 행해지는 전통적인 교리교육이 너무 방치된 상황 속에 있음을 지적한 후, 이런 교리교육 유형의 중요성을 재확인하고 그 결함을 해결할 이유와 방법을 모색한다. 일반적으로 교리교육이란 "가톨릭 교리의 설명doctrinae catholicae explanatio: 5항"과 "그리스도교 교리의 전달traditio christiane doctrinae: 6항"이라는 뜻으로 정의된다. 이것은 무엇보다 종교 지식의 교리적 전달을 목표로 삼는 근대 시기의 전형적 표현이다.

요약하면, 근대 시기에는 트리엔트 공의회에서 출발해 성인 교리교육의 동기와 목적, 내용과 방법, 담당자를 제시하면서 충분히 일관되고 같은 특성으로 이어오는 명확한 방향을 식별할 수 있다. 그 바탕에는 그리스도인들의 종교적 무지와 구원에 필요한 진리를 인식해야 할 필요성이 있다. 이 시기의 교리교육은 어린이 교육을 성인들에게 연장하는 것으로 인식되며, 교리와 그 의무를 깨닫고 실천하는 "착한 그리스도인buon cristiano"의 양성을 주요 목표로 삼는다.

1.3. 성인 교리교육의 특별한 체험

실제로 이 시기에는 앞에서 언급한 전통적인 형태와 비슷한 성인 교리교육의 다른 많은 체험과 표현이 존재한다. 일반적으로 가톨릭 운동Azione Cattolica, 사도적 운동movimenti apostolici, 가톨릭 노동청년회JOC, 지식층, 성인 예비신자 교리교육 등 보다 더 헌신적이며 관련된 특정 집단이 여기에 속한다.

예를 들면 **프랑스**의 다양한 가톨릭 운동과 특히, 1947년 리옹과 파리에서 시작된 성인 예비신자 교리교육의 부흥을 떠올릴 수 있다.[10] 1950년대 이전의 프랑스 전통에서 "교리서catéchisme"라는 용어는 항상 전통적인 어린이 종교교육을 가리켰지만, "교리교육catéchèse"이라는 용어는 주일 강론이나 "선교" 이외의 성인 종교교육을 위해 남겨졌었다.[11]

가톨릭 운동의 발전과 관련해 **이탈리아**에서도 비슷한 사례가 있다.[12] 예를 들어, 1920년대 가톨릭 운동 회원들을 위해 준비된 교리교육의 성과인 1924년 올자티F. Olgiati의 대표 저작 『그리스도교 입문Il Sillabario del Cristianesimo』[13]과 다른 다양한 사목 계획들을[14] 언급할 수 있다. 또 스페인과 독일, 미국과 캐나다 퀘벡Québec 등의 다른 나라에서도 유사한 지침을 찾아볼 수 있다.[15]

---

10 책 뒷부분에 있는 참고문헌을 참고하시오.

11 Cf. G. De Bretagne, *Pastorale Catéchétique*, Paris, Desclée de Br. 1953, 326-328 («La Catéchèse»); Adler-Vogeleisen, *Un siécle de catéchèse en France*, 10; E. Germain, *2000 ans d'èducation de la foi*, Paris, Desclée 1983.

12 몇몇 의미 있는 요소들을 발견하기 위해 제1회 피아첸자 교리교육회의(1889년)부터 참고하시오. Cf. U. Gianetto, *Il catechismo per l'adulto nella fede*, «Via Verità e Vita» 17 (1968)17, 85-98.

13 Cf. F. Olgiati, *Il Sillabario del Cristianesimo*, Milano, Vita e pensiero 1982 (ed. anastatica della XXX del 1963).

14 Cf. A. Bevilacqua, «La catechesi agli adulti», in: *Il catechismo oggi in Italia* [Atti del 1º Convegno Nazionale «Amici di Catechesi»], Torino, Libreria Dottrina Cristiana 1960, 69-80.

2. 공의회적 전환과 발전

교회적 성찰과 실천의 다른 많은 부분과 마찬가지로 제2차 바티칸 공의회 역시 성인 교리교육을 위한 새로운 전망의 시작인 "돌아올 수 없는 지점punto di non ritorno"을 보여줬다. 이것은 공의회의 명시적인 자극을 위한 것이라기보다 공의회 이후 기간에 이루어지는 성숙을 위한 것이다.

2.1. 공의회의 노력

이미 새로운 형태의 성인 교리교육을 추진할 필요성을 예고하는 지침이 있었음에도 공의회는 교리교육이란 주제를 분명하게 다루지 못한 것으로 알려져 있다.[16] 공의회 문헌 중 여전히 공의회 이전의 감각으로 표현된 「주교 교령Christus Dominus」에서 성인 교리교육에 대한 권고는 다음과 같이 소개된다.

---

[15] 스페인의 경우 팔마 데 마요르카(Palma de Mallorca)에서 1946년 출판된 «Cursillos de Cristiandad»의 경험을 참고하시오(책 뒷부분에 있는 참고문헌을 참고). 독일의 경우 성인 교리교육을 비슷하게 다룬 «Formazione teologic degli adulti»(*Theologische Erwachsenenbildung*)이 기억된다. 미국에 대해서는 다음 참고문헌을 참고하시오. Cf. J.L. Elias, *The Foundations and Practice of Adult Religious Education*, Malabar, Florida, R.E. Krieger 1982, 119-148 (Cap. V: «Historical Perspectives on Adult Religious Education»). 퀘벡에 대해서는 다음 참고문헌을 참고하시오. G. Routhier, «Trois décennies d'éducation de la foi des adultes au Québec», in: Id. (Ed.), *L'éducation de la foi des adultes. L'expérience du Québec*, Montréal, Médiaspaul 1996, 79-85.

[16] 공의회의 열정은 성인 교리교육(1966년)을 준비하는 네덜란드의 유명한 결정에 영향을 주었다. Cf. U. Gianetto, in: *Linee fondamentali per una nuova catechesi*, Leumann (Torino), Elledici 1969, XI-XIV.

교리교육은 사람들에게 신앙을 이론으로 설명하여 활기차고 명확하고 살아 있는 신앙을 길러 주는 것이므로, 어린이들과 청소년들과 젊은 이들 그리고 어른들에게도 열심히 교리교육을 하도록 감독하여야 한다 (CD 14).

또한, 공의회는 과거의 성인 예비신자 교리교육을 복원할 필요성에 대해서도 언급한다(SC 64, CD 14, AG 14). 하지만 이런 징후와 몇 가지 다른 징후를 제외하고 공의회는 분명 성인 교리교육에 의미심장한 발전을 가져오지 않았다고 말할 수 있다. 이 점은 실제로 공의회 이후의 역동성으로 작용할 것이며, 성인 교리교육의 정신과 실천 속에서 진정 특별하고 결정적인 형태로 근본적인 전환을 일으킬 것이다.

2.2. 공의회 이후 첫 번째 시기: 성인 교리교육의 우위와 교리교육의 "성숙한" 특성의 재발견

공의회 이후 첫 번째 시기(1960년대)에는 교리교육과 사목의 전반적인 활력 속에서 성인 교리교육의 긴급함과 우위에 대한 요청이 넘쳐났다. 과거 어린이와 청소년 분야에 중심을 두었던 전체적인 교리교육 체계에 이렇게 진정한 반전이 일어났다. 점차 교리교육적 성찰에서도 더 이상 성인에 대한 전통적인 교리교육을 확장하지 않고, 성숙한 조건의 요청과 고유한 특성에 진지하게 주목함으로써 성인 교리교육의 자리와 가치가 더욱 명확하게 나타났다. 그리하여 단순히 성인을 위한 교리교육의 발전만이 아니라 진정으로 성숙한 교리교육도 기대됐다.

이 같은 인식과 관련해 몇몇 유명 저자들과 표현이 떠오른다. 일종의 "예언적 목소리voci profetiche"와 "경고의 외침grida d'allarme"은 이 시기에 때로는 격렬하게 성인의 세계를 향해 진로를 변경해 과감히 나아갈 필요성을 강조하고 구현한다.

네덜란드는 유럽 교리교육팀의 회기(1961년 런던)를 계기로 1960년대 초부터 성인 교리교육에서 확실한 우위를 점했다.[17]

1962년에는 1966년에 출판될 성인들을 위한 새로운 성인 교리서 Nieuwe Catechismus를 정교하게 발전시키도록 결정했다. 이 교리서는 새로운 교리교육 방식을 열어 보이며 성인 교리교육의 최근 역사 속에서 매우 의미 있는 전환점을 보여줬다.[18]

1960년대 **스페인**은 복음화와 예비신자 교리교육의 관점에서 성인 교리교육의 체험이 풍성하게 꽃피우는 것을 경험했다. 1961년에 이미 플로리스탄C. Floristán은 세례받은 사람들의 재복음화 형태로 성인 예비신자 기간의 도입을 지지했다.[19] 1965년 시작돼[20] "스페인식spagnola" 형

---

17 Cf. U. Gianetto, *loc. cit.*

18 Ed. it.: *Il nuovo catechismo olandese. Annuncio della fede agli uomini di oggi.* Leumann (Torino), Elledici 1969.

19 Cf. C. Floristán, *Cursillos y conversión*, «Incunable» n.552 (1961); Id., «Formación de adultos. El catecumenado actual», in: Semana Internacional de Catequesis, *Catequesis y promoción humana. Medellín 11-18 de agosto de 1968.* Salamanca, Sígueme 1969, 177-194.

20 Cf. J. Lopez, «Pastorale catecumenale e altre pastorali analoghe», in: Gruppo Europeo dei Catecumenati, *Agli inizi della fede. Pastorale catecumenale oggi, in Europa*, Milano, Paoline 1990, 135-174.

태라 불리며 성인 예비신자 기간의 여정에 생기를 불어넣는 예비신자 기간 혹은 네오까떼꾸메나도^neo-catecumentali가 그렇게 시작됐다.

프랑스에서는 무엇보다 프랑스 교리교육 운동의 위대한 창시자인 콜롱^J. Colomb을 기억해야 한다. 그는 성인 교리교육의 필요성을 촉구하고 그것의 동기와 운영적인 형태를 정의한 첫 인물들 중 한 사람이다.[21] 프랑스는 어린이 교리교육의 풍부한 전통과 연결돼 있었지만,[22] 제4회 프랑스 교리교육 회의(1964년 파리)에서 명시한 바와 같이 성인 교리교육의 시급함 또한 인지했다. "오늘날 사람들의 사고방식과 그리스도교의 메시지를 비교하는 것은 모든 성인 교리교육을 위한 조건에 해당한다. […] 이러한 성인 교리교육을 불러일으키는 것은 시급한 일이다."[23]

1965년 국립 종교교육 센터^Centre National de l'Enseignement Religieux, CNER의 "성인 분야" 개설은 주목할 만하다. 또한 1968년 바빈^P. Babin의 도전적인 글은 성인 교리교육의 우선순위를 강하게 지지하고 있다.[24]

---

21 Cf. «Vérité et Vie», série 61 e 62 (1963-64) nn. 458 e 465, e più tardi in: J. Colomb, *Le service de l'Évangile*, Paris, Desclée 1968, vol. II, 415-427 (ed. it. II, 401-443); Id., *Un luogo attuale della catechesi nell'insieme della Chiesa*, «Concilium» 6 (1970) 3, 409-420.

22 의미 있는 자료인 *il Directoire de Pastorale Catéchétique à l'usage des diocèses de France* (Paris, CNER 1964)는 다양한 연령대에서 교리교육을 고려했지만, 성인기의 문턱에서 멈췄다.

23 *Catéchèse pour l'homme d'aujourd'hui. Actes du 4ᵉ Congrès National de l'Enseignement Religieux*, Paris, CNER 1964, 311-312 e 293-308.

24 Cf. P. Babin, *J'abandonne la catéchèse*, «Catéchistes» 18 (1968) 415-428.

독일에서도 성인을 교리교육의 중심에 두어야 한다는 목소리가 커졌다. 특별히 엑셀러^A. Exeler 는 역사에 비춰볼 때 18-19세기의 전망이 축소된 이후,[25] 성인 중심으로 돌아갈 것을 주장했으며 같은 해에 다른 저서에서 어린이와 청소년 교리교육의 미흡함을 주장한 인물이다.[26] 또한 이 책에서 드레어^B. Dreher 는 성인 공동체를 고유하고 자연스러운 파트너로 삼아야 하는 교회의 모든 사목활동에서 성인이 필수적으로 중심이 됨을 강조한다. 어린이와 청소년의 교리교육은 항상 성인 교리교육을 지향하는 일부 과정으로 남아 있다. 그 이유는 성인 공동체에서 진정으로 실현되는 과정만이 교리교육의 대상이 될 수 있기 때문이다.[27]

이탈리아와 관련해서는 성인 교리교육의 긴급함을 보여주는 징후가 많이 있다.[28] 또한 1967년 주교들이 새로운 이탈리아 교리서의 맥락에서 성인을 위한 교리서를 준비하기로 한 결정은 의미가 있다.

미국에서는 가브리엘 모란^Gabriel Moran 의 작업에 명시된 성인 교리교육에 대한 요청이 주목할 만하다.

---

[25] Cf. A. Exeler, *Wesen und Aufgabe der Katechese*, Freiburg, Herder 1966, 1° cap.; A. Exeler-D. Emeis, *Reflektierter Glaube. Perspektiven, Methoden und Modelle der theologischen Erwachsenenbildung*, Freiburg, Herder 1970.

[26] B. Dreher et al., *La sterilità della catechesi infantile*, Modena, Paoline 1969.

[27] B. Dreher, «La catechesi in seno all'organismo complessivo della pastorale generale»; ibid. 71.

[28] Cf. G. Negri, «Catechesi agli adulti», in: G Dho et al., *Educare*. Vol. 3, 3ª ed., Zürich, PAS-Verlag 1964, 462-486; E. Alberich, *Orientamenti attuali della catechesi*, Leumann (Torino), Elledici 1971.

우리는 그리스도교가 어른들로부터 진정으로 이해될 수 있고 자유롭게 받아들일 수 있는 종교라는 믿음에서 출발한다. 따라서 우리는 그리스도교 신앙을 이해할 수 있는 사람으로서, 어른들을 가르치고 어른으로 성장하는 사람으로 아이들을 가르친다.[29]

퀘벡은 1964년부터 성인 교리교육을 중심에 두면서 어린이 교리교육의 쇄신$^{\text{Viens vers le Père, 1964}}$이 성인의 신앙교육에 특별한 관심을 기울이는 전환점을 가져온다.[30]

라틴 아메리카에서는 리우데자네이루$^{\text{Rio de Janeiro}}$에서 열린 전국 교리교육회의[31]와 특히, 메델린^{Medellín}에서 개최된 국제 교리교육주간에 힘입어 성인 교리교육을 위한 분명한 선택을 하게 된다. 메델린에서 개최된 회의에서는 성인 교리교육의 긴급함을 강조하는 결정적인 주장들이 많이 있었다. "그 어느 때보다 오늘날 라틴 아메리카 국가의 사람들이 사는 상황 속에서 성인을 위한 교리교육은 교회에 대한 진정한 도전으로 보인다."[32] "세례 받은 사람들의 복음화"를 위한 분명한

---

29 G. Moran, *Vision and Tactics. Toward an Adult Church*, New York, Herder & Herder 1968, Cap. 10: «From Children to Adults». Cf P.M. Devitt, *How Adult is ARE? Gabriel Moran's contribution to the field of Adult Relgious Education*, Dublin, Veritas 1991.
30 Cf. G. Routhier, «La formation des adultes au Québec. Noeuds, passages, enjeux», in: A. Binz et al. (Edd.), *Former des adultes en Église. État des lieux, auspects théoriques et pratiques. Hommages à Gilbert Adler*, Saint-Maurice, Éd. Saint-Augustin 2000, 33.
31 Cf. L. Alves de Lima, *A face brasileira da catequese. Um estudo histórico-pastoral do movimento catequético brasileiro das origens ao diretório «catequese renovada»*, Roma 1995, 193-203.
32 F.M. Aguilera, «Catequesis de adultos y catequesis por la familia», in: Semana Internacional del Catequesis, *Catequesis y promoción humana*, 158.

선택과 함께 메델린 주교회의가 취한 유명한 입장에 더해³³, 1969년 몬테비데오^Montevideo에서 열린 성인 교리교육에 대한 모임도 특별히 언급할 만하다.³⁴

아시아에서는 인도에서 성인 교리교육을 촉진하는 데 결정적인 역할을 담당한 아말로르파바다스^D.S. Amalorpavadass가 기억될 수 있다.³⁵

1930년대와 독립의 전환기(1960년대) 사이에 우선적 조치로써 학교 교육으로의 대체를 경험한 **아프리카**는 1960년대 공의회적 쇄신의 물결 속에서 (새로운 양성학교의 설립과 함께) 교리교사들과 예비신자들에 대한 새로운 관심을 두게 된다.³⁶

결론적으로 1960년대에는 공의회의 추진으로 성인 교리교육의 긴급성과 우선성에 대한 인식이 과거와 비교해 완전히 새로운 용어로 표출되었다고 할 수 있다. 과거, 종교적 무지함이 너무 많이 나타나고 신앙에 대한 지식이 부족해 성인을 위한 교리교육 "역시" 필요하다고 말했다면, 이제는 불신앙이 존재하고 믿음이 부족하며, 정체성이 흔들린다는 것이 확인됐기에 무엇보다

---

33 Medellín (Catechesi), n.9.
34 Cf. L. Alves de Lima, *A catechese na América Latina a partir do Vaticano II*, «Medellín» 23 (1997) 89, 40.
35 Cf. C. De Souza, *Catechesis for India today. An Appraisal of the Catechetical Proposal of D.S. Amalorpavadass*, Bangalore, Kristu Jyoti Publ. 1994, 231-236.
36 Cf. F. Gonzaléz, «La dimensión misionera de la catequesis en las jóvenes Iglesias de Africa», in: *Dimensión misionera de nuestra catequesis* […]. Burgos, Secretariado de Semanas Españolas de Misionología 1977, 199-249.

성인을 위한 교리교육과 성숙한 교리교육이 필요하다고 말할 수 있게 됐다.

그 배경에는 교회와 세상 속에서의 사명에 대한 새로운 공의회적 전망 그리고 현대 문화와 현대 세계에 대한 다양한 평가가 그리스도교 시대의 목적과 함께 명확하게 설명된 시대적 흐름이 있다.

2.3. 성인 교리교육을 위한 선택의 강화: 공식 확인 및 복음화적 전망

1970년대부터는 여러 곳에서 또한 사목 안에서의 성인 교리교육을 우선적으로 선택하기 위해 공식 문헌들과 활동으로 명확한 태도를 취하기 시작했다. 바로 이 시기에 성인 교리교육의 운명과 밀접하게 연결된 두 가지 요건이 나타난다. 그 요건은 교회의 복음화적 사명의 발견과 교리교육 과정 안에서의 예비신자 기간과 예비신자적 측면의 복원이다. 여기 이러한 선언문들과 새로운 경험이 꽃피운 가장 의미 있는 순간들이 있다.

2.3.1. 보편적 차원

우선 1971년 발표된 「교리교육 일반 지침서[Direttorio Catechistico Generale, DCG]」에서의 성인 교리교육의 우위에 대한 명확하고 권위 있는 확언을 기억해야 한다.

> (사목자들은) 성인 교리교육이 받아들일 수 있고 진정으로 책임 있는 헌신을 할 수 있는 사람들을 위한 것이기 때문에, 그것이 다른 모든 것들

에 비해 덜 필요한 것이 아닌 교리교육의 주요한 형태로 고려될 만하다는 것을 기억해야 한다(DCG 20).

이러한 요구는 로마에서 열린 제2회 교리교육 국제회의(1971년)의 결론에서 다음과 같이 강력하고 의미 있는 표현으로 요약된다.

> 성인 교리교육에 점점 더 많은 관심을 기울이고 어린이 교리교육이 그 어느 때보다 어른들의 신앙에 달려 있음을 인식할 필요가 있다. 성인과 가족은 교리교육의 우선순위를 강하게 요구한다.[37]
> 성인 교리교육은 교리교육의 완전한 형태를 구성한다. 다른 형식은 그것을 참고한다. […] 성인 공동체의 증언은 청년 교리교육의 원천이자 목표이다.[38]

한편 「어른 입교 예식 교령」[OICA],[39] 1972년의 출판은 성인을 위한 입문성사의 재발견과 무엇보다 예비신자 기간의 재평가에 대한 인식을 보여준다. 1970년대에는 교회의 필수 사명이자 우선적인 사목 선택으로 복음화의 중요성에 대한 새로운 인식이 확대됐다. 이런 인식을 보여주는 결정적인 순간은 복음화를 주제로 한 1974년 세계주교대의원회의(세계주교시노드)와 그에 따른 교황 권고 「현대의 복음 선교」[Evangelii nuntiandi, 1975년]의 선포이다. 이제부터 성인 교리교육은 복음화하는 사목

---

[37] Sacra Congregazione per il Clero, *Atti del II Congresso Catechistico Internazionale*. Roma, Studium 1972, 503.
[38] Ibid. 504.
[39] Rituale Romanum, *Ordo Initiationis Christianae Adultorum*, Città del Vaticano 1972.

의 맥락에서나 예비신자 과정과의 중요한 관계에서나 어디든지 접목될 것이라 말할 수 있다.

또 다른 공헌은 교리교육을 주제로 삼았던 제4차 세계주교대의원회의(1977년)에서 성인 교리교육을 인정한 것이다.[40] 이 회의는 "하느님 백성에게 보내는 메시지"를 통해 성인 교리교육이 모든 교리교육의 전형과 모범을 대표한다고 의미 있는 확언을 했다.[41] 그리고 성인 교리교육을 위한 선택은 이와 관련된 교황 요한 바오로 2세의 권고 「현대의 교리교육Catechesi tradendae, CT, 1979년」에서도 공식적으로 재확인됐다(CT 43). 또한 이러한 주제로 여러 회기 중 한 회기를 할애한 교리교육 국제평의회Consiglio Internazionale per la Catechesi, COINCAT 문헌도 성인 교리교육을 위한 보편적인 수준에서의 교회적 관심의 증거로 기억될 수 있다.[42]

하지만 무엇보다 성인 교리교육을 위한 우선적인 선택이 절대적으로 공헌된 것은 최근 문헌인 「교리교육 총지침Direttorio Generale per la Catechesi, DGC, 1997년」에서이다. 「교리교육 총지침」은 많은 개별 교회가 성인 교리교육에 대해 선호한다는 것을 상기한 다음(DGC 29), 성인 교리교육을 "모든 교리교육의 전형"이라 말하고, 성인 교리교육이 "최고의 교리교육 형태"임을 확언한다(DGC 59). 연령에 따른 교리교육을 다룬 장에서 성인 교리교육은 특별한 고려 대상(DGC 171-176)이 되고, 개별 교회의 "교구 교리교육 계획"과 관련해 성인 교리교육은 매우 중요하고 절

---

40 "세계주교대의원회는 무엇보다 어린이와 청소년들의 교리교육을 심화하기 위해 소집됐지만, 성인 교리교육에 대한 중요한 성찰에 헌신했다는 것이 두드러진다." R. Gicomelli, *Quale catechesi. Dossier Sinodo 1977*, Leumann (Torino), Elledici 1978, 89.
41 참조: 1977년 세계주교대의원회의 '하느님 백성에게 보내는 메시지', 8.
42 Cf. Consiglio Internazionale per la Catechesi, *La catechesi degli adulti nella comunità cristiana. Alcune linee e orientamenti*, Città del Vaticano, LEV 1990.

대적인 우위의 기능이 부여된다.

이미 언급한 바와 같이, 개별 교회가 제공하는 다양한 교리교육 과정에 일관성을 부여하는 원칙의 잣대는 성인 교리교육이다. 성인 교리교육은 어린이와 청소년 교리교육, 노인 교리교육의 중심축이다(DGC 275).

2.3.2. 지역적 차원: 회의, 지침, 사목활동에서의 성인 교리교육

복음화와 성인 교리교육을 위한 사목적 선택은 많은 지역과 나라, 지역 교회에서 그리고 주교회의와 교리교육의 공식 문헌에서, 또 주교들로부터 촉진된 사목활동과 다양한 회의 및 쇄신을 중심으로 개최된 시노드에서 무수히 확인됐다. 이것의 전체 목록의 열거를 시도하는 것은 너무 광범위할 수 있지만, 적어도 몇 가지 의미 있는 순간들을 떠올릴 수 있다.

이탈리아에서는 이미 1970년 기본 문헌il Documento di base, DB에서 성인들에 대해 "더욱 완전한 의미로 그리스도교 메시지의 수신자들"(RdC 124, 139항 참조)과 같다고 언급했다. 1973년부터 시작한 "복음화와 성사"라는 사목활동은 지속적으로 교리교육의 개념과 예비신자 기간의 여정을 장려했다.[43] 또, 교서『주님, 저희가 누구에게 가겠습니까?Signore, da chi andremo?, 1981년』가 출판됐고, 1985년 개최된 로레토Loreto 교

---

[43] Cf. ≪Evangelizzazione e sacramenti. Documento pastorale dell'Episcopato italiano≫ (12.7.1973), 82-92, in: *Enchiridion della Conferenza Episcopale Italiana*, vol. 2, Bologna, Dehoniane 1985, 191-193.

회회의에서는 성인 교리교육을 "새로운 개척지$^{nuova\ frontiera}$"라 확언했다.

오늘날 이탈리아와 같은 나라에서도 새로운 "복음의 이식$^{implantatio\ evangelica}$"을 해야 하는 상황에서 특별히 진리에 대한 강력하고 광범위한 인식이 필요해 보인다. 따라서 그리스도인들에게 그들이 갖고 있는 진리의 매우 풍부한 유산과 고유한 그리스도인의 정체성에 대해 충실한 증언을 해야 할 필요성을 인식하게 하는 체계적이고 심층적이며, 상세한 성인 교리교육이 시급하다.**44**

새로운 사목적 선택은 주교들의 선언**45**과 연구자들의 성찰, 제1차 전국 교리교사회의(1988년)**46**의 기본 문헌^{DB}의 복원에서 전체적으로 확인됐다. 그리고 그 선택은 『인간 도시 속에서 복음 증거$^{Testimoni\ del\ Vangelo\ nella\ città\ degli\ uomini,\ 1992년}$』**47**와 완결판인 이탈리아 주교들의 성인 교리서(1995년)**48**의 출판과 함께 제2차 전국 교리교사회의에서 정점에 도달한 전국 교리교육위원회의 다양한 프로그램 문헌**49**에서도 확인됐

---

44 교황 요한 바오로 2세의 담화, 1985년 4월 11일. Cf. «Il Regno-documenti» 30 (1985) 9, 316-317.

45 1986년 제27차 CEI 총회는 "우리나라의 교리교육과 사목 쇄신의 질적인 비약적 도약을 촉진하기로 했다. 그 결정이란 젊은이들과 성인들을 선교적 책임의 중심에 두면서, 분명하고 용감하게 그들에게 주안점을 두는 것이다." «Notiziario» UNC 15 (1986) 1-2, 67.

46 교황 요한 바오로 2세의 담화는 다음을 참조하시오. *I° Convegno Nazionale dei Catechisti, Roma 23-25 Aprile 1988*, Roma Fondazione di Religione Santi Francesco di Assisi e Caterina da Siena, 1988, 121. 기본 문헌(DB)의 복원에 대해서는 주교들의 서한도 참고하시오. RdC (ed. 1988), 13-14.

47 Cf. Ufficio Catechistico Nazionale, *2° Convegno Nazionale dei Catechisti. Atti del Convegno* [···], Leumann (Torino), Elledici 1993.

48 Conferenza Episcopale Italiana, *La verità vi farà liberi. Catechismo degli adulti*. Città del Vaticano, LEV 1995, Cf. UCN 3.

다. 이후 이탈리아에서는 예비신자 기간에 대한 재평가와 제도화를 통해 새로운 시대가 열리게 됐다.[50]

스페인에서는 1970년대부터 예비신자 교육방식에 대한 명확한 지향을 두고 성인 교리교육의 우위를 공식적으로 선언했다.[51] 1983년 발표된 중요한 문헌인 「공동체 교리교육 La catequesis de la comunidad」은 그 동기와 특성이 분명하게 설명되는 것에서 성인 교리교육을 제1순위로 두어야 하며 우선적으로 선택해야 하는 것으로 간주한다.[52] 이어, 1991년 발표된 「성인 교리교육 Catequesis de adultos」 문헌에서 모든 주제가 다뤄지고 심화되며, 이 문헌에서 복음화 과정의 핵심 요소로 성인 교리교육에 대한 전망이 두드러지게 나타난다.[53]

---

[49] 1988-1989년에 전국 교리교육위원회(UCN)는 이탈리아에서 성인 교리교육에 대한 경험 조사를 추진했다. Ufficio Catechistico Nazionale, *Esperienze di catechesi degli adulti in Italia oggi*, a cura di Lucio Soravito, Leumann (Torino), Elledici 1990. UCN 1과 UCN 2도 참조하시오.

[50] Cf. Consiglio Permanente della CEI, *L'iniziazione cristiana. 1. Orientamenti per il catecumenato degli adulti [⋯]* Nota pastorale [30.3.1997], Bologna, Dehoniane 1997; W. Ruspi, *Il catecumenato in Italia. Un primo quadro della situazione*, «La Scuola Cattolica» 127 (1999) 1, 5-32.

[51] Cf. Comisión Episcopal de Enseñanza y Catequesis, *Una nueva etapa en el movimiento catequético*, «Actualidad Catequética» (1979) 92/93, 169-184, 2.4. Cf. «La educación en la fe del pueblo cristiano», in: Comisión Episcopal de Enseñanza y Catequesis, *Documentos colectivos del Episcopado Español sobre formación religiosa y educación 1969-1980*, Madrid, EDICE 1981, 311-337 (opción catecumenal); L. Resines, *Historia de la catequesis en España*, Madrid, CCS 1995, 140-144.

[52] Spagna CC 37-38, 99-100.

[53] Cf. Spagna CA, 53-56; A. Alcedo Ternero, «Adultos, catequesis de», in Nuevo Dic.Cat. 120-134.

프랑스[54]에서의 성인 교리교육에 대한 공식적인 관심은 "국립 종교교육 센터Centre National de l'Enseignement Religieux, CNER"가 발간한 다양한 출판물, 특히 주교회의의 새로운 성인 교리서(1991년)와 관련된 방법론적 안내 책자에서 나타났다.[55] 이후 1970년부터 교회 안에서 성인의 양성에 대한 관심이 집중되었다. 이러한 관심은 국립 종교교육 센터의 책임 하에 연구팀réseau Vavin이 설립되면서 나타나는데, 이 연구팀은 출판과 담화, 중요한 연구 활동을 장려했다. 그리고 1986년 성인 교리교육의 "공식" 교본인 『성인의 그리스도인 양성Formation chrétienne des adultes』이 발간됐다.[56]

독일의 경우 「교회의 교리교육 활동Das katechetische Wirken der Kirche」이라는 문헌이 주목된다. 이 문헌은 실제 사목 현장에서의 교리교육에 대한 미지근한 반응에도 성인 교리교육의 우위를 선포하고 인정한 중요한 문헌이다.[57] 독일의 성인 교리교육에 있어 중요한 성과는 먼저 개신교(복음주의 교회)에서, 그리고 가톨릭 주교회의에서[58] 연속으로 성인 교리서가 발간됐다는 것이다.[59]

---

54 Cf. R. Moldo, «Des "Entretiens Vavin" à l'an 2000. Un quart de siècle de formation des laïcs dans l'Église de France», in: Binz et al. (Edd.), *Former des adultes en Église*, 15-30.

55 책 뒷부분에 있는 참고문헌을 참고하시오.

56 CNER, *Formation chrétienne des adultes: un guide théorique et pratique pour la catéchèse*. Paris, DDB 1986 (=Francia CNER).

57 Cf. Germania KWK B 1.-2.

58 책 뒷부분에 있는 참고문헌을 참고하시오.

59 Cf. Sekretariat der Deutschen Bischofskonferenz (Ed.), «*Da kam Jesus hinzu...*» (*LK 24,15*). *Handreichung für geistliche Begleitung auf dem Glaubensweg*. 25. März 2001, Bonn, Sekretariat ecc. 2001.

라틴 아메리카와 관련해서는 확고한 노선이 존재한다. 이 노선은 "세례 받은 사람들의 복음화"[60]를 위한 확실한 선택과 함께 메델린에서 시작하고, 푸에블라^Puebla에서는 "지속적인 교리교육"(Puebla 998)이라는 계획을 중심으로 발견되며, 오늘날 "모든 교리교육의 전형"[61]으로 성인 교리교육을 재평가하는 라틴아메리카주교회의^CELAM 교리교육부^DECAT의 확언에서도 나타난다. 그리고 **브라질**[62]과 **칠레**[63], **멕시코**[64] 등 여러 라틴 아메리카 국가에서 계획된 문헌에서도 비슷한 노선을 볼 수 있다.

미국의 「신앙의 빛을 나누기」^Sharing the Light of Faith라는 지침은 단지 어린이들의 교리교육을 수월하게 하거나 개선하기 위한 것이 아니라, 성인의 신앙을 성숙시키는 과정으로써의 성인 교리교육을 위한 노력의 중요성을 매우 분명하게 보여준다.[65] 다른 중요한 노선도 충분히 제시

---

60 Medellín (Catechesi), n.9.

61 Cf. S.d. C. Tobías Pérez, *Los cambios de la vida adulta como ámbito de la catequesis*, «Medellín» 27 (2001) 108, 502.

62 "성인을 위한 공동체 교리교육은 부록이나 보완책과는 거리가 멀지만, 다른 모든 형태의 교리교육 활동이 종속돼야 하는 이상적인 모델이자 기준점이 돼야 한다. 이 교리교육은 모든 본당과 기초 교회 공동체에서 먼저 주목해야 한다." 브라질은 "성인과 함께, 성인 교리교육"이라는 주제로 두 번째 브라질 교리교육 주간을 기념하면서 성인 교리교육에 결정적인 자극을 주었다. Cf. *Segunda Semana Brasileira de Catequese. Catequese com adultos* [···], São Paulo, Paulus 2002.

63 Cf. Oficina Nacional de Catequesis, *Una catequesis para hoy en Chile*, Santiago, ONAC 1977.

64 Cf. Comisión Episcopal de Evangelización y Catequesis, *Guía pastoral para la catequesis de México*, México 1992, 90-93. 최근에는 같은 위원회의 문헌인 "Orientaciones básicas sobre catequesis de adultos. Propuesta"(México, CEM 2000)이 중요하게 다뤄진다. 이 문헌은 성인 교리교육을 교리교육의 중요한 형태로 간주하고 "성인을 위해서만이 아니라 성숙한 교리교육"(1.1.과 1.2)이 되기 위해 "근본적인 전환"을 권고한다.

65 USA NCD 40.

되고 있다.⁶⁶ 하지만 무엇보다 중요한 문헌인 「우리 마음은 우리 안에서 타오르고 있다: 미국의 성인 신앙교육을 위한 사목 계획Our Hearts Were Burning Within Us: A Pastoral Plan for Adult Faith Formation in the United States, 1999 = USA Our Hearts」에서 그 노선이 발견된다. 이 문헌에서 미국 주교들은 오늘날 교회의 모든 교리교육 계획의 버팀목으로써, 또 사목적 우위의 중심으로써 신앙 안에서 성인 교육("성인 신앙교육")을 할 것을 강력하게 호소하고 있다.⁶⁷ 이는 복음화적 선택의 맥락에서 오늘날의 세상에 교회 임무를 완수하기 위한 필수 조건으로써 성인 교리교육의 이러한 과제를 수행하기 위해 진정한 열정을 불러일으키고자 하는 것이다.

퀘벡은 1970년대부터⁶⁸ 다시 "지속적인 교육"의 요구 사항을 사목 분야에 적용함으로써, 실질적으로 "자율적이고 책임감 있으며, 비판적인 신앙교육"⁶⁹이 되는 성인 교리교육의 우선적 선택에 대해 분명하고 용기 있게 주장했다.

아시아의 경우, 1974년 인도에서 아말로르파바다스에 의해 준비된

---

66 Cf. Department of Education-United States Catholic Conference, *Serving Life and Faith: Adult Religious Education and the American Catholic Community*, Washington, D.C., Department of Education, United States Catholic Conference 1986.

67 Cf. USA *Our Hearts*, 5, 6, 14, 24.

68 Cf. Routhier, «La formation des adultes au Québec», 36-46.

69 Québec OP, 2.

70 Cf. C. De Souza, *Catechesis for India today*, 230. 호주와 캐나다, 영국에서 다른 의미 있는 문헌을 위해 다음을 참고하시오. Cf. J. Elias, *Adult Religious Education: an Analysis of Roman Catholic Documents published in Australia, Canada, England and Wales, and the United states*, «Religious Education» 84 (1989) 1, 90-102.

"'성인 교리교육'에 관한 세미나^{National Seminar on Adult Catechesis}"가 전환점이 됐다.⁷⁰

2.3.3. 성인 교리교육의 또 다른 발전: 교리서, 신앙서적, 새로운 경험

최근 수십 년 동안 성인 교리교육에 대한 교회 인식의 발전과 그것을 위한 사목 선택의 확언을 효과적으로 보여주는 몇 가지 경험과 업적을 소개해 본다.

- 공의회 이후의 시기에는 현대 교리교육 역사에서 실질적으로 새로운 유형의 교리서, 곧 여러 주교회의가 발간한 **성인을 위한 새로운 교리서**가 탄생했다. 1966년 유명한 네덜란드 교리서가 그 계보를 열었고, 그 후 이탈리아, 독일, 벨기에, 스페인, 프랑스, 콜롬비아 등 다른 나라에서도 이어졌다.⁷¹ 이러한 노력은 근대의 전통적인 교리서와는 매우 다른 방식으로, 현시대 사람들을 위한 그리스도교 신앙의 요약된 공식화를 시도하려는 열망을 보여주고 있다.

- 공식적인 교리서의 형태는 아니지만, 매우 귀중한 작품을 통해 성인 교리교육에 기여한 여러 신학자들의 공헌도 중요하다. 이와 관련해서는 그리스도교 신앙의 본질을 재발견하게 할 필요성에 부응한 다양한 **"그리스도교 입문"** 또는 **"신앙 입문"**을 언급할 수 있다(예를 들면, N. 부시, J. 고메즈 카파레나, W. 카스퍼, H. 큉, K. 라너, J. 라칭거, T. 슈나이더

---

71 책 뒷부분에 있는 참고문헌을 참고하시오.

등).⁷²

공의회 이후 많은 그리스도교 신학자들은 세상에서 그리스도인의 정체성 상실에 대처하기 위해 그들의 신학적 연구의 정점과 믿음의 세계에 대한 종합적인 전망, 그리스도교적 경험의 핵심의 재발견, 그리고 일종의 "그리스도교의 본질"을 연구할 필요를 느꼈다고 말할 수 있다. 이것은 성인 교리교육 분야에서 매우 유용한 시도이고 성과이다.

- 또한 성인 교리교육에 대한 성찰과 구체적인 실천에 있어서 점진적인 여정을 보여주는 여러 나라의 많은 교리교육 성과들도 예로 들 수 있다. 성인들을 위한 책과 보조 교재, 신앙의 여정, 다양한 삶의 상황을 위한 교리교육 모델, 사회적 소통 방법의 이용 등이 이런 예에 해당한다(자세한 내용은 다양한 언어 및 문화 분야의 최종 참고문헌 목록을 참조하시오).

---

72 이런 저자에 대해서도 책 뒷부분에 있는 참고문헌을 참고하시오.

73 Cf. Ufficio Catechistico Nazionale, *Esperienze di catechesi degli adulti in Italia oggi*, Leumann (Torino), Elledici 1990; Francia CNER, cap. IV; A. Fossion, *Dieu toujours recommencé. Essai sur la catéchèse contemporaine*, Bruxelles, Lumen Vitae/Novalis/Cerf/Labor et Fides 1997; T. Ruiz Ceberio, «Catequesis de adultos», in: Universidad Pontificia de Salamanca, Instituto Superior de Pastoral, *La transmisión de la fe en la sociedad actual*, Estella (Navarra), Verbo Divino 1991, 405-413; V.M. Pedrosa Arés, *Causas de la escasez de grupos de catequesis de adultos*, «Sínite» 35 (1994) 106, 315-341; F. Garitano, *Puntos críticos en la experiencia actual de catequesis de adultos*, ibid. 361-377; J. Martín Velasco, *La transmisión de la fe en la sociedad contemporánea*, Santander, Sal Terrae 2002; Departamento de Catequesis del CELAM-DECAT, *La Catequesis Latinoamericana: Logros, Limitaciones y desafíos*, Santafé de Bogotá, Departamento de Catequesis del CELAM-DECAT 1997; G. Routhier (Ed.), *L'éducation de la foi des adultes. L'expérience du Québec*, Montréal, Médiaspaul 1996.

2.4. 구체적인 현실 살펴보기: 명과 암

현재 우리에게 알려진[73] 성인 교리교육이 실제로 실현되고 있다는 것을 생각할 때, 그것의 밝은 부분과 희망의 이유를 살펴봐야 하지만 적지 않은 문제점도 인식해야 한다.

2.4.1. 기대되는 측면

성인 교리교육은 긍정적으로 의심할 여지없는 사목 가치의 전달자로, 또 희망을 품고 미래를 내다보도록 초대하는 진정한 시대의 징표로 여겨진다. 예를 들면, 다음과 같다.

- 믿음을 깊게 하고 삶의 의미를 재발견할 필요성을 느끼는 우리 시대의 많은 성인에게서 교육에 대한 요구가 확산된다. 거의 모든 곳에서 존재하는 이러한 현상은 교회의 깊은 바탕에서 조용한 쇄신이 진행되기 때문에 그 결과는 풍요롭게 나타난다. 이런 흐름에서 주목할 것은 평신도가 교회의 봉사에 점점 더 많이 참여한다는 것이다. 일반적으로 평신도 양성은 신앙의 심화 과정을 포함하고 있다.
- 우리 시대의 많은 성인이 믿음을 갖게 되거나 다시 갖게 되고, 교회 공동체가 쇄신과 선교 열정의 특별한 수단을 발견하게 되는 다양한 예비신자 교육 과정이 두각을 나타낸다.
- 하느님 말씀의 우위와 성경에 대한 관심의 재발견. 성경은 실제로 성인 교리교육에서 가장 많이 사용되는 "교리서"라고 분명히 말할 수 있다. 그리고 이러한 그리스도교 신앙의 뿌리로의 복귀는 분명 논쟁

할 여지없는 규모의 성장과 쇄신의 요소를 구성한다.
- 어린이와 노인을 중심으로 한 초기 발달 단계에 머물며 전통적인 가부장적 관습을 점진적으로 극복하면서 교회 공동체의 삶과 사목에서 성인의 중요성을 재확인한다.
- 신앙과 삶의 대화, 신앙과 문화의 대화에 대한 열망. 이러한 요구는 오늘날 성인 교리교육 분야에 존재하는 커다란 노력의 중심에 있다. 이 같은 어려움에도 불구하고 현시대 사람들을 위해 진정으로 의미 있는 요소로 신앙을 재발견하고 다시 키워나갈 수 있다는 근거를 둔 희망이 솟아오른다.
- 교회 쇄신의 전망. 성인 교리교육은 제2차 바티칸 공의회의 친교와 봉사의 교회론이라는 의미에서 교회의 쇄신된 계획의 전달자이다.

2.4.2. 문제적 측면

하지만 문제점들과 염려되는 점들이 적지 않다는 것을 인식해야 한다.

- 첫 번째 한계는 경험주의와 피상성, 즉흥성에서 오는 한계다. 새로운 "사목 유행$^{moda\ pastorale}$"의 물결에 따라, 계획 및 관리의 다양한 측면에서 충분히 준비되고 보장되지 않은 기획에 투신하고 있다.
- 성인 교리교육은 여전히 교회 안에서 독점적으로 행해지는 활동으로 나타난다. 이것은 일반적으로 교회 안에 있고 이미 출석하고 있는 그리스도인을 대상으로 기관에서 행해지며, 멀리 떨어진 사람들

에 대한 선교적인 영향력이 이 교육에서 매우 감소되어 나타난다.[74] 그리고 많은 곳에서 성인 교리교육은 거의 전적으로 교회 단체와 운동 안에서만 행해진다.

- 유럽에서 성인 교리교육에 여러 번 참여하는 사람들 대부분은 40세 이상의 중산층, 특히 여성이다. 청년, 노동자, 빈곤층, 소외된 사람들은 최소한의 비율로 여기에 참여한다.[75]

- 많은 이가 "성숙하지 못하고 infantilizzanti"(문맥상 '유아화적인'이라는 뜻의 'infanilizzanti'를 성숙하지 못한 혹은 미숙한 등의 의미으로도 볼 수 있다 - 역자 주), "실망스러운" 성인 교리교육의 형태에 대해 불만을 드러낸다. 이것은 성인 교리교육이 심리적 안정에 대한 열망에 부응하기 위해 고안됐지만, 성숙의 과정을 막을 위험이 있기 때문이다.[76] 또한 성숙한 시스템 혹은 어린이와 함께 하는 교육 경험의 전형적인 방식이 적용되거나 여하튼 성인 학습의 원칙이 존중되지 않는 방식이 적용된 시행이 문제가 된다.[77]

- 성인 교리교육에서 용어와 전달의 어려움은 흔하게 확인된다. 전달된 내용은 오늘날 많은 성인에게 그들 삶과 문화와 멀리 떨어져 있는 것으로 느껴지고, 삶의 현실적인 문제에 빠진 사람들에게는 멀고 낯설며, 와닿지 않는 담화의 메시지로 인식된다.

---

74 Cf. K.H. Schmitt, «Formation ecclésiale des adultes et pastorale: réflexions critiques et pratiques à propos d'une distinction théorique», in: Binz et al. (Edd.), *Former des adultes en Église*, 85.

75 Cf. Spagna CC 52; Québec OCQ, 34.

76 Cf. UCN 1, 30-31.

77 Cf. Routhier, *L'éducation de la foi des adultes*, 359; Elias, *Adult Religious Education*, 93 e 98; Schmitt, «Formation ecclésiale des adultes et pastorale», 85-87.

교회 안에서 복음을 전하는 형태는 대개 보잘것없고 그 방식의 우수함이 부족하기 때문에 큰 어려움이 존재한다. 때때로 아무도 이해하지 못하는 언어를 사용하고, 이제 더는 존재하지 않는 청중에게 연설하며, 아무도 스스로 묻지 않는 질문이나 아무도 경험하지 못한 문제에 대답한다는 인상을 받는다.[78]

- 성인 교리교육의 구체적인 실천에서는 쇄신되지 않고 그 성공을 진정으로 위태롭게 만드는 교회론적 전망을 반영하는 성직자적이며 가부장적인 스타일이 특징으로 나타난다.[79] 그런 의미에서 성인과 교회 사이의 이해의 어려움,[80] 곧 "가르치는 교회와 배우는 사람 간의 뚜렷한 대조"[81]에 대해 말할 수 있다. 또한 교회에서 "성인이 된다는 것"은 실제로 실현되기 어려운 "꿈"[82]으로 남아 있고, 성인 교리교육이 교회에 대한 사랑과 따뜻한 애정을 불러일으키지 못한다는 말을 자주 듣는다.[83] 심지어 적지 않은 성인들이 교리교육 과정을 통해 점진적으로 신앙 안에서 성장하면서도, 제도적 교회와의 관계를 느슨하게 하는 역설적인 사실도 존재한다.[84] 이 같은 사실은

---

78 CAL 131. Cf. D. Emeis-K.H. Schmitt, *Handbuch der Gemeindekatechese*, Freiburg-Basel-Wien, Herder 1986, 28.

79 Cf. Schmitt, «Formation ecclésiale des adultes et pastorale», 83-84. 대부분 성인 "교리교사"가 여전히 사제들이라는 사실을 기억해 두어야 한다.

80 Cf. E. Alberich, *Catechesi «adulta» in una Chiesa «adulta». I nodi ecclesiologici della catechesi degli adulti*, «Orientamenti pedagogici» 38 (1991) 6, 1367-1384.

81 Elias, *Adult Religious Education*, 95.

82 Cf. N. Mette, *Erwachsen-sein-können in der Kirche-nur ein Wunschtraum?*, «Katechetische Bältter» 116 (1991) 4, 232-234.

83 Cf. Spagna CA 155.

84 Cf. D. Piveteau, *Langages et catéchèse*, «catéchèse» 21 (1981) 82, 58.

성인 교리교육의 구체적 훈련 속에서 진정한 "교회론적 접합점들"[nodi ecclesiologici]"이 자주 나타나야 함을 의미하고, 이것은 충분히 고려돼야 할 것이다.[85]

- 윤리적인 분야에서도 특별한 어려움이 나타난다. 오늘날 많은 그리스도인이 자신의 도덕적 양심과 교회의 공식 교리 사이에서 느끼는 괴리감은 안타까운 일이다. 이러한 문제는 매우 민감하고 복잡해 보인다. 한편으로는 공식적인 입장의 경직성이 존재하고 다른 한편으로는 오늘날의 사고방식에 대한 상당한 주관주의가 존재하는 것처럼 너무 상반된 요인들이 이와 관련된 것으로 보인다.

한마디로, 많은 긍정적이고 기대되는 현실에도 불구하고 성인 교리교육은 여러 면에서 위기 상황에 놓여 있다. 이러한 상황은 더욱 의미 있는 성인에 도달하지 못함으로써 가입과 탈퇴의 위기[crisi di entrata e di uscita][86]를 맞이하게 하고, 오늘날 사회가 요구하는 "열심한 신자들"을 끌어들이지 못하고 있다.[87] 한편, 너무나 부족하고[infantilizzanti] 기대에 못 미치는 많은 성인 교리교육의 경험은 교리교육 자체의 질적 "성숙"의 위기로 지적된다.

여기서 매우 우려되는 현상들이 나타난다. 곧, 처음에는 신앙을 재

---

[85] Cf. Francia CNER, 30-33; Québec OCQ, 33-40. 독일에서도 성인들을 "위한" 교리교육에서 성인"의" 교리교육과 성인과 "함께하는" 교리교육으로의 전개에 어려움을 토로한다. Emeis-Schmitt, *Handbuch der Gemeindekatechese*, 28.

[86] Cf. T. Ruiz Ciberio, «Catequesis de adultos».

[87] Cf. T. Ruiz Ciberio, ibid.; E. Alberich, *Per una educazione della fede in chiave di maturazione: quale tipo di cristiano deve promuovere oggi la catechesi?*, «Orientamenti pedagogici» 36 (1989) 2, 309-323.

발견하고 종교적인 성숙 여정의 제안을 열정적으로 받아들였던 성인들이 실망하고 단념하는 사례가 속출하고 있다. 이 모든 것은 오늘날 교회 안에서 성인 교리교육의 실천 자체에 영향을 미치는 불안감의 존재와 문제점을 보여준다. 따라서 이 문제에 대한 심층적인 연구와 성인 교리교육의 실질적 실행 조건에 더욱 주의를 기울이는 방법론적 지침이 필요하다.

요약하자면, 지난 수십 년 동안 성인 교리교육을 위한 우선적 선택은 교도권의 공식적인 표현과 그리스도인 공동체의 의식 속에서 분명히 강화됐다. 비록 여전히 불만족스럽고 매우 다양한 형태의 한계도 존재하지만, 성인 교리교육이 실제로 현실화하고 있다고 말할 수 있다. 특히, 성인 교리교육이 복음화적 선택과 성인 및 공동체 사목보다 폭넓은 맥락에서 더욱 명확히 연결됨으로써 그 지평이 크게 확장되었다는 것은 주목할 만하다. 우리가 앞으로 보게 될 것처럼 단지 교리교육만을 위하거나 성인만을 위한 것이 아닌 성인 교리교육의 등장이 예고된다.

3. 성인 교리교육: 교육학적이고 문화적인 중대 도전

오늘날 교회 안에서의 성인 교리교육을 확인하는 여정을 훑어봄으로써 새로운 사목 선택의 의미와 쟁점은 충분히 명확하게 나타났다. 이 선택은 그리스도인들에게 유감스러운 "종교적 무지함"에 대처하려고만 하는 것이 아니며, 전통적으로 어린이들에게 했던 것을 어른들에게 강화하고 확대하려는 것도 아니다. 이는 어디서든 성인 교리교육에서 마주할 수 있는 어려움에 비춰, 성인 교리교육이 더욱 완전한 의미에서 "성숙한" 교리교육이 돼야 할 매우 진지하고 중요한 쟁점으로 이해될 수 있다.

3.1. 성숙하지 못한 사회화와 자유로운 성숙 사이의 쟁점

성인 교리교육의 구체적 실행에 있어 중요한 사실은 현시대의 사목적 맥락에서 이 교육의 근본적인 문제와 위태로운 점을 파악하게 한다는 것이다. 그 도전은 다음과 같이 공식화할 수 있다. 현 상황에서 성인 교리교육을 진정으로 교육적이고 발전적인 활동으로, 또 문화적이고 교회적인 변화의 요인으로 성인 신자들에게 도움을 주기 위해서라기보다 보수적이고 도구적인 열쇠로 그것을 이해하려는 큰 위험이 존재한다.

성인 교리교육의 실천 속에서도 모든 문화적이거나 교육학적 운영의 모호한 성격이 다시 나타날 수 있다. 그러한 성격은 특별한 관계이거나 제도적인 이해관계에, 또는 현상status quo을 유지하기 위한 이해관계에 항상 도구화될 수 있는 것이다.[88] 이것은 변형의 형태로 성인과 함께하는 교리교육 활동과 꽤 비슷한 교육 활동인 "지속적인 교육

---

[88] Cf. G. Groppo-C. Nanni, *Educazione e pedagogia oggi: novità, ambiguità, speranze*, «Seminarium» 31 (1979) 2, 293-319.

[89] Cf. G. Malizia, *Una politica di educazione permanente per oggi*, «Orientamenti pedagogici» 26 (1979) 5, 776-785.

educazione permanente"⁸⁹의 여러 형태에서 자주 나타난다.

성인 교리교육과 상반된 두 개념 사이의 대안적 선택으로 사회화와 교육 간에 나타나는 일반적인 긴장감도 떠올릴 수 있다. 우리가 알고 있듯 사회화는 종종 진정한 교육의 확실한 요구와 대조되는 사회적 집단에 적응하는 과정을 말한다.⁹⁰ 그리고 성인 교리교육의 모든 문제는 이러한 교육학적 요건에 비춰 해석될 수 있다.⁹¹

3.2. 보수적 사회화의 핵심인 성인 교리교육

도구적 요소나 사회화의 논리로 이해된 성인 교리교육은 교회 단체, 곧 교회에 속한 사람들의 적응과 통합을 위해서 활용될 수 있다.⁹² 이러한 관점에서 성인 교리교육은 실제로 교회가 사회적 영향력을 상실하고 신뢰의 위기 상황에 처했을 때, 집결의 수단이 될 수 있고 구조나 복구 작업의 수단이 될 수 있다.

> 솔직히 말해서, 우리가 준비하는 지속적인 교육의 제안에서 무엇보다도 우리가 찾고 있는 것이 어린 시절부터 배우지 못했던 것의 보강이나 교회의 확실한 부흥, 성사화 sacramentalizzazione의 재회복이 아니라면 무엇인가? 어떤 사람들에게는 지속적인 신앙교육이 교회의 균열을 수리하고

---

90 Cf. C. Nanni, *Socializzazione, inculturazione e educazione*, «Orientamenti pedagogici» 25 (1978) 4, 651-665. 교리교육에 적용을 위해서는 다음을 참고하시오. Cf. Cat.oggi, 147-149.
91 성인과 함께하는 가능한 세 가지 교육학적 모델에 대한 유사한 분석은 다음 문헌에서 발견된다. Francia CNER, 30-33.
92 Cf. Routhier, *L'éducation de la foi des adultes*, 43-44.

현대 세계의 충격으로부터 손상된 벽을 보강하는 방법으로 여겨질 수 있다.[93]

성인 교리교육은 사제나 수도 성소의 실질적인 부족을 해결하기 위해, 곧 보전이라는 관점에서 이해되는 사목활동의 범위에서 도움과 협력을 위한 보조 수단으로 고려될 수 있다.

> (평신도의) 양성은 책임이 있다고 믿게 만드는 평신도 단체의 모집을 통해서 "성직자의 테두리^{quadri del clero}"의 위기에서 벗어나려 한다고 생각하지만, 실제로 봉건적 형태의 재건이라는 수준에서 단지 "노동자^{peones}"일 뿐 교회나 교회 내 단체의 고백 되지 않은 꿈일 수 있다.[94]

성인 교리교육은 교회 내의 불편한 목소리와 비판적인 요구 혹은 반대 의견을 완화하거나 중화하기 위해서도 사용될 수 있다.[95] 그렇게 이해된 성인 교리교육은 오늘날 성인 대부분의 기대에 미치지 못할 것이다.

이와 비슷한 생각은 두려움의 결과가 될 수 있고 성인 신자들에게 자주 실망과 낙담을 불러일으키기도 한다. 그래서 성인 교리교육은 "개별 성장의 원천이자 교회 공동체의 특정 형태의 감소 원천"[96]이

---

93 D. Piveteau, L'Église, les adultes et la formation permanente, «Catéchèse» 15 (1975) 59, 170.
94 E. Tassel, cit. in J. Joncheray, «Formation et strategies d'Église», in: Binz et al. (Edd.), Former des adultes en Église, 154-155.
95 Cf. D. Piveteau, ibid.
96 D. Piveteau, Langages et Catéchèse, «Catéchèse» 21 (1981), 82, 58.

된다고 말할 수 있다.

어떤 관점에서 보면, 교회는 성인들을 이해하지 못한다거나 성인들을, 혹은 그들의 "성숙"을 두려워한다고 말할 수 있다. 유명 프랑스 교리교육학자인 콜롱은 거듭되는 호소와 주장에도 불구하고 성인 교리교육을 분리하려 애쓰는 것에 불만을 털어놓는다. 그리고 그는 다음과 같이 자신의 성찰을 덧붙인다.

> 하지만 우리는 더 깊이 무의식 속으로 파고 들어야 한다. 그리고 어떤 이들은 신자 단체에 그리스도교 신비의 더 완전한 인식을 전파하는 것이 아마도 그리스도인 공동체의 지도를 더욱더 어렵고 약하게 한다는 것을 두려워한다고 말해야 한다. 그런 "생각"에서 성인의 종교교육 문제가 평신도 증진 문제와 밀접하게 연결돼 있고, 그것이 항상 제기되고 제기될 많은 문제와 밀접하게 연결돼 있다는 것이 사실이라면, 어떤 것도 이상한 것은 없을 것이다. 여기서 우리는 더욱더 의식적이고 명료하며, 비판적 생각의 형성에 관한 보통의 두려움을 발견한다.[97]

아마도 콜롱의 분석은 현실성을 잃지 않았고, 오늘날 성인 교리교육에 다시 관심을 두게 될 경우 그것은 상당한 문제를 제기할 것이다. 여러분은 진심으로 교회가 성인과 "성숙함^{adultità}"을 두려워하는지, 그리고 "(가톨릭) 교회가 진정으로 우리 시대 성인들과의 공동책임적인 만남을 할 수 있는지, 또 그렇다면 얼마나 할 수 있는지"에 대한 질문

---

[97] J. Colomb, *Al servizio della fede. Manuale di catechetica*. Vol. 2, Leumann (Torino), Elledici 1970, 405.

도 던져야 한다.⁹⁸

> 성인을 교육하는 목적은 무엇인가? 사람들이 생각해야 하는 것을 말하는 것인가? 그것은 교회 입장에서 권위주의적이고 통제적인 개념을 뒷받침하는 것의 문제인가? 아니면 성숙한 성인 신자들의 성장을 촉진하는 것의 문제인가?⁹⁹

이렇게 이해된 교리교육 행위는 미래가 없으며, 오늘날의 세계에서 근본적으로 신앙의 미래를 심각하게 위태롭게 할 수 있다. 성인 교리교육이 우리가 사는 현 세계와는 거리가 먼 교회 내부에 머물러 그저 폐쇄적이고 분리된 담론으로 남아 있을 수 있다는 것이다.

> 실제로 (성숙함의) 목표에 도달한 사람들은 오늘날의 세속적인 세계(젊은 성인, 노동자, 학생, 젊은 부부, 노동자, 부적응자, 소외된 사람, 지성인, 멀리 떨어진 이들 등)가 아니라 과거 그리스도교 세계(성사 입문 시기의 자녀를 둔 부모, 중산층, 기도 모임의 참가자)를 가리키는 것에 더 근접함을 살펴볼 수 있다. 우리의 신앙교육은 특별히 젊은이들 사이에서 나타나는 새로운 문화 감수성에 거의 다다르지 못하고 있다.¹⁰⁰

---

98 Mette, *Erwachsen-sein-Können in der Kirche*, 232.

99 Canadian conference of Catholic Bishops-National office of Religious Education, *Adult Faith, Adult Church. A report on the recommendations of the National Advisory Committee on Adult Education*, Ottawa, Publications Service, Canadian Conference of Catholic Bishops 1986, 45.

100 Québec OCQ, 34.

이러한 선교적 복음화는 특별히 교회가 없는 거대한 인간 영역^{ambiti umani}, 즉 노동계, 소외계층, 젊은이들의 광대한 부문, 문화계와 대학계, 거대한 농촌계 그리고 무엇보다도 가장 가난하고 가장 소외된 사람들의 세계를 향해 특별한 방식으로 나아가야 한다.[101]

3.3. 성숙한 교육과 변화의 열쇠인 성인 교리교육

교육으로 이해된 성인 교리교육은 신자들의 신앙 성숙과 교회 변화에 분명하게 봉사해야 한다. 하지만 이는 쉬운 일이 아니다. 사실 성인 교리교육은 교회의 회심에 대한 외침을 받아들이면서, 쇄신의 역동성 안에서 불가피하게 발생할 수 있는 갈등에 대한 책임감 있는 수용 의지를 포함하고 있다. 궁극적으로 교회와 교리교육에 던져진 이중 도전에 대해 다음과 같이 말할 수 있다.

- 보수적이고 방어적인 행동으로 되돌아갈지, 아니면 현실 세계에 복음화하는 개방성 사이에서 개방성을 취할지 선택해야 하는 **교회**에서는:

> 성사와 교회 봉사에 중점을 두는 보존의 사목에 몰두하는 교회로 남아있거나 아니면 세상에서의 (복음) 증거와 존재에 중점을 두는 선교 사목에 열심한 교회가 돼야 한다.[102]

---

101 Spagna CC 52. 비슷한 표현을 다음 문헌에서 참고하시오. Comisión Episcopal de Evangelización y Catequesis, *Guía pastoral para la catequesis de México*. México 1992, 14 e CAL 131; M. Warren, *Sourcebook for Modern Catechetics*. Vol. 2, Winona, Minnesota, Saint Mary's Press 1997, 86.

- **교리교육**은 오늘날 성인들의 감수성과 문제를 이해할 수 있어야 하고 그들의 적절한 참여와 공동 책임에 대한 요구에 부응할 수 있음을 보여주어야 한다. 이것은 폭넓게 번져 있는 고민을 나타낸다.

　　이러한 교리교육은 미성년에서 벗어나 성인기로 접어드는 세상에서 성인으로서 그리스도교를 원하는 책임감 있는 성인들의 문제를 토대로 정교화될 수 없다. 다시 말하면, 이것은 "회복"을 추구하자는 것이 아니라 성인들을 격려하고 그들과 함께 진리를 형성하는 인간 문제를 진지하게 다루는 교리교육이다.[103]

　　그리스도교 성인 교육이 교회 임무로 시작된다면, 이 교육은 추진력을 잃고 있는 일종의 교회 구조 작업으로 용인되거나 고양된 일시적 치료책이 아니라, 이것이 포함하는 회심과 함께 부흥의 업적이 될 것이다. 그러면 아마도 복음은 우리 시대의 사람들과 그리스도교 가정에서 아주 멀리 떨어진 사람들에게도 새롭게 선포될 것이다.[104]

　　복음에 충실하면서 사회적, 교회적 변화의 능동적 주체인 신자에 대한 자율적 교육은 여전히 직면해야 할 과제이다. 하지만 그런 신자 교육을 우선시하는 것은 거의 드물다.[105]

---

[102] Québec OCQ, 35.
[103] E. Lepers, *Nécessité d'une catéchèse d'adultes dans l'Eglise?*, «Catéchèse» 21 (1981) 82, 10.
[104] J. Bouteiller, Formation chrétienne des adultes. Perspectives actuelles, «Études», tome 345 (1976) 270.
[105] Routhier, *L'éducation de la foi des adultes*, 50.

3.4. 성인 교리교육의 도전과 과제

이러한 다수의 고려 사항을 통해 사회와 교회의 상황 안에서의 성인 교리교육의 정체성과 의미에 대한 첫 번째 결론이 나온다. 이것은 논의가 진행되면서 점점 더 명확하게 보일 요건의 윤곽이다. 이제 교회 쇄신의 일반적 계획의 목적으로 고안되고 더욱더 광범위한 사목 계획에 삽입된 강력한 복음화와 공동체 차원을 지닌 성인 교리교육을 생각해 보자.

우리는 오늘날 성인 교리교육이 진정 "오늘의^{oggi}", "성인^{degli adulti}", "교리교육^{catechesi}"이어야 한다고 분명하게 말할 수 있다.

- 이 시대의 종교적, 문화적 조화를 숙고한 **"오늘의"**
- **"성인"**: 성숙한 교회에 봉사하는 성숙한 신자들로 나아가게 하는 진정으로 성숙한 성인 교리교육[106]
- 공의회가 추진한 교리교육적 쇄신의 맥락에서 진정한 **"교리교육"**

이것이 오늘날 세계가 성인 교리교육에 던지는 교육학적, 문화적[107] 도전의 주제이다. 그리고 그리스도인 공동체의 복음적 변화를 이루는 관점에서 책임 있는 교육 의지로, 성인이 성숙한 신자가 되게 하는 교리교육을 촉진하기 위해 많은 믿음과 용기, 그리고 식별이 필요할 것이다. 이것은 쉬운 일이

---

[106] Cf. UCN 1, 32-33.
[107] A. Fossion, *La catéchèse dans le champ de la communication, Ses enjeux pour l'inculturation de la foi*, Paris, Cerf 1990, 257.

아니다. 변화해야 할 사고방식도 많고, 극복해야 할 변화에 대한 두려움도 존재하며, 증명하기 위해 질문으로 삼아야 하는 것도 너무 많을 것이다. 그러나 이것은 우리 사회에서 그리스도교 신앙의 미래를 위한 결정적인 질문이다.

Adulti e catechesi

성인 교리교육의 정체성과
형태 및 모델

CAPITOLO SECONDO

*La catechesi degli adulti:
identità, forme e modelli*
Un tentativo di chiarimento e di classificazione

"성인 교리교육"의 다양한 계획과 형태는 성찰 모임과 성경 모임, 예비신자 기간의 여정과 회의의 주기, 라디오 방송과 가족 집단, 부모와의 협력 등 여러 다른 종류들로 이루어진 전체를 형성한다. 성인 교리교육의 정체성을 결정하거나 만족스러운 분류작업을 시도한다는 것은 항상 쉬운 일은 아니다. 이것이 두 번째 장에서 다루고자 하는 것이다.

1. 이질적이고 복잡한 세계인 성인 교리교육

성인과 함께하는 구체적인 교리교육 체험 세계에 접근하는 사람은 그 앞에 나타난 매우 다양하고 이질적인 파노라마에 충격을 받게 된다. 그것을 분류하려 할 때, 정확한 기준 체계로 그것을 되돌리는 것이 불가능해 보이는 다양한 형태와 그렇게 "쏟아져 나오며"[scoppiato][1] 복잡한 분야를 마주하게 된다. 그리고 "성인 교리교육"이라 간주하는 것이 공통점을 발견하기 어려운 현실에 적용되는 상표일 뿐이라고 생각될 수 있다. 많은 측면에서 문제가 있어 보인다.

- 우선, 정체성에 문제가 있다. 어떤 경험에서는 교리교육이 진정으로 원하고 계획된 목표지만, 다른 경험에서는 그렇지 않다. 그 이유는 교리교육이 직접적인 교리교육 형태가 아니라, 전례 거행과 신심

---

1 «L'éducation de la foi des adultes: un champ éclaté où l'on se retrouve difficilement»: G. Routhier, in Id. (Ed.), *L'éducation de la foi des adultes. L'expérience du Québec*, Montréal, Médiaspaul 1996, 15.

단체, 교육 협의회와 운동 및 활동 등과 혼합돼 있기 때문이다. 이런 현상을 교리교육의 적절한 의미라고 말할 수 있는지, 아니면 단순히 다른 사목활동의 교리교육적 차원이라고 말할 수 있는지는 세심한 조사를 통해서만 알 수 있다.

- 성인 교리교육과 관련해 사용된 용어는 매우 다양하며, 복음화, 교리교육, 신앙교육, 그리스도인 양성, 신학적 양성 등과 같은 용어의 범위와 의미에 관한 실질적인 합의가 없다. 그래서 혼동과 과도한 혼합, 정확성과 정체성의 상실 위험이 존재한다. 이를 설명하기 위한 노력이 필요하다.

- 또 다른 어려움은 몇몇 성인 교리교육의 형태가 피상적이고 부분적이며, 즉흥적으로 나타나기 때문에, 이를 신뢰할만한 보장을 제공하기 어렵다는 것이다. 여기서 질문을 던질 수 있다. 어떤 조건에서 성인 교리교육에 대해 적절한 의미를 말할 수 있는가? 한편, 성인 교리교육이라 부르지 않고 실제로 교리교육적 특징과 속성을 갖춘 사목활동이 있다.[2] 때로는 성인과 관련된 "교리교육"이나 성인 "교리교사"라 간주하는 용어들의 미성숙하고 부정적인 함축적 의미 때문에, 이런 용어 사용을 피하려고 한다. 대신, 양성과 신앙 여정, 성찰, 활성가^{animatori}(사회자 혹은 고무자 등으로 표현이 가능하다 - 역자 주)나 동반자 등의 용어를 언급한다.

이러한 어려움을 고려할 때, 사목자에게 기준틀 역할을 할 수 있는 분명하고 논리적인 개요^{panoramica}를 제공하고, 다양한 성인 교리교육

---

2   Cf. UCN 1, 30; Spagna CA, 79.

범위에서 발견되는 창의력을 발전시키기 위한 것이라면, 성인 교리교육의 자세한 설명을 시도하고 분류 기준을 찾는 것은 적절해 보인다.

2. 개념적이고 용어적인 설명을 위해

성인 교리교육의 정체성과 기능에 대해 충분히 정확하고 동기 부여된 설명을 제공하기 위해 성인 교리교육과 관련된 다양한 개념을 간략하게 언급하고자 한다.

2.1. 복음화, 예비신자 기간, 교육, 양성

이러한 용어들은 일반적으로 성인의 양성, 예비신자 기간의 여정, 신앙교육, 그리스도인 (혹은 종교적이나 신학적) 양성 등의 성인 교리교육에서 어느 정도 인식 가능한 활동을 명시하는 데 사용된다. 이제 그 의미를 자세히 살펴보자.

복음화

교회의 본질적 사명으로 재발견된 복음화(EN 14)는 오늘날의 사목적 인식의 중심을 차지하고 있다. 복음화의 우위와 그 선택, 회심의 사목에서 복음적 사목으로의 변화 추세에 대해서도 언급되고 있다. 그리고 여기에 1974년 세계주교대의원회의와 「현대의 복음 선교 Evangelii Nuntiandi」 노선에 따라 복음화의 비교적 넓은 비전을 받아들이는 데에 분명한 동의가 있었다. 이것의 의미는 「교리교육 총지침」에서도 나타난다.

> 선포, 증거, 가르침, 성사, 이웃 사랑, 이 모든 측면은 하나의 복음을 전달하는 수단이며 복음화 자체의 필수 요소들이다. [⋯] 복음 선포를 하는 사람들은 복음화에 대해 "포괄적 시각"을 갖고 복음화를 교회의 전반적 사명과 동일시한다(DGC 46).
>
> 그러므로 복음화란 교회가 성령의 감화를 받아 전 세계에 복음을 선포하고 전파하는 과정이라고 봐야 한다(DGC 48).

현재의 교회 인식 안에서 복음화는 교회가 자신이 말하고 행하고 존재하는 모든 것을 통해 복음을 선포하고 증거 하는 것으로 정의 내릴 수 있다.[3]

교리교육은 -성인 교리교육도 마찬가지로- 전체적인 복음화 과정 안에서 의미 있는 순간을 구성한다.[4] 그리고 교회가 복음을 선포하고 증거하는 전체적인 맥락 안에서, 성인 교리교육은 최초의 (복음) 선포 primo annuncio나 최초의 복음화 prima evangelizzazione와는 그 자체로 구별되지만, 그것의 연장선 안에서 항상 복음화의 한 형태가 된다(DGC 61; CAL 97). 그래서 성인 교리교육에서는 입교 개종을 불러일으키는 것으로 인도

---

[3] Cat.oggi 68.
[4] DGC 49, Cf. Cat.oggi 47-48.

하는 이 같은 최초의 복음 선포적인 순간$^{primo\ momento\ kerigmatico}$이 필요하다. 하지만 이 두 가지 활동의 경계를 표시하는 것은 항상 가능한 것이 아니며, 실제로 교리교육은 그 임무 속에서 회개를 포함하고 있거나, 그렇지 않을 때는 회개에 대한 호소를 포함하고 있다(DGC 62).

예비신자 기간

"예비신자 기간^{catecumenato}"이란 용어는 문자 그대로 세례와 입교 관점에서 신앙과 그리스도인 삶의 전체적인 입문 과정의 단계를 나타낸다. 우리 시대에는 순수하게 세례를 받기 위한 준비와 세례 받는 사람들의 갱신$^{re-iniziazione}$ 과정에서 다양한 예비신자 기간에 대한 회복^{restaurazione}의 체험이 존재한다. 그리고 이러한 많은 체험을 성인 교리교육의 형태로 간주한다. 때로는 성인 교리교육의 범위 안에서 "예비신자 기간의 여정"이나 성인 교리교육의 "예비신자 기간의 방식"에 대해 언급하기도 한다.

프랑스와 같은 일부 지역에서는 "예비신자 기간"과 "예비신자의 ^{catecumenale}"라는 용어의 위험한 확대해석을 피하고자 성인 교리교육으로부터 예비신자 기간을 구별해야 한다고 주장한다.[5] 물론 모든 예비신자 과정은 과거나 현재에 필수 요소로 그 과정에 교리교육을 항상 내포하고 있다고 말할 수 있다. 그래서 성인의 다양한 예비신자 체험

---

[5] Cf. Francia CNER, 15.

에서 성인 교리교육에 대해 언급하는 것은 당연한 일이다.

"모든 교리교육이 세례를 준비하는 예비신자 기간"[6]이라서만이 아니나, 예비신자 기간과 성인 교리교육 사이에 깊은 연관성을 주장하는 것은 정당하다.[7] 그러나 진정한 신앙 입문이라는 예비신자 기간의 특수성이 결여된 많은 교리교육 형태에 대해 "예비신자 기간의 여정"이라고 쉽게 말하는 것은 정당화되지 못한다. 그래서 성인 교리교육에 대해서 비유적으로 예비신자 기간의 "방식"이나 "영감"[8], 또는 "예비신자 기간"의 여정이라 말하는 것을 더 선호하는 듯하다.

교육

"신앙교육 educazione della fede"이란 표현은 성인 교리교육을 시행하는 일부 지역(예를 들면, 퀘벡에서)[9]에서 선호되지만, 일반적으로는 "종교교육 educazione religiosa"의 표현 속에서 "교육"이라는 용어로 적절하게 불리는 교리교육 너머의 의미를 부여한다.[10]

---

6 1977년 세계주교대의원회의 "하느님 백성에게 보내는 메시지", 8항. Cf. D. Borobio, *El catecumenado, modelo de la catequesis de adultos*, ≪Teología y Catequesis≫ (1982) 2, 193-211.

7 Cf. Spagna CA 79-85: ≪El catecumenado bautismal, modelo de referencia de la catequesis de adultos≫.

8 Cf. Spagna CA 268; Secretariado de Catequesis de Pamplona y Tudela, Bilbao, San Sebastián y Vitoria, *Cristianos adultos. Un proceso catequético de estilo catecumenal*, Bilbao, Secretariado Diocesano de Catequesis 1987.

9 Cf. Québec OCQ e Québec OP.

10 Cf. Québec OCQ, 83-85; Spagna CC 56-67; Cat.oggi 75-77.

앵글로색슨족 문화 지역에서는 "성인 교육$^{Adult\ Education}$"[11], "성인 그리스도교 교육$^{Adult\ Christian\ Education}$"[12], 특히 "성인 종교교육$^{Adult\ Religious\ Education, ARE}$"과 같은 표현이 선호됐다. 이러한 명칭으로 종종 성인 교리교육보다 더 넓은 활동 범위를 나타냈지만, 이 같은 명칭은 우리가 "성인 교리교육"이라 부르는 것을 가리키기 위해, 아마도 그들의 문화와 문명적인 함축적 의미를 강조하면서 매우 빈번하게 사용되는 형태인 듯하다.[13]

양성

이 용어$^{양성,\ formazione}$는 유럽과 아프리카 등 프랑스어 문화권에서, 특히 "성인의 그리스도인 양성$^{formation\ chrétienne\ des\ adultes}$"의 형태에서 더욱 선호되는 용어이다. 때로는 (항상 어떤 것의 기능과 어떤 의무나 책임의 기능을 담당하는) 양성과 (신앙 성숙을 목표로 삼고 있는) 교리교육을 정확하게 구별해야 한다고 주장한다.[14] 어떤 경우에서든 양성의 범위는 성인 교리

---

[11] Cf. A.P. Purnell (Ed.), *To be a People of Hope. Adult Education: a Christian Perspective*, London, Collins 1987; Canadian Conference of Catholic Bishops – National Office of Religious Education, *Adult Faith Adult Church. A report on the recommendations of the National Advisory Committee on Adult Education*, Ottawa, Ontario, Publications Service, Canadian Conference of Catholic Bishops 1986.

[12] Cf. K. Nichols – J. Cummins, *Into His Fullness. Christian Adult Education Today*, Middlegreen, Slough, St. Paul Publications 1980, 8.

[13] Cf. R. Comte, *Recherches nord-américaines sur l'éducation de la foi des adultes*, «Catéchèse» 24 (1984) 96, 119; J. Elias, *Adult Religious Education: an Analysis of Roman Catholic Documents published in Australia, Canada, England and Wales, and the United States*, «Religious Education» 84 (1989) 1, 90-102.

[14] Cf. E. Lepers, *Nécessité d'une catéchèse d'adultes dans l'Eglise?*, «Catéchèse» 21 (1981) 82, 12.

교육 자체의 범위보다 더 넓게 표현되며, 적어도 세 가지 활동 유형, 곧 사목 담당자의 양성, 신학교육, 성인 교리교육을 포함한다.[15] 하지만 적절한 의미에서 성인 교리교육을 나타내기 위해 성인의 "그리스도인 양성"이라는 표현을 기꺼이 사용한다.[16]

미국 주교회의 문헌 「우리의 마음은 우리 안에서 타오르고 있다」(1999)에서도 교리교육 분야에서 존재하는 다양한 양식을 포함하기 위해 넓은 의미에서 "성인의 신앙 양성Adult Faith Formation"이라는 명칭을 선호했다.[17]

독일어권 국가에서도 "양성Bildung"에 대해, 특히 "성인의 신학적 양성Theologische Erwachsenenbildung"이라는 전통적인 표현을 사용한다. 여기에서도 "양성"과 "교리교육"의 구분이 원칙적으로는 유지되지만,[18] 기본적으로는 둘 다 공통된 목적을 가지고 있고[19] "성인의 신학적 양성"이 종종 성인 교리교육의 참되고 고유한 형태를 포함하고 있어서, 이러한 구분은 항상 유익해 보이지는 않는다는 것도 인정된다.[20]

---

[15] Cf. Francia CNER 17-27; A. Binz et al. (Edd.), *Former des adultes en Église. État des lieux, aspects théoriques et pratiques. Hommages à Gilbert Adler*, Saint-Maurice, Éditions Saint-Augustin 2000.

[16] Francia CNER(*Formation chrétienne des adultes. Un guide théorique et pratique pour la catéchèse*). 공식적으로는 성인 교리교육이 아니지만, 사목 일꾼의 양성이 일반적으로 교리교육적 차원을 포함한다는 것에 유의해야 한다. Cf. S. Salzmann, «La dimension catéchétique de la formation des adultes», in: Binz et al. (Edd.), *Former des adultes en Église*, 245-263.

[17] Cf. USA, *Our Hearts*, 184-191 (Afterword).

[18] 다음의 예를 참고하시오. A. Exeler - D. Emeis, *Reflektierter Glaube. Perspektiven, Methoden und Modelle der theologischen Erwachsenenbildung*, Freiburg-Basel-Wien, Herder 1970, 88-89.

[19] Cf. D. Emeis - K.H. Schmitt, *Handbuch der Gemeindekatechese*, Freiburg-Basel-Wien, Herder 1986, 224-225.

2.2. 성인 교리교육의 정체성과 범위

이러한 용어상의 구분과 설명으로 인해 진정한 교리교육, 다시 말하면 신앙의 심화와 성숙을 위한 말씀의 봉사라는 표현으로 성인 교리교육의 정체성을 잊어서는 안 된다.[21] 곧 이 교리교육은 "신앙인들의 신앙 성장을 촉진하기 위해 숙고되고, 명확한 형태로 그리스도교 유산을 인식하고 자신의 것으로 만드는 것을 돕는 활동"을 의미한다.[22] 다음은 몇 가지 설명이다.

- 교리교육 활동의 모든 범위와 마찬가지로 성인 교리교육은 매우 다양한 형태, 곧 개인적이고 공적이며, 자발적이고 조직적이며, 체계적이거나 임시적인 형태 안에서 실시될 수 있다.
- 성인 교리교육은 "초기 교리교육" 혹은 "지속적인 신앙교육"(DGC 67-72)의 주요한 두 가지 형태를 취하고 있고, 그런 의미에서 성인 생활 전반에 걸쳐 의미 있는 방식으로 이루어질 수 있다. 곧 성인 교리교육은 삶의 모든 단계에서 신앙 성장에 대한 본질적인 요구에 응답해야 하며, 유년기의 양성적 결함을 회복하기 위한 "재순환 riciclaggio"의 기능에만 국한돼서는 안 된다.[23]
- 성인 교리교육의 "교리교육적" 특성에서 현재 성인의 방식과 필요에 따라 신앙을 진정으로 깊게 하는 "성숙"의 의미를 손상해서는 안 된

---

[20] Cf. F.J. Hungs, *Theologische Erwachsenenbildung als Lernprozess*, Mainz, Grünewald 1976, 11; Germania KWK B.1.2.
[21] Cf. Cat.oggi 72; Francia CNER 23-24.
[22] Québec OCQ 84.
[23] Cf. Québec OCQ 85. 시간이 제한되고 단 한 번만 실시되는 성인 교리교육을 지지하는 사람들의 이유는 설득력이 없어 보인다. Spagna CA 47 (22번 주석) e 64.

다. 성인 교리교육의 "기초적" 특성에 대한 어떤 주장은 아마도 교리교육의 불충분한 과거와의 연관성을 드러내는 것일 것이다.[24]
- 성인 교리교육은 그리스도인 공동체의 교육 및 사목활동이라는 광범위한 맥락에서 분리돼 있지 않다. 그것은 교회의 예언적 직무의 다른 형태와 다양한 교회 기능 전체와도 긴밀히 연결돼 있다.[25]

우리는 이러한 현상과 뉘앙스를 통해 이 책 전체에서 "성인 교리교육"이라 특징 지어진 것의 범위와 정체성이 그 실현의 다양성과 범위에서도 어느 정도 분명하게 다듬어졌다고 생각한다.

3. 성인 교리교육의 형태와 모델: 분류 시도

성인 교리교육을 다양한 형태로 분류하는 데에는 무수히 많은 기준이 있다.[26] 그 기준은 교육 실행의 주체나 교육 장소,[27] 목적이나 목표에 따라서,[28] 또는 본보기가 되는 교육학적 모델을 염두에 두고 설

---

24 이것은 성인 교리교사가 "초등학교 교사"(educador de primaria)의 기준으로 고려되는 Spagna CC 97-100과 Spagna CA 92의 입장인 듯 보인다.

25 Cf. Francia CNER 26-27.

26 다른 구체적인 예를 위해서 다음을 참고하시오. L. Soravito, *Orientamenti per un progetto di catechesi degli adulti*, Leumann (Torino), Elledici 1990, 13-15; E. Biemmi, *Catéchèse et évangélisation des adultes en Italie*, «Lumen Vitae» 56 (2001) 1, 29-40.

27 Così P. Milan, *Adulti nella Chiesa. Orientamenti pastorali per una catechesi missionaria in Italia*, Rovigo, Ist. Padano di Arti Grafiche 1981, 121-130.

28 예를 들면, "보존"(entretien)과 "쇄신"(renouveau), "재정립"(refonte)의 교리교육. Cf. J. Bouteiller, *Formation chrétien des adultes. Perspectives actuelles*, «Études», tome 345 (1976), 259-270.

정할 수 있다.²⁹ 더욱 근본적인 것은 "초기" 성인 교리교육(혹은 그리스도인 삶의 복음화나 재정립)과 "지속적인 신앙교육"(신앙을 심화하는 교리교육)으로서의 성인 교리교육 사이의 구분이 명백해진다는 것이다.³⁰ 여기에 사목 계획 작업을 위해 적절하고 유용해 보이는 두 가지 유형학적 기준criteri tipologici을 제시한다.³¹

3.1. 첫 번째 분류 기준: 교회의 다양한 사목 기능과의 관계에 따라

성인 교리교육이 항상 교회의 예언적 활동(말씀의 직무)의 순간에 적합하다 해도, 사실 이것은 사목활동의 전체 영역과 연결된 것으로 보인다. 그래서 성인 교리교육의 분류기준으로 교회 실천의 다양한 영역과 효과적인 연결을 채택할 수 있다.

기본적인 교회 기능에 관하여 네 부분, 곧 전례liturgia, 선포-증거martyria, 친교koinonia 및 봉사diaconia로 이루어진 도식을 떠올리면서,³² 다음과 같이 첫 번째 유형을 설명할 수 있다.

---

29 Cf. C. Floristán, *Teología práctica. Teoría y praxis de la acción pastoral*, Salamanca, Sígueme 1991, 453-456.
30 Cf. DGC 67-72; Ufficio Catechistico Nazionale, *Esperienze di catechesi degli adulti in Italia oggi*, A cura di Lucio Soravito, Leumann (Torino), Elledici 1990.
31 성인 교리교육의 형태에 관한 예시와 문헌 자료는 마지막 장과 책 뒷부분의 참고문헌, 그리고 다음 도서를 참고하시오. E. Alberich - A. Binz, *Forme e modelli di catechesi con gli adulti. Esperienze e riflessioni in prospettiva internazionale*, Leumann (Torino), Elledici 1995.
32 Cf. Cat.oggi, cap. 2.

3.1.1. 전례-성사적 관점에서의 성인 교리교육("전례"의 교회적 기능과의 관계)

전례는 교리교육의 실현에 있어 매우 유익한 분야이다. 실제로 많은 교회에서 전례-성사적 활동이 사목활동의 중심을 차지하고 있다. 이것은 종종 전례적 연결이 성인과 함께하는 사목활동의 첫 번째 이유이며, 때로는 유일한 것인지에 대한 이유를 설명한다. 이러한 활동 영역은 다음과 같이 구별할 수 있다.

- **전례력**에 따른 공동체 거행 안에서의 성인 교리교육

이것은 설교와 집회의 활기, 전례와 상징 언어들을 통해 교리교육 효과를 최대한으로 활용하는 가장 전통적인 기회이다. 이것은 무엇보다 주일미사와 전례력에서 가장 중요한 시기, 성사나 준성사(성체성사, 고해성사, 혼인성사, 병자성사 등)에서 표현된다. 또 종종 교리교육적 형태를 취한다("교리교육적 미사 messe catechistiche", "엠마오 주일 Dimanches d'Emmaüs" 등).

- **입문성사**의 맥락 안에서의 성인 교리교육

그리스도교 입문 과정에 따라 입문 대상자 자신과 관계되거나 다른 사람들의 입문 안에서 관련된 성인과 연계해 성인 교리교육의 형태를 발전시킬 수 있다. 구체적으로 다음과 같이 구분할 수 있다.

· **예비신자 기간**은 적절한 의미에서 그리스도교의 입문성사(세례성사, 견진성사, 성체성사)를 통해 그리스도인이 되기를 원하는 이들과 동반하는 것, 또는 미완으로 남아있는 입문(과정)을 완성하는 것을 말한다. 오늘날 고대 그리스도교 전통을 간직한 많은 나라에서는 선교

적 핵심에서 사목활동의 새로운 미개척 분야로 예비신자 기간의 제도와 관습에 대한 철저한 재평가에 관심을 기울이고 있다.[33]

- **"재입문"**의 형태는 이론적으로는 교리교육적이고 성사적인 입문을 완료했음에도 불구하고 그리스도교적 삶의 연결을 –전체적으로나 부분적으로– 이어가지 못해, 그 길을 처음부터 다시 시작하거나 회개해, 교회와 결합하는 여정을 완성하고자 하는 세례 받은 성인에 관한 계획을 의미한다.[34]
- 성인의 입문**성사**. 혼인성사나 견진성사를 준비하면서, 간혹 진정한 예비신자 기간을 밀도 높게 받아들이는 여정에 관심을 보이는 성인(또는 청년들)과 함께 신앙 여정을 시도한다.
- **자녀**들의 입문성사에의 **부모** 참여. 이것은 자녀들이 성사를 받는 과정에서 부모에게 진정한 신앙 여정의 가능성을 제공하는 "가정 교리교육"의 체험을 의미한다. 이 과정에서는 사목 개입의 가능성이 크게 나타나며, 성사 받는 자녀의 준비 안에서 행하는 부모의 단순한 참여를 통해 성인 자신들도 그들 신앙 여정의 중심으로 나아갈 수 있을 때, 진정한 의미의 질적 도약이 이루어진다.[35]

- **대중 신심**의 표현 안에서의 성인 교리교육

신심행사의 양면성에도 불구하고 복음화와 교리교육 활동을 위한 실제 공간을 구성할 수 있는 풍부하고 다양한 신심행사(주보성인 축일,

---

[33] Cf. Alberich – Binz, *Forme e modelli*, cap. 1; W. Ruspi, *Il catecumenato in Italia. Un primo quadro della situazione*, «La Scuola Cattolica» 127 (1999) 1, 5-32.
[34] Alberich – Binz, *Forme e modelli*, cap. 3.
[35] Cf. Alberich – Binz, *Forme e modelli*, cap. 5.

성삼일 및 9일 기도, 행렬, 순례 등)가 있다. 이와 관련해 매우 긍정적인 체험들도 많이 있다(예수 성탄 대축일 9일 기도, 성지 순례$^{Romaria\ da\ terra}$, 성모님의 사명$^{missione\ della\ Madonna}$). **36**

3.1.2. 예언적 사명 분야에서의 성인 교리교육("증거"의 교회적 기능과의 관계)

신앙 성숙과 심화를 목표로 삼는 교회 중재로서, 교리교육은 교회에서 발견하는 말씀의 직무의 특별한 맥락 안에 있다. 여러 성인 교리교육의 특별한 형태는 이러한 분야에 속한다.

- **최초의 복음화**의 다양한 형태

이것은 신앙과 교회에서 소외된 사람들을 대상으로 한 신앙의 대화와 복음 메시지에 대한 설득력 있는 증언에 관해 공식적으로 이해된 선교적 접근의 다양한 표현을 의미한다. 이것은 "그리스도교" 체제의 고유한 사목 전망과 연결돼 있기 때문에 여전히 매우 제한된 영역이다. 그러나 "경청 센터$^{centri\ di\ ascolto}$" **37**, "꾸르실료 운동$^{cursillos\ de\ cristiandad}$", 특별 교리교육 등 이러한 방향으로의 추진은 적지 않게 나타난다.

- **공식적 의미**에서의 "성인 교리교육"

단순한 "성인 교리교육"과 그렇게 숙고하고 계획된 성인 교리교육,

---

36 Cf. Congregazione per il Culto Divino e la Disciplina dei Sacramenti, *Direttorio su pietà popolare e liturgia. Principi e orientamenti*, Città del Vaticano, Libreria Editrice Vaticana 2002.

37 Cf. Alberich – Binz, *Forme e modelli*, cap. 3; L. Soravito, *La catechesi degli adulti. Orientamenti e proposte*, Leumann (Torino), Elledici 1998, 54-60.

곧 강의의 형태로 시행되는 교리교육의 계획, 회의, 성찰 모임, "(하느님) 백성에 대한" 교리교육[38] 등의 활동이 이 범주에 속한다.

이 같은 활동의 맥락 안에서 실제로 신앙의 심화 여정을 수행하는 모든 단체와 모임 그리고 운동에 관해 특별히 언급할 만하다(예를 들면, 가톨릭 운동, 포콜라레 운동, 성령쇄신운동, "네오까떼구메나도 길" 등). 이것은 종종 문제적 관점과 모호한 부분에서 자유롭지 않다고 해도 매우 가치 있는 활동이다.

- 성인과 함께하는 **성서적 교리교육**의 다양한 형태

여러 동기와 방식으로 성경 읽기의 여정을 함께 시작한 성인 단체에서 펼쳐지는 매우 다양한 교리교육의 형태가 존재한다. 그중 가장 널리 알려진 형태는 다양한 방법론(거룩한 독서 lectio divina, 대중적 성경 읽기, "복음 나누기" 등)과 함께 직접 성서적 근원에 도달하면서 그리스도교적 양성으로 나아가는 성서 단체나 성서 모임의 형태이다.[39]

- 성인의 **종교교육** 활동

종교학 연구소, 사목 담당자 양성 센터, 교리교육 학교 등과 같은 다양한 양성 분야에서 성인 교리교육의 형태가 효과적으로 발전한다. 비록 이 같은 수준의 양성이 교리교육과 일치하지는 않더라도, 실제로 양성적인 면에 있어서 교리교육 측면의 진정한 신앙 여정이 실현될

---

38 이것은 이탈리아에서 성인의 지속적인 교육을 위한 본당 교리교육의 가장 널리 퍼진 모델인 것으로 보이며, 본당에서 모든 신자에게 개방된 정기적이고 체계적인 모임을 통해 이루어진다. Cf. Soravito, *La catechesi degli adulti*, 31.

39 Cf. Alberich - Binz, *Forme e modelli*, cap. 7.

수 있다. 이것은 양성이 진정한 "변화"로 인식될 때, 특별한 형태로 나타난다.[40]

- **사회적 의사소통**을 통한 성인 교리교육

이 분야는 매스미디어(출판, 라디오, 영화, TV 등)의 거대한 세계나 미디어 그룹(편집, 시청각, 레코드 등), 멀티미디어 및 정보 시스템으로써, 미디어와 미디어에서 시행되는 양성과 교리교육의 매우 주도적인 분야에 포함돼야 한다.[41]

3.1.3. 교회 공동체 구조 안에서의 성인 교리교육("친교"의 교회적 기능과의 관계)

교회 안에는 무엇보다 새로운 형태의 공동체를 찾기 위한 강력한 공동체 쇄신 운동이 존재한다.[42] 이러한 역동성 안에서 성인 교리교육은 정확히 교회 공동체 쇄신의 필수적 요소나 직접적 쇄신 요소로 고려되기 때문에, 그것은 종종 표현에 있어 특별한 형태로 나타난다. 구체적으로 이런 형태와 교리교육적 실현을 열거해보자.

- 특별히 "**작거나**" "**기초적인**" **새로운 공동체** 안에서의 성인 교리교육

교회 공동체 구조의 쇄신을 위한 "인간적 차원의" 새로운 공동체

---

40 Cf. Alberich – Binz, *Forme e modelli*, cap. 11. 성인 교리교육의 이런 경험을 고려하는 이유는 참가자의 동기와 관련이 있다. 많은 성인이 신앙의 개인적 심화를 위해 교회 봉사적 관점에서 양성 활동을 시작하는 것으로 묘사됐다. Cf. Salzmann, ≪La dimension caétchétique de la formation des adultes≫.

41 Cf. Alberich – Binz, *Forme e modelli*, cap. 10.

42 Cf. Cat.oggi, cap. 8.

의 다양한 형태는 성인의 신앙 여정에 특별한 기회와 장소를 제공한다. 거의 모든 곳에서 다양한 형태와 이름("기초 교회 공동체", "작은 그리스도교 공동체", "살아있는 교회 공동체") 등을 부여받은 그 형태는 확실히 시대의 징표를 나타내고 있으며 성인 교리교육의 새로운 실행 가능성을 제공한다.[43]

- **전통적인 공동체**의 교리교육적 의미에서의 재활성화

본당 공동체 내에서 복음화와 교리교육 활동 강화 등과 함께 재활성화에 대한 시도는 충분하다("[하느님] 백성에 대한" 교리교육, 대중적 교리교육, W. 사리스의 "공동체 교리교육" 등).[44]

- **부부와 가족** 안에서의 성인 교리교육

중요한 사목적 의미를 지니면서 특별히 주목되는 대상은 오늘날 신앙과 교회 임무의 재발견 속에서 헌신하는 결혼한 부부와 가족들이다. "혼인 사목"으로서의 혼인의 특징과 "가정 교회"로서 사목적 가치가 있게 만드는 가정은, 성인 교리교육과 교회 공헌에 중요한 체험을 끌어내는 신학적 "토양^{humus}"이 된다(가족 모임, 노트르담 팀, 가톨릭 운동의 가정 분야, 결혼과 약혼을 위한 성찰 모임 등).

---

[43] Cf. Alberich - Binz, *Forme e modelli*, 160-166; 175-185.
[44] Cf. Alberich - Binz, *Forme e modelli*, cap. 6.

3.1.4. 봉사와 증진의 중심점인 성인 교리교육("봉사"의 교회적 기능과의 관계)

교회의 "봉사"라는 징표와 사랑의 증거를 위한 그리스도인들의 높아진 감각은 무엇보다 사회 변화와 모든 이의 증진과 해방을 위한 책임 있는 헌신으로 이해돼, 오늘날 인간성장과 완전한 해방의 전체적인 과정 안에서 신앙을 심화하려는 교리교육 활동을 발전시키기 위해 새로운 공간을 제공한다. 이는 적어도 두 가지 커다란 범주로 구분할 수 있다.

- **교육 과정** 맥락에서의 성인 교리교육

성인의 교육과 증진 및 양성을 위한 다양한 활동에는 종종 개인의 통합적인 성장이 촉진되는 동시에, 신앙 성장과 직접적으로 관련된 참여와 프로그램이 포함된다. 특히 인간적 증진이 무엇보다 필요한 개인과 집단을 위해서 문해력과 의식화, 기초 교육의 여러 측면과 연결된 성인 교리교육의 다양한 활동이 이 분야에 다시 도입된다.

- **사회 및 정치** 활동 안에서의 성인 교리교육

사회 정치적 헌신이라는 광범위한 분야에서 교리교육과 복음화적 염려를 동반한 활동과 계획은 주목할 만하다. 사회 분야에서 신앙의 재발견과 재형성의 요구에 민감한 문화적 활성화와 의식화된 활동도 기억될만하다(캐나다의 "현장Chantier" 선택, 브라질의 형제애 캠페인).[45] 많은 사람과 단체들은 가장 적절한 정치적 영역에서 현재 상황 안에서의 복음적 요구와 그리스도인으로서의 정체성에 대한 진지한 반성과 함께

---

45 Cf. Alberich - Binz, *Forme e modelli*, 156-160.

사회 변화를 위해 고유한 역사적 일원이 돼 살고 있다(기초 공동체, 전문화된 가톨릭 운동, 사도직 운동 등). 이렇게 오늘날 세계에서 교회 "봉사"의 의미를 새롭고 설득력 있는 방식으로 실천하려는 총체적인 노력과 밀접하게 연결된 복음화와 교리교육의 중요한 형태가 발전한다.

우리가 예상했던 그림이 완전한 것은 아니지만, 오늘날 교회에서 성인 교리교육의 다양하고 복잡한 "현상학"을 어떤 식으로든 최소한 통합할 수 있는 전체적인 개요를 위해 다음 그림이 유용할 것이다.

첫 번째 분류 기준을 전체적으로 살펴보면, 그것이 이중 가로 분할선에서 교차하는 것처럼 보인다는 것을 알 수 있다.

- 선교적이며 복음화의 중심인 "입문" 성인 교리교육의 형태(신앙 입문과 재정립의 과제로 "외연$^{ad\ extra}$"을 요구)와 성장과 심화를 위한 "지속적인 신앙교육" 같은 성인 교리교육의 형태(지속적인 교리교육 같은 "내연$^{ad\ intra}$")가 근본적으로 구분된다.
- 다소 "순수한" 성인 교리교육의 형태와 다양한 사목 기능을 포함한, 보다 복잡한 교회 쇄신에 관한 통합적 사목 계획에 참여하는 다른 형태의 성인 교리교육이 구분된다. 이것은 단지 교리교육에 지나지 않는 성인 교리교육, 그리고 신앙과 그리스도인 삶의 통합적 체험 그 이상의 의미를 지닌 성인 교리교육으로 구분할 수 있을 것이다.

3.2. 두 번째 분류 기준: 교리교육적 행동의 본성에 따라

두 번째 기준은 조금 더 깊게 교리교육적 행동의 본성을 살펴보면서 성인 교리교육의 유형학적 구별을 시도한다. 이 기준은 근본적인 세 가지 유형, 곧 "가르침^{insegnamento}" 유형의 성인 교리교육, "입문^{iniziazione}" 유형의 성인 교리교육, "교육^{educazione}" 유형의 성인 교리교육으로 분류한다. 다시 말하면, 이 두 번째 기준은 교리교육 방법론의 기본적인 세 가지 모델을 구별하는 기준으로 적용된다.[46] 무엇보다 '가르침'은 지식에 중점을 둔다. '입문'은 개인의 존재와 자기 자신, 그리고 그가 속한 집단에 더욱더 초점을 맞춘다. '교육'은 사회와 문화적 맥락 안에서 자신의 행동과 요령에 관해 먼저 살펴본다.

이러한 유형학적 기준에 비춰 볼 때, 다음과 같이 성인 교리교육의 세 가지 기본 유형이 제시된다.

성인 교리교육	인간학 분야	사목적 맥락	목표와 목적	과정	접근
"가르침" 유형의 성인 교리교육	지식	증거 말씀	이해 신앙의 심화	교수법 가르침-학습	성인 심리학 학습에 관한 교수법
"입문" 유형의 성인 교리교육	존재	복음 선포 친교 전례	변화 회개 정체성 재발견 교회쇄신	입문 재입문	집단 역학 역사적 접근 문화 인류학
"교육" 유형의 성인 교리교육	행동	봉사	해방자 헌신적 활동 교회의 변화	복음화 인간적 증진 해방 활성화	사회학 인간학 행동과학

---

46 이어지는 제7장에서 이런 모델을 다시 다루게 될 것이다.

3.2.1. "가르침" 유형의 성인 교리교육

중요한 교수법적 의미를 지니고 있는 교리교육의 실현이 이 범주에 속한다. 여기에 속하는 사목 맥락에서 이러한 교리교육의 실현은 무엇보다 말씀의 직무(혹은 "증거")에 속하고, 주로 교수법적 활동으로써 가르침-학습$^{insegnamento-apprendimento}$의 상호 보완적 역동성을 핵심에 둔다. 이런 유형의 교리교육은 목표와 목적 차원에서 "신앙의 심화"와 "지속적인 신앙교육"에 대해 말하고 있으며, 인식적이고, 동기 부여의 목표가 지배적으로 나타난다. 인식론적 관점에서는 (지속적인 교육의 맥락 안에서) 성인의 교육심리학과 (학습에 대한 심리학과 방법론인) 교수학습이론의 인지적, 방법론적 접근이 특별하게 나타난다.

예를 들면, 강의와 회의, 성찰 모임과 (하느님) 백성의 교리교육, 다양한 "성인의 신학교육", 성서 모임 등이 있다.

3.2.2. "입문" 혹은 "재입문" 유형의 성인 교리교육

이 두 가지(입문과 재입문) 계획에 대한 강조와 함축된 의미의 차이점은 "예비신자 기간의 여정"이라 부를 한 있는 교리교육의 실현에서 나타난다. 비록 입문과 재입문의 헌신과 구조의 다양성에도 불구하고 교리교육의 이러한 형태는 (초기 복음화의 함축된 의미 속에서의) 복음 선포의 순간^{kerigmatico}과 (공동체 경험과 쇄신으로서) 친교 그리고 (경청과 거행의 모임과 같은) 전례와 긴밀하게 연관된 공동체 사목활동 전체와 연결돼 더욱 유기적으로 나타난다. 그리고 이 두 가지는 본질적으로 그리스도교 체험의 핵심에 삽입(혹은 재삽입)되는 특징으로 인해 신앙 입문과 교회 삶의 과정으로 구성된다.

목표와 목적과 관련해 이러한 모델은 적어도 자기 변화("회개"와 재발견과 신앙의 재형성)를 근본적으로 자극하고(혹은 다시 일깨우고), 교회적 관점에서, 교회의 변화(세례 받은 사람들의 사회에서 성숙한 신자들의 공동체로의 이동)를 일깨우려 한다. 방법론적 수단의 관점에서 이 유형의 교리교육은 적절한 과학적 접근보다는 집단의 구조(그리고 집단 역학의 방법) 그리고 참여와 활동적 유형의 방법론적 기법을 더 많이 사용한다.

여기에서도 몇몇 중요한 체험, 곧 세례 전 예비신자 기간, 키코 아르궤요$^{K.\,Argüllo}$의 "네오까떼구메나도 길", 라틴 아메리카의 "가정 교리교육", 팔리코$^{A.\,Fallico}$의 "교회-세상"의 사명 등을 떠올릴 수 있다. 이러한 체험들은 단지 교리교육적 체험일 뿐 아니라 일반적으로 교회와 신앙적 삶의 다양한 측면을 포함하는 통합적 체험을 의미한다.

3.2.3. "교육" 유형의 성인 교리교육

이 범주에는 이러한 유형의 활동에 적합한 운영 공간인 교회의 봉사 기능과 관련된 사목 현실이 포함된다. 복음을 선포할 때는 인간에게 더욱더 공정하고 가치 있는 사회를 위해 헌신해야 하는 빈곤과 억압의 상황을 자주 직면하기 때문에, 소외되고 비인격적 결과의 고통 속에서 복음화와 인간적 증진이 함께 가야 하는 사목 계획과 관여가 요구된다. 증진과 해방(혹은 해방적 교리교육), 사회적·문화적·정치적 의식화 및 활성화의 범주는 이러한 복음화적 관여개입 유형의 특수한 함의를 더욱더 표현하는 것이다.

이러한 유형의 목표와 목적의 수준은 해방적 교육$^{educazione\ liberatrice}$과 자유롭고 의식적이며, 책임 있는 인격체 증진이며, 그 목표와 목적의 요구의 종합에서 하느님 나라에 대한 봉사를 언급한다. 교회적 측면에서 이러한 유형은 인류 역사의 살아 있는 구조 속에서 해방되고, 고백하는 존재로 교회를 쇄신하고 정화하려 한다. 방법론적 수단의 관점으로 볼 때, 여기에서는 현대 행동과학의 방법은 물론 인간학적이고 사회학적인 유형의 접근(현실 분석, 사회학적 조사, 상황에 대한 구조적 및 개인적 원인 연구 등)이 특히 중요하다.

구체적으로 기초 교회공동체^{CEB}, 캐나다의 "현장" 선택, 브라질의 형제애 캠페인, 라틴 아메리카를 위한 라디오 서비스^{SERPAL} 프로그램, 페루의 신앙서적 "걸어서 가자$^{Vamos\ caminando}$" 등을 예로 들 수 있다.[47]

이러한 두 가지 분류의 도식이 완전성이나 경직성을 주장하는 게 아니라 단지 틀을 짜려는 시도 -반복이 필요함- 이길 희망한다. 다른 유형에서, 더 많은 특징이 발견되겠지만, 제안된 유형들의 어떤 것도 충분히 인식되지 않은 성인 교리교육의 구체적인 형태는 없을 것이다. 오히려, 두 번째 분류 기준과 관련해 진정 설득력 있고 잘 실행되는 성인 교리교육이라면 가르침, 입문, 교육이라는 제안된 세 가지 유형에 참여해야 한다고 언급될 것이다.[48] 따라서 상황의 분류를 위해 유용하고 참고 가능한 표로써 도식화가 필요하다.

---

[47] 책 뒷부분에 있는 참고문헌을 참고하시오.
[48] 제7장을 참고하시오.

Adulti e catechesi

성인 교리교육을 위한
요건과 동기

CAPITOLO TERZO

*Istanze e motivazioni
per la catechesi degli adulti*

이번 장의 관심은 오늘날 교회가 긴급하게 성인 교리교육을 하는 이유에 대한 일반적인 검토를 넘어서는 데에 있다. 대신 성인 교리교육의 중심에는 교육 참여자나 교리교육 활동 담당자, 그리고 책임자에게 모두 중요한 동기 부여의 문제가 자리 잡고 있다. 이는 또한 성인들이 의식적이든 무의식적이든, 성인 교리교육에 관심을 갖는 이유 혹은 그렇지 않은 이유와 그것에 동기를 부여하는 방법과도 연관된다.

성인 교리교육의 올바른 계획을 위한 방법론적 과정에서 우리의 성찰은 상황에 대한 인식과 그것의 문제화 그리고 이를 적절히 계획하는 순간과 관련해 여러 중요 순간을 다룰 것이다.

1. 동기 부여와 설득하기: 성인 교리교육의 핵심 과제

동기 부여라는 주제는 무엇보다 성인들의 실제 요건과 기대에 주의를 기울이면서 양성과정에서의 그들의 몇몇 특징에 주목하면서 성인의 세계와 구체적 관계 속에서 이해돼야 한다.

1.1. 요건과 기대의 다양성

한때 교리교육에 참여했던 성인들은 구원에 필요한 진리를 알아야 할 의무와 교회 권위에 대한 순종과 그리스도인 공동체에 대한 소속감에 매우 뚜렷한 동기를 부여받았다. 하지만 오늘날의 상황은 대상에 대한 존경을 높이고 종교적 권위의 의미와 그 소속감이 약화하는 문화적 상황 속에서 많이 변화됐다. 그리고 현대 성인들은 성인 교리교육에 대해 일반적으로 다음과 같은 입장을 나타낸다.

- 성인 교리교육의 필요성과 어떤 이유로든 연관돼 있다 하더라도 대부분은 동기 부여가 안 된 사람들로 구성된다(예를 들면, 그리스도인으로서의 정체성 위기에 처한 신앙인들, 자녀들 신앙교육에 책임 있는 부모들 등). 교리교육과 종교적 실천이 어린이와 청소년들에게 유익한 것으로 간주되지만, 성인들에게는 더 필요하지 않다는 인식이 만연돼 있다. 그래서 동기 부여에 대한 담론을 발전시켜 나가고 민감화^{sensibilizzazione}와 강화의 주도적 증진이 필요하지만 이런 현상을 비난하거나 질책할 필요도 없고, 옳지도 않다.
- 또한, 동기 부여가 적게 드러나거나 성인 교리교육의 목적과 방식에 덜 일치된 이들도 많다. 오늘날 교회에 신앙교육이 강하게 요구되지만, 항상 적절한 동기 부여가 뒷받침되는 것은 아니다. 이것은 신앙교육이 명확하고 지향적이며, 교육적이어야 함을 요구하는 것이다.
- 성인 교리교육에 헌신하고자 하는 강한 동기 부여를 가진 사람들도 적진 않다. 그들 중에는 그들을 위한 적절한 모델을 발견하지 못한 이들도 있을 것이다. 또 어떤 이들은 그들의 기대와 일치하지 않는 성인 교리교육(예를 들면, 미숙한 방식의 성인 교리교육) 제공에 실망할 수도 있다.

이제 동기 부여는 성인 교리교육의 유용한 과정들을 활성화하는 데 아주 중요하고 결정적인 요소로 제시된다. 성인의 경우, 동기 부여는 실제로 교육 활동에 참여하고 지속하기 위한 필수적 요소이다. 이러한 동기 부여는 교수법적 방법론이 증명하듯 성인의 학습 과정 안에서 가장 중요한 요소이다.[1] 동기 부여는 모든 교육적인 제안을 성인의 구체적 관심과 밀접하게 연결한다. "쇄신 작업을 위해 참가자에게 동기를 부여한다는 것은 작업의 성취를 그들의 근본적 요건 중 하나에 대한 만족과 일치시키는 것이다."[2]

동기 부여는 성인들에게 결정적인 영향을 미친다. 그것은 실제로 "인식과 태도 혹은 기대할만하고 가능한 능력을 자유롭게 얻을 수 있도록 한 개인의 힘을 자유롭게 하고 이끄는 힘"[3]을 구성한다. 이것은 활동을 시작하고 정해진 목표를 향해 나아가는 데 필요한 내적인 힘이다.[4]

여기서 중요하게 관찰할 점은 성인 교리교육의 주요 지도자인 사제와 주교가 실제로 성인 교리교육의 긴급함과 그것의 실제적 쟁점에 대해 항상 확신하는 것이 아니라는 점이다. 이 점에서도 모든 민감화와 설명 작업이 필요하다.

1.2. 요건과 동기: 몇 가지 설명

무엇보다 동기 부여의 두 가지 차원을 구별하는 것이 좋다. 첫 번째

---

1   Cf. F.J. Hungs, *Theologische Erwachsenenbildung als Lernprozess. Didaktische Grundlegung*, Mainz, Grünewald 1976, 58.
2   P. Grieger, *La formazione permanente. 1. Formazione e promozione umana*, Milano, Ancora 1985, 52.
3   *Dossiers* 4, 9.
4   Cf. A. Ronco, «Motivazione», in Diz.Sc.Ed, 717-722.

동기 부여는 절대적으로 개인에게 속하며, ("자기 동기 부여$^{\text{auto-motivazione}}$" 라 말할 수 있는) 모든 활동의 근본적인 "원동력^{motore}"이 된다. 두 번째 동기 부여는 첫 번째 동기 부여에 강화 역할을 하는 외부 요인과 연결된다. 이러한 두 번째 동기 부여에 따라 궁극적으로 자신의 동기 부여를 명확히 하고 재검토하도록 이끄는 자극과 "질문교육"의 작업이 시도되며 여기에 영향을 미칠 수 있다.

이제 우리 주제의 범위를 더욱 잘 파악하기 위해 몇 가지 요소와 문제점 등을 명시할 필요가 있다.

- 일반적으로 성인은 교육의 필요성과 유용성을 인식할 때, 교육 활동을 시작할 동기를 느끼게 된다. 그리고 이것은 "성인은 직접적인 효과를 통해 배워야 한다."[5]라는 학습 노력 속에서 얻어진 결과로 어느 정도 직접적으로 나타난다. 또 나중에 행한 노력의 유용성을 보게 될 것이라는 전망에 대해 확신하기가 어렵고, 프로그램을 완성하거나 정신을 훈련하거나 지성적으로 풍부해질 필요성에 호소할 필요도 없다.

- 성인은 (실존적이거나 전문적, 사회적) 문제에 적절하게 대응할 필요성에서 동기를 부여받는다. 청년은 주체(자신의 정체성과 미래)에 초점을 맞추지만, 성인은 무엇보다 문제를 생각한다.[6] 이것은 신앙교육 분야에서 부정적 영향을 미칠 수 있으며, 때로는 직접적 요령보다 존재

---

5 Dossiers 9, 11.

6 «The adult learner is problem-centered rather than subject-centered»: N.T. Foltz, «Basic Principles of Adult Religious Education», in: Id. (Ed.), *Handbook of Adult Religious Education*, Birmingham, Alabama, Religious Education Press 1986, 49.

에 더욱더 많은 관심을 두기 위해 실용적 사고방식을 극복해야 할 것이다.

- 객관적으로 존재하는 동기 부여와 자극이 종종 부족하다는 점도 주목된다.[7] 일반적으로 잘 양성된 성인들은 추가 양성에 대한 욕구와 필요성을 느끼는 사람들이므로, "어느 공동체에서 교육 수단의 증가가 이미 좋은 수준의 교육을 받고 있는 사람들에게 무엇보다 유리하게 다가가는 경향이 있다."[8]라는 것이 확인된다.
- 동기 부여가 교육 과정에 따라 항상 같은 효력과 정당성을 유지하는 것은 아니다. 일반적으로 나이가 들어감에 따라 동기 부여는 줄어든다. 따라서 여기에는 지원과 강화 작업이 필요하다.[9]
- 질문 너머에 존재하는 기대를 식별해야 한다. 종종 주제에 대한 질문에 깔린(예를 들면, "지옥에 대해 말하길 원한다.", "내게 [~에 관하여] 질문하게 될 때 어떻게 대답해야 할지 모르겠다.") 참가자들이 표현한 직접적인 걱정을 막는 것으로는 충분하지 않다. 또 다른 결과, 곧 명시적 질문의 기저에 깔린 태도에 주의를 기울이는 것이 중요하다. 정보에 대한 요구로 신앙 체험이나 안전에 대한 필요를 공유하기 위해 다른 신자들을 만나고자 하는 열망을 숨길 수 있다.

---

7 Cf. J.L. Elias, *The Foundations and Practice of Adult Religious Education*, Malabar, Florida, R.E. Krieger 1982, 99.

8 성인 교리교육에 관한 도쿄(Tokyo) 회의의 최종 보고서: UNESCO, *IIIe Conférence internationale sur l'éducation des adultes. Rapport final*, Paris 1972, 21. 성인에게 속한 학습을 방해하는 부정적인 동기 부여와 장애에 대해서는 다음을 참고하시오. Cf. J.M. Hull, *What prevents christian adults from learning?* London, SCM 1985; K.P. Cross, *Adults as Learners*, San Francisco, Jossey-Bass 1982, 81 e 108.

9 Cf. Dossiers 4, 19-29.

이 모든 것은 동기 부여 주제에 대해 적절한 숙고를 요구한다. 만일 동기 부여가 안 됐다면, 그것이 제안되고 제공돼야 하며, 또 동기 부여가 됐다면, 그것은 명시적이고 정화되며, 강화돼야 한다. 이러한 과제의 기능 속에서, 세 가지 영역 혹은 수준, 곧 사회문화적, 심리인류학적, 사목신학적 지시에 따라 성인 교리교육을 위한 동기를 다시금 이끌어 내면서, 그것의 범위를 탐구하고자 한다.

2. 사회문화적 지시의 요건과 동기 부여

이것은 사회문화적 맥락에 존재하는 요건과 긴급함에 관한 것이다. 이는 무엇보다 우리 시대의 교육적인 요구와 연결돼 있고 지속적인 교육이라는 커다란 교육 계획을 의미할 수 있다.[10] 다음의 몇 가지 요구를 상기해 보자.

2.1. 현대 사회의 도전: "성인의 어려움"

오늘날 세계의 많은 상황은 우리 시대의 인류에게 그들 임무를 완수하기 위해, 교육의 새로운 노력과 교육 활동에 대한 확대된 시각을 촉

---

[10] 이와 관련해 유네스코에서 전개된 국제회의와 프로그램(Elsinör 1949, Montréal 1960, Tokyo 1972, Nairobi 1976, Paris 1985, Jomtien (Tailandia) 1990 e Amburgo 1997)은 중요하다. Cf. J. Lowe, *L'éducation des adultes: perspectives mondiales*, Paris, Les Presses de l'Unesco 1976.

[11] Cf. CONFINTEA (Conférence Internationale sur l'éducation des adultes), *Éducation et Adultes. La Déclaration de Hambourg*, Hambourg, Unesco 1997.

구하면서 문제와 도전을 이끈다.[11] 특별히 다음의 요소들에 주목하자.

- 현대 사회의 급격한 변화와 "세계화" 현상, 복잡하고 가속화된 역동적 상황(지식의 증가, 다원주의, 변동성, 갈등 등)은 모두에게 삶의 여건에 대한 통제와 관리를 어렵게 만든다.
- 전반적인 발전에도 불구하고 오늘날 많은 성인의 현실을 짓누르는 당혹감과 문화적 혼돈, 오래되고 새로운 형태의 억압, 차별, 조작의 상황이 많이 존재한다.
- 세계적 차원에서 개인적이고 사회적이며, 정치적 수준의 다양한 발전과 추진 계획에서의 실패와 불균형(교육 정책의 실패)을 주목해야 한다.
- 문화와 기술의 거대하고 급속한 발전으로 모든 곳에서 노후화 현상(지식과 기술의 조기 노령화)이 증가하고 있다. 그것은 사람들의 기술과 그들이 행사하는 기능의 요구 간에 불균형을 초래한다. 따라서 남녀 모두가 평생 그들의 지식과 능력을 끊임없이 재검토하고 쇄신해야 한다.[12]
- 젊은 세대와 비교해(아버지-자녀, 교사-제자, 교육자-청소년 등) 성인들의 교육 역량의 위기도 심각하다. 세대 간의 관계 속에서 "교육의 부재 latitanza educativa"[13]와 진정한 대화 부족이 우려된다.

---

12 Cf. A. Léon, *Psicopedagogia degli adulti*, Roma, Editori Riuniti 1974, 104-110.
13 Cf. P. Donati-I. Colozzi, *Giovani e generazioni. Quando si cresce in una società eticamente neutra*, Bologna, Il Mulino 1997.

젊은이와 연장자 간의 의사소통과 의견 교환은 많은 상황에서 아버지와 자녀, 교수와 제자 간의 대화가 사실상 중단될 정도로 어렵다. […] 성인이 경청하기 위해서, 또 성인의 지식에 대한 메시지나 그의 지시가 다음 세대에 전달되기 위해서는 그 자신이 교육 중이어야 한다.[14]

이러한 이유로 오늘날 우리 사회에서, 특히 (청소년과 노인들을 책임지는 "희생양$^{capro\ espiatorio}$"의 세대로 언급되는) 중년층에서 겪는 성인의 어려움에 대해 말할 수 있다. 많은 성인이 명확히 말해, 단일화되고 위계적인 세계에서 복잡하고 차별화되며, 다원주의적이고 격렬한 역동적인 사회로 넘어가야 한다. 동시에 그들은 다양한 삶의 조건 속에서 살아가야 하고, 거기서 혼란을 느끼며 과제에 대응하지 못하고, 자기 정체성을 재정의하기 불가능하며 낮은 관심에 균형을 찾으려 하는 것을 느끼게 된다.[15]

또한 우리 시대의 성인은 종합 능력을 상실했고, 그 안에서 저항력이 약화됐으며, 자율성과 개인 정체성을 찾기 어렵고 도의심$^{senso\ morale}$이 이완되는 상황을 겪고 있다.[16] 이러한 측면에서 교육의 과제와 양성의 필요성은 우리 시대 남녀에게 완전히 새로운 의미가 있다. 유네스코의 여러 보고서들은 상황의 엄중함을 다음과 같이 보고하고 있다.

---

14 P. Lengrand, *Introduzione all'educazione permanente*, Roma, Armando 1974, 85-86.

15 Cf. F. Garelli, «L'adulto e l'adulto nella fede nella società contemporanea», in: UCN 2, 49-58.

16 Cf. P. Milan, A*dulti nella Chiesa. Orientamenti pastorali per una catechesi missionaria in Italia*, Rovigo, Ist. Padano di Arti Grafiche 1981, 66-69.

몇 년 동안 대부분의 남성이 20세기 후반의 삶의 조건과 위험에 대응할 수 있는 적절한 일련의 지식을 갖고 있지 않다는 실질적인 증거가 뜻밖에 발견됐고, 그것이 전 세계로 퍼져나갔다.

우리 사회의 급격한 사회적, 경제적 그리고 문화적 발전은 수억 명의 남성에게 교육받아야 할 필요성을 부가했다. 과거에 교육을 받은 성인은 문화를 완성하거나 자발적으로 개선하기 위해 교육을 행했다. 하지만 오늘날의 성인은 사회가 부가하는 요구를 충족시키고 성숙한 공동체에서 최대한의 잠재력을 실현하기 위해 교육을 추구한다.[17]

그래서 평생 학습의 개념은 21세기를 여는 문의 열쇠 중 하나로 보인다. […] 그것은 빠르게 변화하는 세계의 도전에 대응한다. 이전의 교육에 대한 보고서조차도 개인이 개인의 삶과 직장에서 발생하는 새로운 상황에 직면하기 위해 재교육을 받아야 할 필요성을 강조했기 때문에, 이러한 관찰은 새로운 것이 아니다. 그 필요성은 여전히 느껴지고 있고, 오히려 더욱더 강해지고 있다. 각 개인을 위해서 이것을 충족시키기 위한 유일한 방법은 배우는 것을 배우는 것이다.[18]

2.2. "지속적인 교육"의 이상과 계획

이러한 문제와 도전에 직면해 평생교육의 기회를 늘리는 것의 시급함을 느낀다. 사실, "지식의 습득과 구체화 및 사용에 기초한 교육 사

---

[17] E. Faure (Ed.), *Rapporto sulle strategie dell'educazione*, Roma, Armando 1973, 227-228.
[18] J. Delors (Ed.), *Nell'educazione un tesoro*, Paris/Roma, UNESCO/Armando 1997, 18.

회"의 "이상적인 생각"을 갈망하게 된다.[19]

"교육 사회^{Cité éducative}" 제안과 더불어 지속적인 교육은 단순히 성인 교육의 양적 확장으로 좁혀지지는 않는다. 오히려 그것은 정적인 상황에서 역동적인 상황으로 옮겨가는 사회의 급박함에 대한 응답으로, 특히 모든 차원과 통합적 요소에서 교육 현실에 대한 전체적인 수정과 같은 질적인 의미를 드러낸다.

> "배우는 것을 가르친다." […] 이제부터는 어떤 교육 과정에서도 더는 반드시 제한된 내용과 추상적으로 분리된 내용에 대해 강조할 수 없다. 대신, 이해하고 동화하며, 분석하고 지식을 정리하는 능력에 힘을 기울여야 한다. 또한 구체적인 것과 추상적인 것, 일반적인 것과 특별한 것 사이를 쉽게 혼합하며, 지식을 행동으로 연결하고 교육과 정보를 조정하는 능력에 힘을 기울여야 한다.[20]

> 정보 사회의 발전은 정보와 사실의 접근 가능성을 증가시키고 있기 때문에, 교육은 모든 이가 정보를 수집하고 선택하며, 분류하고 관리하며, 사용할 수 있게 해야 한다.[21]

- 지속적인 교육은 삶의 전형적인 형태인 학교, 직장, 은퇴를 검토하는 것은 물론, 입문교육과 지속적인 교육 사이의 전통적인 구분[22]을

---

19 Delors, *Nell'educazione un tesoro*, 19.
20 Lengrand, *Introduzione all'educazione permanente*, 86.
21 Delors, *Nell'educazione un tesoro*, 19.

극복하는 것으로 이어진다. 학교에서의 "(빠르게 시대에 뒤떨어지는) 지식과 (다른 주체에 의해 훨씬 완성된 방식으로 제공되는) 정보 획득은 점점 줄어들고 사고방식과 자기 적응화^{autoadattamento}의 태도, 비판적인 반응과 '배우는 것을 배운다.'는 지시의 성취는 점점 확대"²³돼야 한다. 직업의 단계는 양성의 필요성과 문화를 흡수하기 위한 여가 활용 및 참여 활동으로 특징지어진다. 은퇴와 노년 시기의 단계도 같은 모양으로 재고돼야 한다.

> 이 모든 변화는 사실상 이성을 사용하는 순간부터 평생 인간이 적극적인 책임을 지고 공부에 전념하며, 문화를 흡수하기 위해 자유롭게 여가를 가질 것임을 의미한다.²⁴

실제로 지속적인 교육과 대조되는 두 가지 유형이 있다. 하나는 "기술 관료적^{tecnocratico}" 모델로, 생산적인 목적으로 전통적 학교 모델을 재현하고 차이를 유지하며, 엄격하게 전문적인 양성을 고립시키는 경향이 있다. 다른 하나는 "개인주의적^{personalista}" 모델로, 교육의 평등과 참여 및 세계성의 가치에 중점을 둔다.²⁵ "진정한 성인 교육은 직업적 이익이 배제될 때 시작된다. 이것의 목적은 삶 전체에 의미를 부여하는 것이다."²⁶

---

22 Delors, *Nell'educazione un tesoro*, 91.
23 «Il ciclo della vita umana: antico e moderno», in: K.W. Richmond (Ed.), *Educazione permanente nella società aperta. Fondamenti teorici e pratici*, Roma, Armando 1974, 102.
24 Ibid, 103.
25 Cf. G. Malizia, *Una politica di educazione permanente per oggi*, «Orientamenti Pedagogici» 26 (1979) 5, 776-785.

2.3. 지속적인 교육과 신앙교육

지속적인 교육의 계획과 요구는 성인 교리교육 분야에서 광범위하게 응용할 수 있고 또 응용해야 한다.

- 지속적인 교육의 기초를 이루는 동기 부여는 종교적 요구와 신앙생활의 영역에서 동기 부여의 가치를 지니고 있다.
- 더 나아가 신앙의 성숙 과정은 개인의 성장과 성숙의 모든 역동성 그 자체로 의미가 있으며, 지속적인 교육의 과제와 노력에도 중점을 두고 있다. 그런 의미에서 오늘날의 성인 교리교육이 과거보다 인간 교육과 성숙의 과제에 더 많이 관여함을 알 수 있다.
- 성인의 신앙 여정은 지속적인 교육 자극과 동기 부여 및 고유한 방법론을 자기 분야에 받아들일 수 있고, 또 그렇게 해야 한다. 이러한 의미에서 의미 있는 체험은 충분하다.[27]
- 사목적이고 교리교육적인 측면에서 다양한 정치, 경제, 사회, 문화적 상황은 모든 상황에서 더욱 적절한 성인 교리교육의 특별한 유형을

---

[26] E.C. Lindeman, «La morte é l'unico comportamento terminale», in: Richmond, *Educazione permanente nella società aperta*, 131.

[27] 무엇보다 1970년대 퀘벡에서 포레(Faure) 보고서의 명확한 언급과 결정적으로 교육적인 변화와 더불어 "성인 교리교육"에서 "신앙의 지속적인 교육"(educazione permanente della fede)으로 옮기게 됐다. Cf. G. Routhier, «Trois décennies d'éducation de la foi des adultes au Québec», in: Id. (Ed.), *L'éducation de la foi des adultes. L'expérience du Québec*, Montréal, Médiaspaul 1966, 123-169. «Opération Chantier»에 대해서는 다음을 참고하시오. Cf. Québec OCQ 10-13. Cf. R. Ébacher, *Éducation de la foi. Une Église diocésaine engage ses adultes*, Montréal, Fides 1979; V. Di Chio, *Formazione religiosa dell'adulto (processi di apprendimento nella fede)*, «Presenza pastorale» 45 (1975) 8/9/10, 833-843; P. Scabini, «L'educazione permanente degli adulti come un modello culturale di nuova pastorale catechistica degli adulti», in: Id. et al., *Catechesi per cristiani adulti. Proposte ed esperienze*, Roma, Paoline 1987, 100-102.

구성하는 교육적 요구와 긴급함을 드러낼 것이다(제2장에서 다양한 유형을 참고하시오).

3. 심리인류학적 지시의 요건과 동기 부여

오늘날 매우 발달한 성인의 상태에 대한 심리학적이고 인간학적인 연구는[28] 성인기 교육 과정에 동기를 부여하고 자극을 주기 위한 많은 실마리와 논거를 제공한다. 가장 중요한 몇 가지를 살펴보자.

3.1. 성인에 대한 개념 안에서의 새로운 강조점

성인에 대해 자기만족(l'autosufficienza)과 합리성 및 지배력을 (그리고 "남성적인 것"을 일방적으로) 그 특징으로 절대화하려는 시각은 극복돼야 한다. 또한, 상호의존성과 수용성, 한계감(고통과 죽음) 등의 측면들도 염두에 두어야 한다.[29] 유희와 반칙, 무책임함의 필요조차도 "성인"이라는 새로운 개념에 속하는 듯하다.[30] 사실, 표면적으로는 양립할 수 없는 측면들 사이의 균형이 성인의 특성이다.

---

28 이어지는 장에서의 참고문헌들을 참고하시오.
29 Cf. Francia CNER, 131-136.
30 이 용어는 M. 놀스(Knowles)의 "성인 교육학"(andragogia)에서 소개된 개념이다. Cf. M. Knowles, *Quando l'adulto impara*, Milano, Angeli 1993; D. Demetrio, «Educazione permanente», in: Diz.Sc.Ed. 359.

레빈슨^{Levinson}이 지적했듯, 우리는 젊음과 늙음, 남성과 여성, 우리 자신의 존재와 타인에 대한 개방성, 밝음과 우울함을 우리 자신 안에서 조화시켜야 한다. 이러한 존재의 양극을 통합하는 과제는, 삶의 모든 단계가 특별한 조성^{tonalità}이 이루어지는 순간으로부터 재개되야 한다.[31]

그리스도교적 인간학에서 "어린이처럼 되어라."(마태 18,1.6-10)라는 복음적 요건은 어른이 돼야 한다는 바오로 사도의 요청(1코린 3,1-2; 13,11; 히브 5,11-14; 에페 4,14)과 조화를 이루어야 한다. "성장"이라는 개념은 다양성을 해결하기 위한 열쇠를 제공한다. "예수님께서 '어린이처럼 되어라.'라고 말씀하실 때와 바오로 사도가 '어른이 돼라.'라고 말하는 것은 둘 다 '성장하라.^{crescete}'라는 같은 뜻을 담고 있다."[32]

3.2. 심리적 인간적 성숙에 대한 열린 시각

20세기에 고도로 발달한 심리학 연구[33]는 평생 수행해야 할 과제이자 점진적인 성숙의 기초로 성인기의 잘못되고 개방된 현실을 강조했다. 에릭슨^{Erikson}에 따르면, 최근 몇십 년 동안 "매우 특수하게 발전적이고 대립적인 단계의 특성과 과거에 있었던 것과 다른 추가로 발전 가능한 성숙하고 결정적인 단계적 특성이 성인기에 인식됐다."[34]

---

[31] Francia CNER, 132.
[32] M. Philibert, *L'échelle des âges*, Paris, Seuil 1968, 256-257. Cf. Francia CNER, 133-134.
[33] «The Century of the Adult»: cf. J.L. Elias, *The Foundations and Practice of Adult Religious Education*, Malabar, Florida, Robert E. Krieger 1982, 1-5.
[34] E.H. Erikson, *I cicli della vita*, Roma, Armando 1984, 13.

이 같은 "지속적인 교육"은 지식과 자기 가치 확인 l'affermazione di sé에서 나아가려는 의지에 항상 열려 있는, 성숙한 상태의 본질적인 역동성을 강조했다.[35]

그래서 이것을 마지막으로 "양성되고", "교육된" 성인 남성에 대한 개념은 극복돼야 한다. 또한 성숙의 개념을 청소년기와 노년기 사이에 위치한 안정적이고 정적인 시기로 이해하는 대신, 이 시기를 역동적인 상황으로 파악하고 계속해서 발전하는 시기로 이해해야 한다. 이러한 새로운 관점에서 다음 몇 가지 중요한 측면과 요소를 살펴보자.

- **유형성숙**neotene과 같은 인간의 생물학적 개념은 "그 형태가 그것이 유래한 오래된 종의 형태보다 덜 안정적인 존재"와 같다고 말할 수 있다("개체발생은 계통발생을 반복한다"는 원리를 극복).[36]

- **불완전한 인간**에 대한 인간학적 개념은,

> 잘 알려진 바와 같이 현대 과학은 생물학적으로 불완전한 인간에 대한 매우 고유한 개념을 소개했다. 인간 삶은 끊임없는 습득과 학습의 과정이기 때문에, 인간은 진정한 성숙에 도달하지 못한다고 말할 수 있을 것이다. […] 그래서 인간은 생존하고 변화되기 위해 계속해서 학습해야 한다. 심리학자 조르쥬 라파사드Georges Lapassade가 사용한 표현에 따르면, 인간은 "조숙하게prematuro" 태어난다. […]

---

35 Cf. Demetrio, «Educazione permanente», 359.
36 Leon, *Psicopedagogia degli adulti*, 20.

따라서 인간은 본질적으로 교육을 받을 수 있고 삶으로 들어가는 것을 멈추지 않으며, 인간적 상태에서 태어나는 것을 절대 멈추지 않는다. 이것이 지속적인 교육을 지지하는 중요한 논거 중 하나다.[37]

개인의 전 생애는 다름 아닌 그 자신이 태어나는 과정이라 말할 수 있다. 사실 우리는 죽음의 순간에 온전히 태어날 것이다.[38]

- "**성숙의 능력**"과 같은 성숙^{maturità}의 심리학적 개념. 인간의 불완전성은 다음과 같은 논리적 결과를 가져온다. "우리는 아마도 이러한 불완전성을 인식하기 위해 –그리고 받아들이고 전진하기 위해- 마침내 '성숙'한다."[39] 성숙의 과정은 심리학적으로 아동기와 청소년기의 위기를 극복하는 것으로 그치지 않는다.

한 청년이 25세에 자신의 생애와 직면한다. 이 순간부터 성생활의 단계뿐만 아니라 더 넓은 관계적 삶에서 예상치 못한 수많은 상황과 갈등, 그리고 자기인식에서와 마찬가지로 자기 한계의 의식에서도 발전할 수많은 기회, 곧 점점 더 완전한 인간이라는 존재가 되는 것과 직면하기 시작할 것이라고 말하곤 한다. 여기에는 실패와 기쁨, 성공과 어느 정도의 좌절감이 있을 것이다. "성숙"은 주체가 청소년기의 꽃을 피우는 순간부터

---

37 Faure, *Rapporto sulle strategie dell'educazione*, 246-247. Cf. G. Lapassade, *Il mito dell'adulto*, Bologna, Guaraldi 1971.

38 E. Fromm, *Le drame fondamental de l'homme: naître à l'humain*, cit. in: Faure, *Rapporto sulle strategie dell'educazione*, 247. Cf. E. Fromm, *Escape from freedom*, New York, Rinehart 1941.

39 Lapassade, *Il mito dell'adulto*, 27-28.

여행을 시작한다는 의미에서만 이루어진다. 여기서 우리는 충분히 역설적으로 보이는 표현, 곧 지금까지 잘 발달한 성인 생활의 문턱에서 그 주체는 "성숙하기 위해 성숙"하다는 표현을 사용할 수 있을 것이다.[40]

3.3. 성인의 삶에서의 단계 혹은 기간의 존재

접근 방법의 다양성에도 불구하고 심리학적 연구는 성인기의 다양한 이론에 몇 가지 공통적인 특징이 있음을 증명한다. 특히, 다음과 같이 소개할 수 있다.[41]

- 성인의 삶의 기간이나 시기, 또는 "안정기"의 존재. 특히 중요한 것은 "청년"과 "성숙" 및 "제3의 인생[terza età]"의 단계이다.
- 일정 기간(4-7년)이나 일반적으로 다음과 같은 순간 또는 단계를 포함하는 과도기 또는 "위기" 기간의 존재: a) 예상(예감, 예측...); b) 분리(분리, 포기...); c) 입문(새로운 상황, 태도, 습관...); d) 안정성(새로운 안정적인 균형).
- 성인의 삶에서 중요한 혹은 결정적인 사건의 존재: (이것을) 때로는 예측할 수 있거나(과도기의 체계를 재개함) 때로는 예측할 수 없는 경우도 있다.
- 모든 단계나 통로, 중요한 사건은 새로운 문제와 새로운 과제, 새로운 가능성을 포함하고 있다. 교육학적, 사목적, 교리교육적 관점에서

---

40 M. Oraison, *Vivere da adulto. Immaturità e maturazione*, Assisi, Cittadella 1976, 42-43.
41 Cf. *Dossiers 8: Apprendre dans la foi à chaque étape de la vie adulte*. 변화와 위기의 순간은 항상 배움의 좋은 기회이다. cf. Elias, *The Foundations and Practice*, 99-100. 이것에 대해서는 제4장에서 더욱 분명하게 언급할 것이다.

이것은 진지한 관심을 받을 만하며, 마땅히 받아들여지고 다뤄진다.

3.4. "학습"의 지속적인 상태에 있는 인간

모든 개인의 삶은 항상 현실과 세계와 경험과 새로운 관계 속에서 발전한다. 인간은 자신 안에 많은 자원을 소유하고 있으며, 끊임없이 열린 성장 과정 안에서 "보다 더 크게" 살아가기 위해 필요할 때마다 그것을 개발하도록 불려졌다.

오늘날 교육적 인간학은 실제로 인간이 학습을 통해서만 그렇게 되는 것처럼 강조한다. 인간은 성장의 역동성을 유지하고, 자신이 변화하거나 그것에 반응해야 하는 환경에 지속적으로 상호작용을 하는 만큼 성장한다.[42] 실제로 학습은 주제에 집중하는 과정으로써 인간을 현실의 원동력이자 지배자가 되도록 촉구하며, 창조성과 개인의 자율성, 헌신과 책임 있는 참여를 요구한다.

이와 관련해 성인이 어린이와 청소년과 다른 양식과 리듬을 갖고 있다 하더라도, 지속해서 학습을 하는 성인의 학습 불가능성 같은 진부한 말은 극복돼야 한다.

학습은 항상 변하고 변화를 일으키기 있기 때문에, 성인의 삶에서 어렵고 피곤한 경험이 될 수 있다.[43] 그것은 항상 어떤 식으로든 자기 생각과 태도, 행동을 수정하도록 이끈다. 이는 분명한 이유로 대개 그

---

42 Cf. Ébacher, *Éducation de la foi*, 31.
43 Cf. A.-L. Roy, «Formations et changements», in: A. Binz et al., *Former des adultes en Église. État des lieux, aspects théoriques et pratiques. Hommages à Gilbert Adler*, Saint-Maurice, Éditions Saint-Augustin 2000, 167-183.

들 자신의 성취에 집착하거나 실패하고 어리석은 존재가 될 가능성에 대한 두려움에 사로잡혀 있는 성인에게서 많은 저항을 불러온다.

4. 사목신학적 지시의 요건과 동기 부여

우리는 이미 현재의 교회 인식에서 성인 교리교육의 필요성과 긴급함을 주장하기 위해 제시된 몇 가지 이유를 지적했다. 지난 세기 동안 구원에 필요한 진리와 많은 도덕적 악의 원인에 대한 무지로 인해 매우 심각한 악으로 간주되는 종교적 무지함을 극복할 필요성이 요구됐다(계몽주의 정신).[44] 오늘날 동기 부여는 매우 본질적인 것이 됐다. 우리는 종합적으로 두 가지 유형의 요인을 구별할 수 있다. 하나는 채워져야 할 부족함과 결함이고, 다른 하나는 새로운 형태의 성인 교리교육 개발을 추진하려는 새로운 신념과 생각이다.[45]

4.1. 개인적 차원에서의 부족함과 결함

다음은 현시대 삶에서 특별히 제대로 설정된 성인 교리교육에 대해 사목적 관여가 필요한 상황으로 보이는 다양한 현실과 문제점이다.

---

[44] 빅토르 위고(Victor Hugo)는 "학교를 여는 것은 감옥을 닫는 것이다."라고 말했다. 제1장을 참고하시오.
[45] 긍정적이고 부정적인 의미에서 동기 부여에 대한 풍부하고 암시적인 조화를 위해 다음을 참고하시오. Cf. USA, *Our Hearts*, 26-37.

- 많은 그리스도인이 처한 오늘날의 사회와 교회 문제와 그 물음에 적절히 대응할 수 없는 **종교적 쇠퇴**$^{obsolescenza\ religiosa}$ 상황

> 많은 성인은 우수하다고 생각되는 몇몇 지식을 제외하고는 그리스도교에 관해 거의 아무것도 "알지" 못한다고 말한다. 그들은 그리스도교 신앙을 자기 말로 표현해야 하는 도전에 무장해제 됨을 느끼게 된다.[46]

이러한 어려움은 성인들이 죄를 짓는 것에 대한 비난이 아니라 오늘날의 문화적 상황의 맥락에서 설명되고 해석돼야 한다. 그래서 이 어려움은 종교적 재인정과 갱신 및 쇄신 활동을 위한 자극과 동기 부여가 된다.

- 많은 사람에게 발생하는 **변화에 대한 저항**적인 상황과 우리 시대의 문화적 종교적 변화의 리듬 안에서 재발견되는 무능함의 상황.[47] 하지만 종종 교육 활동을 시작하는 것을 방해하는 이러한 두려움이 적절하게 이해되고 설명된다면, 긍정적인 동기 부여가 될 수 있다.

- 그리스도교 **신앙과 정체성의 위기**가 일반화되는 상황. 많은 그리스도인은 정기적으로 주일미사에 참여하는 많은 신자와 마찬가지로 다음과 같은 유형의 근본적인 질문에 만족할만한 대답을 하기 어렵

---

46 Québec OP, 7.
47 Cf. A. Riva, *Questo difficile rinnovamento. Analisi psicosociologica delle resistenze al cambiamento negli operatori pastorali*, «Catechesi» 43 (1974) 5, 45-51; M. Brunini, *Adulti tra immobilità e innovazione*, «Presenza pastorale» 54 (1984) 6-7, 31-45.

다. '왜 나는 (아직도) 그리스도인인가?', '오늘날 그리스도인이 된다는 것은 무엇을 의미하는가?', '그만한 가치가 있는가?' 또한 그리스도교적 주제를 다른 종교 전통에 속하는 요소들과 함께 혼합하는 상황도 많이 있다("냉담 교우 credenti fuori pista"라 부른다).

> 그리스도인의 정체성은 그 자체로 의문이다. "그리스도인이 된다는 것은 무엇을 의미하는가?"라는 질문은 종종 애매하고 다양한 응답을 받는다. 실제로, 자기 정체성의 위기를 겪는 것이 그리스도인의 정체성이다. 많은 그리스도인의 경우 그리스도교가 더는 삶을 위한 의미와 일관성을 찾는 데에 유효한 대답을 주지 못한다.[48]

사실 이러한 현상을 교회에 속한 것에서 신자 상태가 분리된 "유동적인 galleggiante" 그리스도인의 정체성이라 말할 수 있다("소속 없는 신앙").[49] 게다가 오늘날 (종교적 신념과 실행, 규범을 결정하는 개인 주체인) 종교적 "자기 언급 autoriferimento"과 이 세상에서 "지금, 여기에" 개인적 성공과 구원을 바라는 "현재주의 presentismo"도 증가하고 있다. 신앙을 다른 많은 것 중에 가능한 것으로 자기 신앙을 상대화하는 개연설 probabilismo에 의존하며, 전통적인 종교 기준 대신 관용, 자유, 상호 존중, 책임감 등의 중심적으로 고려된 다른 가치들이 뒤를 잇는다.

이러한 모든 어려움은 우리 시대의 많은 삶에 더는 수용할 수 없는 것으로 보이는 그리스도교의 "공식 모델"의 위기와도 관련 있다. 그것

---

48 Québec OP, 13.
49 Cf. W.C. Roof, *Spiritual Marketplace: Baby Boomers and the Remaking of American Religion*, Princeton, University Press 1999.

은 보상적 신앙심의 특성을 띠면서, 특히 노인들과 몇몇 여성들과 함께 사회의 가장 소외된 부분에서 점점 더 피난처를 찾는 것처럼 보이는 모델이다.[50] 제도의 위기는 오늘날 많은 신자에게 자신의 교회로부터 "추방당한" 느낌을 들게 한다.

> 그리스도인은 어떤 면에서 이전에 결정된 정체성과 영성을 어느 정도 다시 고찰해야 하는 고유한 제도로부터 망명한 사람이다.[51]

이러한 상황의 결과는 다양하다. 개인적이며 사회적 삶의 맥락에서의 신앙의 무의미함,[52] 신앙과 삶을 통합할 수 없는 상황에 직면한 주변성과 내적 정신분열증, 주관화된 신앙의 교회적 성격에 대한 거부, 그리스도인이 되는 것에 대한 기쁨과 욕구의 부족, 신앙의 본질적 요소들에 대한 방향 상실과 손실 등이다. 이런 상황에서 체험한 어려움은 그리스도인과 교회 정체성에 대한 새로운 연구 속에서 성인 교리교육 활동을 위한 동기 부여가 될 수 있다.[53]

---

50 Cf. F. Garelli, «L'adulto e l'adulto nella fede nella società contemporanea», in: UCN 2, 55-58.

51 J. Martin Velasco, «Espiritualidad cristiana en situación de secularización», in: Univ. Pont. de Salamanca - Instituto Superior de Pastoral, *Espiritualidad cristiana en tiempos de crisis*, Estella (Navarra), Verbo Divino 1996, 122-123.

52 가렐리(F. Garelli)는 이런 맥락에서 "시나리오의 종교"(religione dello scenario)에 대해 말한다. 인생의 각본에서는 세속적인 대본을 낭독하지만, 때때로 "마지막" 문제에 대한 "마지막" 의미를 부여하기 위해 종교적인 언급이 필요하다. Cf. F. Garelli, *La religione dello scenario*, Bologna, Il Mulino 1986. 많은 그리스도인의 삶의 "귀화"(naturalizzazione) 과정에 대해서는 다음을 참고하시오. Cf. Québec UCQ, 49-51.

53 이것에 대해서는 성인 교리교육의 목표와 목적에 대해 다루는 제5장에서 좀 더 분명하게 언급할 것이다.

- 많은 이들이 느끼는 **교육적 무능력**과 젊은이들에 대한 세대 분열 상황. 자녀 앞에 있는 부모들과 젊은이 앞에 있는 교육자들, 새로운 세대 앞에 있는 사목의 일꾼들은 일종의 신앙교육의 영역에 효과적으로 관여하고 대화하며, 교육적 임무를 수행할 수 없음을 자주 느끼게 된다. 부모와 교육자들이 그들의 정체성을 확신하는 것만이 자신의 교육적 책임을 완수할 수 있다는 것을 알고, 교육 활동을 통해 젊은이 교육의 필수 과제를 용감하게 다루기 위해 적절히 준비하도록 격려해야 한다.[54] 사실 "인간은 다른 사람들에게 표현할 수 있는 존재로 성장한다."[55]

4.2. 교회적 차원에서의 부족함과 결함: "성숙한" 교회 안에서의 "성숙한" 교리교육에 대하여

교회 공동체와 성인 교리교육 사이에는 긴밀한 관계가 있다. "성인 교리교육은 지역 교회의 모태^{grembo}가 필요하다. 또 지역 교회는 성인 교리교육 없이는 열매를 맺지 못한다."[56] 한편 오늘날 교회에는 여러 이유로 어려움을 느끼는 성인들이 많다. 여기에는 두 가지 위기가 있다. 하나는 전통적인 사목의 위기이고, 다른 하나는 교회에 대한 신뢰성의 위기이다.

---

54 이런 유형의 동기 부여는 사리스(W. Saris)에 의해 그의 공동체 쇄신 계획에서 잘 사용됐다. "자녀 교육을 다른 사람에게 위임하면서 부모는 젊음을 유지하고 시간을 보낼 수 있는 가장 좋은 기회를 놓치게 된다." W. Saris, *Dove nasce la Chiesa. Catechesi familiare*, Leumann (Torino), Elledici 1978, 25.

55 M. Giuliani, *La catechesi degli adulti*, «Evangelizzare» 6 (1981) 4, 202.

56 P. Scabini, «Introduzione», in: Id. et al., *Catechesi per cristiani adulti*, 7.

- 여전히 어린이에 지나치게 집중돼 있고 가부장주의^{paternalismo}와 유아주의^{infantilismo}로 특징지어지는 **전통적인 사목**의 위기.

이것은 전례-성사적 순간에 집중된 (모든 이를 자신에게로 끌어들이고, 멀리 있는 이들도 되찾는) "구심적^{centripeto}" 경향을 가진 사목("신앙을 실천하는 이들"에 대한 사목)이며 주로 어린이(청소년, 성인 여성, 노인)부터 어린이나 어른들에게 쉽게 다가가는 사목을 의미한다. "성숙한" 성인들에 대한 사목만이 이러한 상황을 변화시킬 수 있다.

> 하느님 백성 전체가 참여하는 그리스도의 예언적 "직무^{munus}"는 결과적으로 모든 수준에서 대리인의 사용과 교육 책임의 흐릿함과 함께 교회와 사회 안에서 참여의 부재가 일어나는 만큼 [⋯] 사실상 위계적인 역할 방어에 끈질긴 사목자들의 지속적인 권위주의로부터 거부된다.[57]

- 많은 경우 복음화와 신앙 성장에 진정한 장애가 되는 제도와 메시지로 나타나는 **교회에 대한 신뢰성**의 위기.

우리는 이런 위기의 근원에서 다음과 같은 다양한 요인들을 찾을 수 있다. 현 세계와의 문화적 차이, 성직중심주의$^{polarizzazione\ clericale}$(평신도와 여성의 차별), (교회 안팎에서) 심각한 대화와 소통 부족, (가난한 사람들과 노동자들, 소외된 이들의 세계와 거리가 상대적으로 먼) 애매한 사회정치적 위치, 종교적, 사목적 요구와 개인의 권리에 관한 법률적, 제도적 판단의 우위와 제도적인 무게가 이러한 요인에 해당한다.[58]

---

57 P. Scabini, «Introduzione», 93.

이 같은 위기와 불충분한 상황은 오늘날 무엇보다 성인과 공동체 차원에서의 본질적인 요소로서, 복음화와 교리교육의 노력을 발견해야 하는 쇄신 과정을 위한 자극과 동기 부여로 보인다. 따라서 교회에 대한 신뢰성의 위기를 극복하게 하고 오늘날의 세상 속에서 너무 많은 "부재"를 마주하게 되는 복음화와 교리교육의 노력이 시급해 보인다.[59]

4.3. 성인 교리교육을 위한 새로운 지평과 자극

공의회 이후의 쇄신은 성인들의 종교적 능력에 대한 노력으로 질적 전환을 촉진하는 교회와 그 사명의 자기 인식 안에서 새로운 주제들과 발전을 가져왔다. 몇몇 새로운 요건에 대한 내용을 소개한다.

- 교회의 우선적 과제인 **복음화**의 재발견(보존하는 사목의 극복)

교회의 실제적인 인식 속에서 매우 중요하고 현실성을 갖는 복음화의 선택은 확실히 효과적인 성인 교리교육 증진을 위한 강한 자극제가 된다. 사실, 교리교육은 그 자체로 복음화의 중요한 순간이며 교회 쇄신의 명백한 요소이다. 그래서 그것은 교회의 복음화적 선교를 더욱 효과적으로 만드는 근본적인 도구가 된다.[60]

---

[58] Cf. R. Dulong, *Une Église cassée. Essai sociologique sur la crise de l'Église catholique*, Paris, Ed. Économie et Humanisme/Les Ed. Ouvrières 1971; K. Rahner, *Trasformazione strutturale della Chiesa come compito e come chance*, Brescia, Queriniana 1973; G. Lohfink, *Gesù come voleva la sua comunità? La Chiesa quale dovrebbe essere*, Roma, Paoline 1987; J. Martín Velasco, *El malestar religioso de nuestra cultura*, Madrid, Paulinas 1993; Cat.oggi, 49-59.

[59] Cf. Spagna CC, 52; Comisión Episcopal de Evangelización y Catequesis, *Guía Pastoral para la catequesis de México. Un rostro nuevo para la catequesis*, México 1992, 14.

- **신앙**과 신앙 **성숙**에 대한 새로운 시각

  (교리교육적 겉핥기식 지식^{nozionismo}의 극복)

교리적 측면을 절대화하는 일방적이고 환원적인 시각을 버리고, 개인 성숙의 일반적 과정과 긴밀하게 연결해,[61] 개인화되고 자율적인 신앙의 목표를 향해,[62] 오늘날 신앙의 태도가 지닌 광범위하고 실존적인 성격과 삶의 모든 상황 및 기간에 동반할 성숙 과정의 연속성을 재발견한다.

- 교회 안에서의 **평신도**와 **여성**, **신앙 감각**$^{sensus\ fidelium}$과 **직무**에 대한 새로운 신학적, 사회적 시각(사목적 성직주의의 극복)

마찬가지로 이것은 점차 교회 활동 안에서 지배적인 성직적 양극화를 극복하고 그리스도인들이 그들 사명에 활동적 주체로 다시 태어나면서, 교회 조직 쇄신의 깊은 요구를 나타내는 신학적 주제들이다.[63]

> 우리는 성인의 신앙교육 안에서 사용된 힘과 자원이, 하느님 백성이 소유하고 있고 오늘날의 교회와 사회 안에서 복음과 사람들에게 봉사를 수행하는 활동인 모든 은사를 보강하고 강화할 것이라 확신한다. 모든 교회 직무는 성인 교리교육의 역동적인 직무를 통해 새로운 힘을 받게 될 것이다.[64]

---

60 Cf. Spagna CA, 32.

61 Cf. Cat.oggi, 127-146; J. Alfaro, «Rivelazione e fede», in: Id., *Cristologia e antropologia*, Assisi, Cittadella 1973, 424-426; P.-A. Giguére, *Catéchèse et maturité de la foi*, Montréal/Bruxelles, Novalis/Lumen Vitae 2002.

62 Cf. Spagna CA, 11; Québec OP, 2.

63 Cf. S. Domingo 95-98; S. Dianich (Ed.), *Dossier sui laici*, Brescia, Queriniana 1987; B. Forte, *Laicato e laicità*, Genova, Marietti 1986; H. fries, *C'è un magistero dei fedeli?*, «Concilium» 21 (1985) 4, 112-124.

- 교회 활동 안에서의 **성인의 중요성**에 대한 새로운 의식

  (아동·청소년 중심 사목의 극복)

오랫동안 주로 어린이와 청소년을 대상으로 했던 사목활동의 측면은 이제 그 활동의 표준적 주체와 그 완전한 의미가 있는 장소를 성인에게서 재발견한다. 이것은 그리스도교 입문 과정과 특별히 교리교육을 위해 가치가 있다.[65]

- **세상 안에서의 교회** 사명을 위한 새로운 전망(교회중심주의의 극복)

교회 중심적인 환원을 극복하고 영성적인 성향("영혼의 구원")을 가지며, 하느님 나라와 함께 교회에 대한 실제적 식별이 이루어지는 쇄신된 교회론은 증거자와 예언자로서 하느님 나라의 보편적 계획에 봉사하며, 세상을 위해 그리고 세상 속에서 교회의 시각을 연다. 이러한 자기인식 속에서 교회는 무엇보다 성인 신자들 안에서 그들이 (교회) 사명의 중요한 주체들임을 인정해야 한다.

우리는 가톨릭 평신도(성인)가 복음화와 사회 변화에 맞서 그리스도교 사명을 실행하기 위한 안내의 결정적 책임을 수행해야 하는 교회를 향해 새로운 시대와 마주한다. 이러한 새로운 교회 시대에 그 사명을 완수하기 위해서는 변화하는 세상을 이해하기 위해 계속해서 배워야 하듯 신앙 안에서의 교육도 지속돼야 한다.[66]

---

64 USA, *Our Hearts*, 39.

65 Cf. B. Dreher, «Le fasi dell'età e l'iniziazione graduale nel cristianesimo vissuto», in: K. Rahner et al., *La salvezza nella Chiesa*, Roma-Brescia, Herder-Morcelliana 1968, 83-113; Conferenza Episcopale Italiana (Ed.), *Rito dell'iniziazione cristiana degli adulti*, Roma, Libreria Ed. Vaticana 1978.

여기에 양성과 성인 교리교육을 집중적으로 증진할 필요성을 자극하고 동기를 부여할 수 있는 일련의 요건과 확신이 있다. 사목의 담당자들은 상황에 따라 참여자들의 동기 부여에 관한 더욱더 적절하고 설득력 있는 논거들을 충분히 활용해야 한다.

동기 부여는 성인 세계에서 양성과 교리교육 활동의 효과를 실행하고 보장하기 위해 결정적이고 절대적으로 필요한 요소이다. 동기가 부여된 성인은 어떤 저항과 어려움도 극복하면서 일관성과 좋은 결과를 갖고 앞으로 나아갈 것이다. 반면에, 동기가 부여되지 않은 성인에게 처음부터 진지한 헌신과 인내를 기대할 수 없다. 여기서 성인 교리교육의 시행자와 책임자가 설득과 동기 부여의 과정에서 "시간 낭비"라는 두려움을 가질 필요는 없다는 것이 분명히 확인된다. 이러한 작업은 항상 좋은 시간이 될 것이다.

---

66 USA, *Our Hearts*, 29.

Adulti e catechesi

성인의 성장과
인간적이고
그리스도교적인 학습

CAPITOLO QUARTO

*L'adulto, la sua crescita
e il suo apprendimento
umano e cristiano*

성인 교리교육의 첫 번째이자, 중요한 주체는 바로 성인이다. 성인의 상황과 종교적 필요성을 잘 아는 것은 진정으로 하느님께 충실하고 인간에게 충실하길 바라는[1] 교리교육 활동을 위한 첫 번째이자 필수적인 조건이다.

성인의 지식에 대한 과학적 접근 방식에는 생물학적, 역사적, 철학적, 문학적, 사회학적, 심리학적, 교육학적 접근 등이 있다. 이 장에서 우리는 다음과 같은 질문에 답하기 위해 가장 중요한 몇 가지를 제시한다. 성인의 성장을 지속하게 하는 요소가 있는가? 성인기에 관한 연구는 이에 대해 무엇을 말하고 있는가? 성인 신자의 특징은 존재하는가?

1. 성장하는 존재인 성인

성인의 상황에 대해 열려 있으며 본질적으로 역동적인 특징을 기억한 후, 인간 발달에 대한 이해에 접근하는 두 가지 중요한 유형을 언급하면서, 특히 중요한 세 가지 이론, 곧 에릭 에릭슨[E.Erikson]과 다니엘 레빈슨[D. Levinson], 로버트 케건[R. Kegan]의 모델을 소개하고자 한다.

1.1. 상태라기보다 과정인 성인이 되는 것[2]

성인 교리교육의 중요성에 대한 현재의 인식은 우리 사회에서 성인의 조건을 고려한 새로운 방식의 결과이다. 오랫동안 아동기는 개인

---

1 Cf. CT 55; DGC 145; RdC 160.

의 태도와 성향이 성장하고 구조화되는 시기로 여겨졌지만, 성인은 변화가 계속해서 관찰된다고 하더라도, 이미 생리학적 성장이 끝났고 약 20세에 심리적 정점에 도달했다고 생각됐다. 성인은 먼저 "지위가 높은 사람들grandi"에게 복종해야 하지만, 권리와 의무를 진 주체이고 서명으로 자신을 책임질 수 있으며, 자기 행동에 책임을 진다. 그들은 이미 (성장에) 도달했고 자율적이라 느끼기 때문에, 어떤 식으로든 경험에서 나온 정적인 시각을 갖고 있다. 그러나 성인이 수년간 같은 사람이었다 해도, 관심사가 바뀌고 우정이 바뀌면서 여러 번 망각해서 계속 배워야 했던 것처럼 변화를 겪는다는 사실을 알고 있다. 그러므로 "하지만 당신은 변하지 않았다!"라고 말하는 것이 항상 칭찬으로 인식되는 것은 아니다.

 이러한 이유로 오늘날에는 젊은 성인과 노인을 구분하는 나이에 따른 수많은 변화와 그 복잡함을 고려하는, 성인 상태에 대한 보다 역동적인 견해가 우세하다. 그러므로 삶의 과정은 과정으로 나타나며, 실제로 성숙한 것이 아니라 조금씩 성장해 나간다고 말할 수 있다. 그리고 성인기의 가장 큰 도전이자 과제는 이 과정을 인내하는 것 대신, 그 주체가 되는 방식으로 이 과정을 살아가는 것이다. 성인은 계속해서 성장하고 있고, 노화되는 생물학적 상태는 그의 역할과 관계에 한계를 부과하며, 그가 속한 역사와 문화는 그를 완전히 드러내고 그의 존재 방식을 변화시킨다. 성인은 생물학적, 심리학적, 사회적, 문화적 수준에서 끊임없이 움직이고 있으며, 그 어떤 것도 자동적인 성

---

2 Cf. J. Goldbrunner, *Die Lebensalter und das Glaubenkönnen*, Regensburg, Pustet 1973; R. Guardini, *Le età della vita. Loro significato educativo e morale*, Milano, Vita e Pensiero 1987; M. Philibert, *L'échelle des âges*, Paris, Seuil 1968.

공$^{\text{riusicta automatica}}$을 보장하지 않는다. 이러한 과정은 성인이 관계된 도전과 직면하고 자기 임무를 받아들이면서 자기 삶을 손에 쥐고 헌신하는 것을 가정한다.

이러한 역동적인 과정은 그 과정의 방향과 소명을 나타내기도 한다. 성인은 되고 싶은 것(선택적 정체성)과 관찰되는 것(부여된 정체성)을 존재하는 것(주체적 정체성)으로 융합할 수 있는 절대적으로 유일한 사람으로, 세상에서 환대받으면서 존재하기 때문에 매일 새롭게 노력해야 한다. 이런 연구과 정체성의 실현은 의식과 무의식, 자유와 독립, 자율성과 관계성 사이에서 일어난다. 이 소명에 대한 응답은 삶의 어려움과 문제를 통해 실현되며, 삶의 중요한 순간과 통로, 충만한 시간을 표시한다. 이 과제는 진정으로 역사의 대상에서 주체로 거듭나는 성인에게 적합하다.[3]

1.2. 성인에 대한 과학적 지식: 두 가지 보완적 접근법

인간의 성장은 변화와 안정성을 동시에 통합하는 과정으로 이해돼야 한다. 이는 계속해서 성장하는 유기체와 표현 및 가치 체계 등과 함께하는 개인의 자아[io] 그리고 사회적, 문화적, 역사적 특수 상황 사이에서 발생하는 삼중적 상호작용의 결과이다. 일부 사건과 영향은, 예를 들면 성장 과정이나 (결혼이나 은퇴와 같은) 문화적으로 두드러진 발전 단계로부터 생애 주기에서 작용하는 구분 속에서 중요한 보편적

---

[3] 파울로 프레이리(P. Freire)는 인간 존재가 "자기 역사의 주체"가 되고 결과적으로, 역사의 주체가 되는 이러한 도전을 명확하게 표현했다. Cf. P. Freire, *L'educazione come pratica della libertà*, Milano, Mondadori 1973.

가치를 지닐 수 있다.

생애 주기에 관한 최초의 연구 중 하나는 뷜러^{Bühler, 1933년}의 연구였고, 미국의 연구가인 프레시^{Pressy}와 쿨렌^{Kuhlen, 1939년}이 그 뒤를 이었다. 그러나 1960년대에만, 미국 인본주의 심리학 분야에서 중요한 발전이 이루어졌다. 이 저자들은 일반적으로 전기적 관찰법^{osservazione biografica}, 곧 본문 작업, 심층 인터뷰, 사회학적 연구, 특히 중요한 요소에 대한 연구에서 출발했다. 이들은 차별화된 방법론을 사용하여 레빈슨의 연구 같은 종적 연구나 횡적 연구를 실시했다. 그것은 여전히 현실에 대한 가설적이고 이론적인 설명이며, 확실히 일종의 설계도나 지도이지만, 건물이나 영토의 현실과 혼동돼서는 안 된다. 반면에, 이런 모델은 저자와 그들이 속한 사회 이념에 따라 좌우된다.

인간 발달에 대한 연구에서 다음 두 가지 극단적인 입장은 피해야 한다. 하나는 타고난 경향의 자연스러운 결과를 인간 성숙으로 간주한 것이고, 다른 하나는 삶의 변화를 환경의 영향만으로 귀속시키는 것이다. 이러한 입장은 인간의 자유를 무시하고 신앙을 기능적으로 만들면서, 인간의 모상을 손상시키는 이론이다. 그래서 사람이 자신 안에 존재하는 것과 환경적 맥락에서 받은 것 사이의 균형을 발견해야 한다. 그리고 우리는 두 가지 중요한 모델 혹은 전형적인 예인, "진화론적^{evolutivo}" 접근법과 "구성주의적^{costruttivista}" 접근법을 다음과 같이 구별할 수 있다.

- **프로이트**^{Freud}와 **융**^{Jung} 그리고 **에릭슨**의 접근법에서 인간 발달은 생물학적 유기체의 성숙에 동화된다. 에릭슨은 사회적 측면에 대한 그

의 시선을 확대하고 그것을 삶의 전체 기간("수명")으로 확장한다. 이런 이론은 모든 발달의 줄거리^{trama}를 구성하는 생물학적 시기에 초점을 맞춘다. 모든 시기는 고유한 도전과 기대가 뒤따르며, 성인이 이에 대응하는 방식이 결정적이다. 여기에는 두 가지 경향이 있다. (에릭슨을 포함한) 어떤 이들은 심리학적 측면을 더 주장하고, 다른 이들은 (특히 레빈슨) 사회학적 측면과 역할을 더 강조한다. 하지만 이런 모델들은 개인의 정체성, 곧 변화 과정에서 지속하는 것을 그림자 속에 남겨둔다. 사실 여기에서 '왜 근본적인 변화를 통해 인격의 전체적인 붕괴에 도달하지 않는지', 또는 '왜 인격의 거의 새로운 구체화가 언제든지 일어나는 것처럼 보이는지'에 대해 질문할 수 있다.[4]

- **"구성주의적"** 접근법에서는 인격에 따라 같은 성숙 과제가 근본적으로 다른 방식으로 직면할 수 있기 때문에 그 자체로 개인 발달이 가장 중요한 것은 아니라고 생각한다. 그런데 이런 차이는 유사성보다 더 중요하다. 예를 들면, 교육의 임무는 다음과 같이 매우 다양한 형태로 수행될 수 있다. 어떤 경우에 이상적인 엄마는 집에서 아이들을 돌봐야 한다고 생각하지만, 다른 경우에 중요한 것은 아이와 맺는 관계의 질적인 부분이라 생각할 수 있다. 또한 "좋은 엄마"는 독립적으로 자기 아이를 이끄는 사람이라고 말하는 이들이 있다. 피

---

[4] 이 같은 이론에 관한 전체적인 소개를 위해서는 다음을 참고하시오. Cf. R. Houde, *Les temps de la vie. Le développement psychosocial de l'adulte selon la perspective du cycle de vie*, Boucherville, E. Morin 1986; Th. Lidz, *The Person. His development throughout the life cycle*, New York-London, Basic Books 1968 (Trad. it.: *La persona umana. Suo sviluppo attraverso il ciclo della vita*, Roma, Astrolabio 1971); G. Sheehy, *Les passages de la vie. Les crises prévisibles de l'âge adulte*, Montréal, Select 1978.

아제$^{J.\ Piaget}$는 세상과 그 자체에 대해 이런 다양한 개념이 발달과 연결된 공통 기반을 갖는다고 가정했던 최초의 인물이다. 피아제는 어린이들을 관찰하면서 어떤 "도구들"이 대부분의 중요한 문제들을 해결하기 위해 필수적이며, 항상 같은 순서(감각운동기 사고$^{il\ pensiero\ senso-motorio}$, 전조작기 사고$^{il\ pensiero\ pre-operativo}$, 구체적 조작기 사고$^{il\ pensiero\ operativo\ concreto}$)로 습득된다는 점을 확인한다. 모든 사고방식은 "단계^{stadio}"라 불리는 더욱더 복잡한 논리 체계를 포함하고 요구한다. 하지만 새로운 단계는 마치 이미 획득한 작업을 기술적으로 정확하게 반복하는 것으로 충분한 것처럼, 앞에서 획득한 것의 합계에 따른 결과가 결코 아니다. 여기에 새로운 요구를 충족하기 위해서는 새로운 논리적 원리(혹은 새로운 근본원리)가 필요하다.⁵

이러한 이론의 기본 가설은 인간 존재가 이미 존재하는 차원이 아니라 현실을 구성한다는 것이다. 기본적인 사고는 새로운 구조가(혹은 구성이) 현실에 관해 설명했고 의미를 부여할 수 없게 된 이전의 것들을 대체하는 것이다. 예를 들면, 세상의 악의 존재를 천벌$^{castigo\ divino}$의 결과로 설명할 수 없다는 것을 깨달았을 때, 인간의 자유를 더욱더 존중하는 새로운 하느님의 모상을 발견하고 만들게 된다. 그리고 윤리 구성의 틀은 평생 근본적으로 변화하며 태도와 선택, 구체적인 행동을 그렇게 결정한다.

---

5 콜버그(L. Kohlberg)는 도덕 분야에서 이런 모델을 적용했었고, 그런 다음 다른 피아제의 제자들은 이러한 기본적 직관을 다듬고 심화했다. "피아제 학설을 지지하는 이들"의 2세대는 인간 발달을 연구한 케건(R. Kegan)과 신앙 발달을 연구한 파울러(J. Fowler)와 오저(F. Oser)처럼 비판에 대응하고 모델을 완성하기를 원했다.

진화론적 접근법에 따르면, 동시대의 사람들은 수행해야 할 같은 과제를 가지고 있다(예를 들면, 성인기에 입문하면서 인생의 고유한 계획을 결정한다[직업 선택]). 구성주의자의 경우, 같은 사람들은 다른 단계에서 자신을 발견하고 직업 선택에 다양한 의미를 부여할 수 있다. 어떤 이들에게는 내적인 자극에 대한 반응이 될 수 있고, 다른 이들에게는 그들의 목표 단체에 대한 기대에 "선물이야."라고 응답하는 것과 관계될 것이다. 반면에, 어떤 이들에게는 직업 선택이 무엇보다 자신의 자율성을 확인하는 방법이 될 수 있다. 이러한 접근법들은 서로 모순되는 것이 아니라 각각 성숙의 차원을 설명하는 보완적 방식으로 이해된다.

1.3. 세 가지 이론적 모델

이제 성인과 함께하는 종교적 성장과 사목활동과 관련하여 가장 잘 알려져 있고 가장 많이 사용되는 세 가지 모델을 살펴보자. 첫 번째 두 가지 모델인 에릭슨과 레빈슨의 모델은 진화론적 흐름에 속하고, 세 번째인 케건의 모델은 구성주의적 접근법을 보여준다.

에릭 에릭슨: 생애주기

유럽 출신의 북미 심리학자 에릭슨[E.H. Erikson6]은 프로이트의 단계 이론을 확장하고 심화하지만, 이 이론이 환경의 영향을 고려하지 않고 10세 미만의 발달만을 설명할 수 있음을 볼 수 있다. 따라서 평생 사회적 측면을 고려해야 하는 것이 요구된다. 에릭슨에게 있어 "생애주기"Il ciclo di vita" 7의 중요문제는 "정체성"이다. 모든 사람은 살아가면서 외부 세계와 상호작용을 하면서 자기 정체성을 발견하고 형성해 나가며, 그렇게 인격이 발달하게 된다.

이 모델에서 개인은 평생 연속해서 8단계를 거치게 되는데, 그중 세 단계가 성인의 삶과 관련있다. 모든 시기 혹은 단계에서 "발달 위기"crisi di sviluppo"는 개인에게 근본적인 문제를 제기하고 특별한 도전과 마주하게 한다.[8] 그러한 위기는 긍정적으로 해결할 수 있지만, 실패할 수도 있다. 그러나 이런 "발달 위기"를 삶의 모든 순간에 존재할 수 있는 "심리적 위기"와 혼동해서는 안 된다(가장 잘 알려진 예는 "초상"이다).

각 단계에서 나타나는 두 가지 적대적인 경향은 개인에게 역동적인 균형을 찾도록 촉구한다. 이것은 다른 것을 희생시키면서 또 다른 것을 선택하는 문제가 아니다. 왜냐하면 정체성이 약화할 수 있기 때문이다. 그래서 성인기에는 정체성에 대한 결정적인 질문에 응답하는, 각자가 직면해야 할 세 가지 중요한 심리적 도전이 있다. 청소년기에 "나는 누구인가?"라는 질문에 응답한 후, 성인 초기의 정체성은 "너(당신)"에게 개방하라고 한다("우리는 누구인가?"). 그리고 중년기에는 삶

---

6 Cf. E.H. Erikson (Ed.), *Childhood and Society*, New York, Norton 1950 (Trad. it.: *Infanzia e società*, Roma, Armando 1966); Id. (Ed.), *Adulthood*, New York, Norton 1978 (Trad. it.: *L'adulto. Una prospettiva interculturale*, Roma, Armando 1981); Id., *The Life Cycle Completed. A Review*, New York/London, Norton 1982 (Trad. it.: *I cicli della vita. continuità e mutamenti*, Roma, Armando 1984).

7 "생애주기"라는 용어와 개념은 이어지는 연구에서 나타난다. 에릭슨에 따르면 "생애주기"는 단지 개인뿐 아니라 세대 전체와도 관계된다.

8 "위기"란 부정적으로 이해되는 것이 아니라 그리스어 'krisis', 곧 식별과 결정이라는 본래 의미로 해석된다.

을 열어 보이면서 "함께하는 다른 사람들에게 나는 누구인가?"라는 질문에 책임 있게 응답해야 한다. 한편, 인생의 마지막 단계에서 성인은 "과거와 미래에 나는 누구인가?"라는 질문과 마주해야 한다. 에릭슨은 이런 방식으로 "친밀감^{intimità}", "생산성^{generatività}", "통합성^{integrità}"의 단계를 구분한다. 온전하고 통합된 정체성을 형성하면서 이러한 도전을 극복하는 사람은 완전히 성숙할 것이다. 이런 조화로운 균형이 이루어질 때, 에릭슨이 "기본적인 인간의 힘$^{forze\ di\ base}$"(혹은 "미덕^{virtù}")이라 부르는, 곧 성인 초기의 "사랑"과 중년기의 "배려"("돌봄"), 노년기의 "지혜"라는 안정적인 상황이 뒤따르게 된다.

성인 초기에 중요한 것은 다른 이들과 "안전거리"를 유지하려는 성향을 극복하면서, 진정으로 사랑할 수 있는 능력을 얻도록 하는 -고립감과 친밀감 사이의 긴장- 특별한 관계에 전념하는 것이다.[9] 다른 이들 안에서 얻기 위하여 잃을 수 있는 것은 다음 단계의 특징인 생산성의 기초가 될 것이다. 이러한 도전은 일관되고 역동적인 균형 속에서 두 가지 경향을 유지하는 것에서 이루어진다. 친밀감에 대한 지나친 집착은 자기 정체성을 위협하는 융합으로 이어질 수 있지만, 고립에 대한 일방적인 강조는 자신에 대한 자기애^{narcisismo}로 이어져 다른 사람과 깊은 관계를 맺지 못하게 한다("돈 조반니$^{Don\ Giovanni}$"의 전형적인 사례를 참조하시오).

---

[9] 에릭슨은 친밀감을 특정 사람들과 깊은 관계를 맺을 수 있는 능력이라 해석한다. 고립감은 물건을 자기 자신을 위해 보존하려는 태도를 나타낸다. 생산성은 스스로 무엇인가를 창조(생산)하고 흔적을 남기려는 염려와 관계있는 반면에, 통합성은 자기 자신과 과거를 받아들이는 능력을 의미한다.

성숙기나 **중년기**에는 다른 이들을 위한 배려와 세상에 자신의 발자취를 남기려는 욕구에 대한 도전으로, 침체(지나친 자기 걱정)와 생산성 향상의 추진 사이에서 긴장이 발생한다. 그러한 불균형은 과도한 자기 관리 안에서 일에 대한 새로운 시각을 받아들이길 거부하거나 과장된 행동주의로부터 발생될 수 있다. 균형은 발생한 것과 생산된 것에 대한 책임감을 느끼게 할 것이다. 그 결과로 생기는 힘은 다른 이들과 세상과 삶에 관심을 기울이는 능력이 될 것이다. 만약 청소년기의 문제가 '나는 누구인가?'라면, 성인에게 놓인 문제는 '내가 누구를 돌봐야 하는가?'이다. 성인은 그를 필요로 하는 다른 사람들을 필요로 한다.

노년기나 **최고 성인기**에 모든 사람은 절망하는 경향과 통합성 혹은 완전함 사이의 긴장을 다뤄야 하는 도전에 직면한다. 한편, 자신의 "죽음^{lutti}"을 감당할 수 없고 더는 가질 수 없는 것과의 작별을 고하는 도전도 존재한다. 이것은 기본적으로 죽음을 받아들이는 능력에 관한 것이다.[10] 균형은 존재의 부정적이고 긍정적인 요소와 함께 행했던 것처럼, 역사와 전통과 깊은 교감의 태도로 존재와 화해하게 할 것이다. 그리고 지혜는 그렇게 형성될 것이다.

결론적으로 모든 단계에서 개인의 정체성은 대안이 아닌 적대적인 두 개의 극과 마주하면서 실현된다. 오히려 둘 사이의 균형과 역동적

---

10 "건강한 자녀는 부모가 죽음을 두려워하지 않을 만큼 아주 완전하다면 삶을 두려워하지 않을 것이다." W. Maier, *L'età infantile. Guida all'uso delle teorie evolutive di E.H. Erikson, J. Piaget e R.R. Sears nella pratica psico-pedagogica*, Milano, F. Angeli 1971, 86.

인 긴장을 구축하며, 둘 중 하나를 거부하는 것이 아니라 균형을 이루는 것이 중요하다. 이런 역동적인 균형을 다루는 방식은 각자에게 있다. 그리고 각자가 확립한 균형(혹은 불균형)은 항상 미래 성장을 결정할 것이다. 결과적으로 이런 새로운 능력은 미래 단계를 위한 기반을 제공할 것이다.[11] 그리고 이러한 "과거의^{antiche}" 도전은 이어지는 단계에서 다시 나타난다.

그러므로 친밀감, 생산성, 통합성은 성인기의 근본적인 심리학적 문제들이다. 에릭슨은 이러한 세 용어로 성인기의 각 세 단계와 그것의 특별한 도전 및 적대적인 극점 중 하나를 동시에 명시한다.[12]

다니엘 레빈슨: 인생 주기

미국의 연구가 레빈슨$^{D.\ Levinson}$은 특별히 사회적 역할에 주목하면서, "인생 주기$^{Le\ stagioni\ della\ vita}$"의 심리학적 접근뿐만 아니라 사회학적이며 역사적인 접근에 관심을 두었다.[13] 그에 따르면 인생은 사계절로 이루어졌고, 한 계절은 약 20년 동안 이루어지며, 그중 세 계절을 성인기에서 보내게 된다.

---

[11] 예를 들어, 성숙한 사랑의 관계를 확립하는 능력은 아동기에 대한 기본적인 신뢰와 청소년기의 정체성에 달려있다. 에릭슨에 따르면, 두 극 간에 균형이 부족할 때, "정체성의 확산"(안정성과 일관성의 부족)이 발생한다. 그는 정반대의 결과, 즉 정체성이 굳어지고 경화되는 결과에 덜 주의를 기울였다.

[12] 이 이론은 근본적인 측면에서 점점 더 많은 학자가 공유하고 있으며, 종교교육학에서도 널리 받아들여지고 있다(예를 들어, J. e E. Whitehead, R. Fuller, F. Schweitzer e J. Fowler).

[13] Cf. D. Levinson et al., *The Seasons of a Man's Life*, New York, A.A. Knopf 1978. 이것에 대한 종합적인 소개를 살펴보기 위해서는 다음을 참고하시오. Cf. Francia CNER, 85-91.

그의 이론에서 인간 발달은 주어진 순간에 활기를 띠는 구체적인 측면과 성인이 사건에 직면하는 방식과 마주하는 기본 체계를 따른다. 이런 기본 구조는 관계적 측면, 직업과 관련된 요소, 자신과의 관계와 다양한 사회 맥락(부모, 배우자, 정치운동가 등)에서 수행되는 역할을 포함한다. 이런 구성 요소는 각 구성 요소에 점차 부여되는 의미에 따라 일생 중심적이거나 주변적일 수 있다. 또한 이런 기본 체계는 전환 시기와 안정성의 측면을 오가며 표준 모델에 따라 수정되고 진행된다.

파도^{onda}의 이미지는 레빈슨의 인생에 대한 생각을 나타낸다. 파도의 상황은 한편으론 인생을 지지하고 있고 앞으로 나아가게 하며, 다른 한편으로 그것의 반복은 변화(전환)와 안정의 시기가 있다는 것을 명시한다. 모든 주기는 다음과 같은 연속적인 단계를 포함하고 있다. 이 단계는 입문, 안정 기간("구조 형성")과 다른 움직임("구조 변화")이 번갈아 나타나는 것과 함께 목표를 향한 성숙(일시적 "안정")과 결론(본보기가 되는 것으로 향하는 "전환")으로 나타난다. 레빈슨은 성인의 삶에서 나이와 관련이 있지만, 결정론적인 형태가 아니며, 모든 시기를 열거나 닫기 위해서가 아니라 모든 시기에 존재하는 전환의 중요성에 주목했다. 이러한 전환은 느리게 진행되며, 평균적으로 4-7년이라는 상당한 기간이 소요된다(성인 초기에는 28-33세, 성숙기에는 50-55세에 진행됨).

각 기간은 특정 과제를 구성하는 작업으로 특징지어진다. 그래서 많은 젊은 성인에게 결정적인 순간은 결혼이나 아버지가 되는 것이 아니라, 아버지가 되는 것과 한 사람과 삶을 공유해야 하는 특별한 과제의 순간이다. 인생 구조는 다양한 방식으로 변화할 수 있다. 구성 요소가 (중심에서 주변으로 또는 그 반대로) 이동하거나 사라지기도 하고 (예를 들면, 특정 관계, 직업 등) 혹은 변형을 겪기도 한다. 이러한 발전적 과제 중에서 레빈슨은 삶에 대한 자기 방식을 명확히 하고 인생의 꿈과 현실을 비교하며, 다양한 인생의 극점 사이에서 균형을 발견하는 것에 대해 설명한다.

더욱더 중요한 전환 시기는 특히 다음의 세 가지이다.

- 성인 전기의 전환기는 인격과 직업에 따라 가능성을 탐색하면서, 청소년기를 떠나 성인의 세계로 들어가는 시기이다. 아직 잠정적인 이러한 첫 선택에서는 아마도 성소(결혼, 봉헌 생활, 사제 등)에 대한 선택이 필요할 것이다.
- 30대 전환기는 삶에 정착하면서 자신의 계획과 선택의 실행을 확인하도록 요청될 때다. 이런 순간은 고통스러울 수 있고 결혼과 직업에 대한 적응이 나타날 수 있다. 결국 모든 사람이 사회 안에서 각자의 "은신처^{buco}"를 발견하는 안정기에 접어든다.
- 중년의 전환기는 심각한 문제와 한계 위기(실망)의 시기이다. 꿈과 현실을 비교하면서 자신의 꿈과 조화를 이루어야 한다. 그리고 갑자기 젊음-나이 듦, 남성-여성, 창조적-파괴적, 애착-분리의 극점 사이에서 새로운 균형을 발견하고 의존하는 가치를 검토해야 한다. 이전에 일방적으로 특권을 누렸던 측면은 재조정되고 통합돼야 한다. 이 시기의 전환기는 실패할 수 있고 가성 친밀감$^{pseudo-intimità}$으로 퇴보할 수도 있다.

직업과 가정생활, 자신과의 관계와 타인과의 관계에 따라 인생은 다양한 측면을 나타낸다. 네 가지 영역의 조화로운 연결은 긍정적 선택의 결과이며, 도전을 받아들이고 다양한 인생의 시기와 관련된 과제를 해결해 나가는 방식의 결과이다. 성인 초기에는 네 개의 주요 기준점이나 과제들, 곧 뒤따르는 시기에 나타나게 될 인생의 꿈, 조언자(스승^{mentore}), 사랑과 직업이 처음으로 나타난다. 이것은 "정체성의 촉매제$^{catalizzatori\ d'identità}$"로 간주할 수 있다.

- "인생의 꿈"은 각자 소명의 성취와 관련이 있고 환상과 현실 사이에서 어느 정도 인식되는 힘을 형성한다. 이것은 개인에게 활력을 불어넣어 주고 인생 시기의 과정에서 함께할 일종의 꾸며낸 이야기^{mito}이다. 충만한 마음을 얻을 수 있거나, 반대로 까다로운 폭군이 될 수 있는 이러한 "꿈"은 특별히 그것을 확인하고 재고하는 것이 중요한 전환기에 존재한다.

- "조언자" 또는 "스승"은 진정한 상호관계를 유지하는 실제 인물이다. 성인 초기에는 모델이나 기준점(안내자, 교사, 친구)을 나타낸다. 일반적으로 성인은 조언자와 헤어지기 전에 그와 동일시하면서 정서적으로 조언자를 신임한다. 사목 담당자는 종종 이러한 역할을 하도록 부름을 받는다. 성인 초기에 매우 중요한 이러한 정체성의 촉매는 이어지는 전환기에도 결정적인 역할을 할 것이다.

- "사랑"과 "직업"은 성별에 따라 다양한 방법으로 성숙에 영향을 미

치는 요인으로 잘 알려져 있다.[14] 종종 직업적 영역의 한계를 극복하는[15] 직업의 극점은 의미를 부여하고 삶의 활력을 불어넣으면서 이끈다(실직은 의미의 붕괴를 유발할 수 있음). 그러나 폭군이 될 수도 있다. 그런 사람은 단지 자신이 하는 일을 위해서만 존재하지, 더 이상 자신이 존재하는 모습을 위해 존재하지 않는다. 직업은 신앙을 포함한 모든 의미의 해석이 직업 역할의 지평에서 이루어진다는 점에서 더욱 결정적인 사회 역할 중 하나이다. 이러한 정체성의 촉매는 인생의 모든 단계에서 새로운 과제, 곧 직업을 찾고 (그것을) 현실화하며, 출세하는 것 등을 제시한다.

• 사랑도 자기만족과 고립적 경향과는 반대로 관계적 차원의 탁월한 촉매제가 되면서, 내면에 활력을 불어넣을 뿐만 아니라 사람의 마음을 열게 함으로써 비슷한 역할을 한다. 사랑은 인생에서 특별히 예상치 못한 사건(실직, 가족의 죽음, 자녀 출산 등)이 발생했을 때와 보통의 사회적 전환기(인생의 선택, 결혼 등)에 새로운 도전을 시작한다. 이러한 과제는 상대방과의 약속과 관계된 것이다. 그 약속은 나와 그(그녀)가 함께 타자성의 완성에 기초하는 관계를 성숙시켜 나가기 위해, 이런 "특별한" 여자와 남자가 함께 위험을 무릅쓰면서, "자신이

---

14 Cf. U. Lehr, «Das mittlere Erwachsenenalter», in: R. Oerter (Ed.), *Entwicklung als lebenslanger Prozess*, Hamburg, Hoffman & Campe 1978, 147-177. 저자의 경험적, 전기적 연구에서 남성은 그의 직업 생활의 지평에서 관계적이고 가족에 관한 사건들을 설명하고 해석하는 반면에, 여성은 직업 생활에 의미를 부여하는 것으로부터 사랑 안에서 안정적인 장면을 바라보는 것이 결과로 나타난다.

15 모란(G. Moran)은 작업(work)과 전문 활동(job)을 진지하게 구별하도록 초대한다. Cf. G. Moran, *Leisure: A New Problem*, «Sign» 58 (1979) 10, 10-14.

꿈에 그리던" 여자나 남자의 이미지를 극복하는 것이라 생각한다. 따라서 상대와 인생의 꿈을 혼동하지 않는 것이 중요하다.

로버트 케건: 자아 발달

로버트 케건$^{R.\ Kegan}$은 사람의 변화 너머의 영속성을 설명하는 구성주의 모델을 제시한다.¹⁶ 그는 인간 성숙을 이해하기 위해, 내가 누구인지, 왜 살고 있는지, 어디를 가는지 등과 같은 근본적인 질문에 대답할 수 있는 의미를 만드는 사람$^{meaning\ maker}$으로 인간을 간주하는 전체적인 개념을 채택하고 있다.

그러나 "의미를 부여하는 것"은 물리적(예: 배우다, 보다), 심리적("나는 안전함을 느끼기 위해 이해해야 한다."), 사회적(예: "나는 다른 이들이 필요하다") 측면을 포함하는 복잡한 활동이다. 이것은 우리가 의미를 만들면서 살아가고 있고 다른 과정으로 축소할 수 없는 근본적인 인간 활동을 구성하는 것으로 보이기 때문에 실존적인 활동이다. 사람은 다른 이들로부터 인정받을 때만 의미가 있다. 만일 전체적으로 고립돼 있다면, 종종 "의미부여"에 도달하지 못한다. 그런 다음 "무의미한" 삶의 위험을 감수하게 된다. 구성주의자들이 현실이란 아름답거나 완수된

---

16 케건의 모델은 이전 모델보다 유럽에서 덜 알려져 있다. 그러나 그의 개념은 다양한 이유로 자극을 준다. 이 모델은 시기(나이)가 부차적인 역할을 하고 종교 심리학에서 환영받았던 구성주의적 모델이다(파울러가 그의 신앙발달이론에서 분명하게 통합했다). Cf. R. Kegan, *The Evolving Self. Problem and Process in Human development*, Cambridge, Harvard Univ. Press 1982.

것으로 존재하는 것이 아니라고 말하듯이, 이러한 의미를 구축하는 것은 우리 자신이다.

인생의 과정에서 개인은 매번 의미를 부여하는 특징적 방식으로 이루어진 어느 시기와 단계를 거치게 된다. 각 단계에서는 삶을 다루는 방식에서 이전에 지배적이었던 측면과 거리를 두고 객관화한다. 그래서 어떠한 발달 순간에 개인이 통합되었다고 느끼는 기준 집단에 거의 독점적인 중요성을 부여한다. 그리고 그는 그 집단의 규범과 가치에 따라 사고하고 행동한다. 그 후에 개인은 자신이 생각한 것과 그 집단을 비교하면서, 더는 그 집단에 지배되거나 희석되지 않는 기준을 객관화한다. 그리고 이런 지배적 측면은 상황을 표현하고 의미를 부여하는 방식을 결정한다. 또한, 발전은 개인 인격의 어떤 것이 덜 주관적이 될 때마다 통합의 연속으로 이해될 것이다.[17]

개인발달에서 위기는 기회이자 도전이기 때문에 특히 중요하다. 세상에서 새로운 존재 방식에 도달하려면 (자신의) 무엇인가를 포기하거나 잃는 것을 받아들여야 한다. 개인은 성숙하기보다는 자신의 단계에서 거절하거나 정체될 수도 있다. 인생의 계획은 새로운 것을 향해 위험을 무릅쓰고 옛것을 버릴 수 있을 때 성공하게 된다. 케건의 생각

---

[17] 케건은 각 단계에서 설정해야 하는 주체-객체의 균형에 대해 말한다. 어떤 의미에서 유아는 자신의 충동이나 정신 상태를 동일시하지만(예: 그는 화 자체다), 나중에 그것과 거리를 둘 수 있다(그는 화를 낸다). 그렇게 성인도 자기 역할을 통해 존재한다(그는 자신의 역할이다). 개인이 성숙하기 위해서는 통합된 이런 지배를 극복해야 한다. 케건에 따르면 이런 방식으로 개인의 자아는 자신의 충동과 역할, 자율성 등의 어떠한 순간에 통합된다. 그 과제는 이런 동일시로부터 자아를 끌어내고 이런 자극으로부터 거리를 두며, 자기 안에 통합되는 "대상"으로 만드는 것으로 이루어진다.

속에서는 움직임과 경과가 가장 중요하다.

케건의 경우 모든 단계에서 환대하는 기능을 가진 통합적이고 초대하는 "궁극적 환경$^{ambiente\ di\ sostegno}$"의 존재가 필수적이다.[18] 이 환경은 일시적으로 그의 품에 개인을 받아들이고 조화롭게 살아가도록 한다. 이 환경은 세 가지 임무를 갖고 있다. 곧 지원하거나 확인하기 – 포기하거나 반대하기 – 가까이에 있거나 관계를 유지하기이다.

· **지원하는 것**은 궁극적 환경이 개인에게 모든 관심과 인정 그리고 필요한 지원을 제공하지만, 유대를 강화하여 그것에 의존하지는 않는다는 것을 의미한다. 그리고 의미를 부여하는 방식으로 개인을 확인하는 것이 그것의 과제이다.

· **포기하는 것**의 임무는 궁극적 환경과 별개로 정상적인 과정을 지원하는 것으로 이루어진다. 따라서 이것은 현재 단계(그리고 그것에 가담하는 균형 속에서)에서만이 아니라 발전 과정에서도 똑같이 힘을 쏟아야 한다. 첫 번째 경우 환대하는 환경에서 필요에 따라 포기의 역할과 임무를 사용한다. 이러한 분리와 애정 어린 모순의 과제에서 환경은 진정한 환대 능력, 곧 작별 인사를 할 줄 아는 능력을 보여준다.

· 하지만 이 임무는 환경이 관계를 지속하면서 **친밀감을 유지**할 수 있을 때만 완료된다. 이것은 성장 과정에 적절한 반응이요, 화해에 필요한 응답이다(성장한다는 것도 화해를 의미하며, 이미 나에게 필수적인 부

---

[18] 케건은 이와 관련하여 몰입되고 에워싼 것과 같은 "통합 문화"를 언급한다.

분이었던 것을 재발견하는 것을 의미한다).

분리 과정은 (성장에 당연히) 있어야 하거나 (전체 환경으로 인하여) 인위적일 수 있다. 두 과정의 일치는 조화로운 성숙을 위해서는 위험하다.[19]

케건은 **발달 단계**[20]를 5단계, 곧 1) "충동적인 자아$^{impulsive\ self}$", 2) "제국적 혹은 군주적 자아$^{imperial\ self}$", 3) "상호관계의 자아$^{interpersonal\ self}$", 4) "제도화된 자아$^{institutional\ self}$", 5) "개인 간 자아$^{inter\text{-}individual\ self}$"로 구분하고 있다. 초기에는 개인의 나이와 어느 정도 밀접한 관계가 있지만, 여전히 초기 단계에 머물러 있는 성인들도 있다.

1.4. 성인 교리교육을 위한 이러한 모델의 가치와 한계

결론적으로 앞에서 언급한 이론적 모델에 대한 몇 가지 비평과 중요한 공통점에 대한 종합적 시도를 제시하고자 한다.

---

[19] 이런 현상은 예를 들어, 한 사람이 융합된 사랑(amore fusionale)을 극복하기 위해 자기 삶의 동반자와 별거 과정을 거치거나, 이런 점에서 그 동반자가 사고로 죽거나 이혼을 결심했을 때 일어나는 것이다. 이 경우 통합 환경(동반자)은 별거를 동행해야 했던 그 순간에 소멸한다. 여기에 회복할 수 없는 상실감과 우울감도 유발된다(우울감은 종종 자신의 일부를 잃었다고 생각하는 것을 의미한다).

[20] 단계에 대한 더 자세한 설명은 이어지는 파울러(J.W. Fowler)의 이론을 소개하면서 나타날 것이다.

한계 및 위험

특정 한계는 이미 지적됐지만, 어떤 모델도 정밀과학의 과학적 상태를 열망할 수 없음을 인정하면서도 각각의 기술적 가치는 유지된다. 앵글로색슨의 문화적 맥락에서(또는 그것에 의존하여) 정교화된 모든 것은 보편적이고 초문화적인 가치를 주장하는 어떠한 것이 있음에도 불구하고, 다른 맥락에서는 인간(그리고 그리스도인) 성숙을 부분적으로만 설명할 수 있다. 이를 주장하는 저자들에 따르면, 그 맥락은 중립적이며 인간의 내적 가치를 판단하지 않는다. 하지만 인간이 태어난 맥락은 이에 대한 발전적인 생각을 분명하게 표시한다. 그래서 미래를 긍정적이고 앞선 단계보다 더 나은 모든 단계로 간주한다. 여기에는 사람들을 예측하고 규정하며, 직접적으로 분류하기 위해 이러한 모델을 사용할 위험이 있다. 인간의 성숙은 시합이나 경쟁이 아니며, 특히 구성주의적 관점에서 모든 단계를 극복하지 못했다는 사실이 반드시 결점을 이루지 않는다는 것을 명심해야 한다.

이 모델의 중요한 상수(常數)

· **발달** 과정

성인기에는 단계를 표시하는 안정기와 전환기의 순환이 예상된다. 모든 이가 시기와 단계의 존재에 대해 동의한다고 할 때, 모두가 이에 대해 같은 특성(수량)을 나타내는 것은 아니다. 성인 생활의 과정

속에서 변화와 관련하여 "발달"에 대해 언급할 때, 이러한 모델은 후기 단계가 선행 단계에 의존하고 그것을 포함한다는 것을 시사한다. 특히, 발달에 결정적인 것은 개인적인 선택이지만 개인적으로 받아들인 제도적이고 문화적인 선택도 영향을 미칠 수 있다.

- 국면, **시기 혹은 단계**

성인의 발달은 가속, 후퇴 그리고 정지의 순간으로 표시되는 여정이다. 그러나 그 여정은 개인적이다. 누구나 개인적 변화와 내용을 통해 다양한 방식으로 발전한다. 일부 유사점이 있다 하더라도 성인은 항상 고유하고 독특한 인간으로 남아 있다. 그래서 누군가를 엄격한 범주에 가둬둔다거나 다음 단계로 넘어가도록 강요하는 것은 소용이 없다. 각 단계는 완료해야 할 심리학적 과제들은 물론, 관리해야 할 특별한 도전과 측면, 습득해야 할 특별한 지식과 능력을 포함하고 있다. 또한 각 개인은 자기만의 고유한 조화와 특별한 성숙(의 능력)을 가지고 있다.[21] 여기에 적절한 순간을 포착하면서^{kairos} 그 순간에 배워야 하는 발달과 관련된 과제들이 있다. 이것은 나이와 관련 있음에도 성인의 성숙은 나이에 특정돼 있지 않다. 우리의 문화 영역에서 많은 성인은 존재의 특정 순간에 결정적인 사건과 변화를 경험하지만, 상당한 변화와 함께 살고 있다. 각 단계의 이론적 모델은 일반적 참고의 틀로서만 받아들여야 한다.

---

21 Cf. P.-A. Giguère, *Catéchèse et maturité de la foi*, Ottawa / Bruxelles, Novalis / Lumen Vitae 2002.

- **전환**과 **위기**의 과정

위기와 전환이 반드시 부정적인 것만은 아니다. 그것은 성인에게 중요한 도전을 하게 하고 그들에게 한 걸음 더 나아갈 수 있는 기회를 제공한다. 개인 내부나 외부에 있는 일부 특별한 사건들은 종종 어느 단계의 시작이나 끝을 나타낸다. 아마도 이런 사건들은 실제로 변화의 이유는 아니지만, 변화를 촉진한다. 모든 성인은 삶의 과정에서 이러한 전환을 경험한다. 그들은 "애도"하는 법을 배워야 하지만, 그것을 표현하는 방식과 강도는 각자에게 고유하게 나타난다. 한 단계에서 다른 단계로 넘어가는 것은 매번 인생의 중요한 전환점을 이룬다.

- **역할**의 중요성

성인의 성숙 과정은 개인의 사건은 물론 사회적 역할과 개인에게 미치는 영향에 의해서도 좌우된다. 하지만 성인의 생각과 감정, 가치와 선택 및 행동은 사회 환경과의 상호작용 속에서 어떤 식으로든 형성되므로 사회 현상과 그 책임에 기여한다.

- **정체성**의 촉매제

성숙은 인지적, 정서적, 정신-운동적인 변화 덕분에 사람에게 새로운 가능성을 제공한다. 그럼에도 불구하고 자신의 성장과 타인의 성장을 비교하는 모든 경쟁 개념은 극복돼야 한다. 성인은 평생 자기 정체성의 촉매제 역할을 하는 네 가지 수단, 곧 "인생의 꿈", "멘토"의 모습, "직업"과 "사랑의 능력"(레빈슨의 이론 참조)을 사용할 수 있다.

교리교육을 위한 의의

제시된 모델들은 성인이 삶의 과정에서 마주하는 다양한 순간의 과제와 도전은 물론, 여러 상황에 주의를 기울인다. 사목 분야에서 "성인들에게" 명료하지 않게 말하는 것은 더는 불가능하다. 아동기와 청소년기의 교리교육 문헌을 나이에 따른 요구와 교육 대상자의 구체적 상황에 맞게 조정할 필요가 있다는 것을 이미 오래전부터 이해했다면, 모든 성인과 모든 성숙 단계, 모든 상황을 위한 문헌과 교리서 혹은 유효한 모델을 제공하는 것이 가능할까?(DGC 134, 172, 213 참조) 이 모델들은 적절한 순간^{kairos}과 무엇보다 인간적이고 신앙적인 성장을 위한 결정적 전환기("가르칠 수 있는/배울 만한 순간", 하비거스트$^{R.\ Havighurst}$)에 특별한 관심을 기울일 것을 요청한다. 진정한 의미의 개인적 질문에 대한 겸손한 연구에는 "사람들이 필요로 하는 것"을 안다고 생각하는 오만함에서 벗어나 사고방식을 변화하는 것이 요구된다.

2. 성인 신자와 성숙

이 부분에서는 신앙 발달에 대하여 말하는 것보다 신앙 성숙에 대하여 말하는 것이 더 나을 것이다. 사실, 신학적인 이유로 그리스도인은 하느님의 선물, 신앙의 응답, 믿음의 내용을 동시에 나타내기 위한 유일한 용어인 신앙$^{la\ fede}$을 가지고 있다. 은사로서 그 양은 풍부하기에, "발달"이라는 용어는 적절치 않다. 이 부분에서는 내용과 해석에 관한 변화가 있을 수 있으며, 성장하거나 감소할 수 있는 하느님께 대한 응답적인 측면에서의 변화가 발생할 수 있다. 그러나 "발달"에 대해 말한다면 필연적으로 긍정적 성장을 생각하게 된다. 여기서 신앙 자체가 실제로 제시되는 것은 아니다. 유아의 신앙도 그 자체로 작은 신앙이 아니며 성인의 신앙과 같은 가치를 지닐 수 있다.

하지만 여기에는 교육학적 이유도 존재한다. 우리는 삶의 과정에서 인간으로 성장하는 것에 관심을 갖기 때문에, 이에 영향을 미치는 다양한 요인들(사회적, 심리적 요인)의 개인적 통합에서 개인의 적극적인 역할이 강조된다.

"신앙인의 성숙^{maturazione del credente}"이란 일생 하느님께 대한 신앙과 연결된 체험, 표현, 감정과 대인관계의 지속적인 변화를 의미한다. 신앙의 성숙^{maturità di fede}은 "사람을 모든 상황에 존재하는 의미의 도전에 적절한 형태로 대처하게 하며, 그 성숙함으로 관계와 조화 속에서 대응할 수 있다."[22] 특히, 신앙 발달을 타고난 성향의 성숙으로만 인식하거나 환경에 적응한 결과로 인식하는 두 가지 극단적 입장은 피해야 한다. 이 두 가지 입장은 인간의 이미지를 왜곡하고 믿음을 기능으로 축소한다.

역동적인 시각은 성인이 믿고 자기 신앙을 심화하는 방식에 새로운 빛을 비춘다. 이 관점에서는 성인이 되었을 때도 배움을 멈추지 않는다. 입문성사나 삶을 봉헌하는 성사를 받았다고 해서 벌써 평생 필요

---

[22] Giguère, *Catéchèse et maturité de la foi*, 67.

한 그리스도인의 유산il bagaglio을 얻은 것은 아니다. 인생의 모든 전환점은 항상 자신을 발견하는 중요 시기로 표시되는 것으로, 성인 신앙에도 영향을 미치는 새로운 도전을 그들에게 하게 하는 것으로 명시할 수 있다. 여기에 성인이 신앙의 삶을 살아가도록 심혈을 기울이는 데 관심이 있으며, "신앙인의 성숙 과정", 더 정확히 말해 "동일하고 유일한 성숙 과정 안에서의 지속적인 성숙"[23]에 대해서도 언급할 수 있다.

2.1. 몇 가지 기본적인 결과

- 신앙은 성인의 성숙을 독려하고 동기를 부여하는 것의 기초가 된다. 동시에 그것은 종교 학습을 어렵고 힘들게 만드는 원인으로도 작용할 수 있다.

이러한 발달을 설명하는 이론에서 전환기의 도전은 물론, 성숙의 시기와 단계는 구별된다. 신앙인 성숙의 특성은 무분별한 발전이 아니라, 하느님과 하느님 나라의 도래에 대해 언급하는 방식으로 신앙인의 성장을 지도하는 일반적 방향("삶의 계획")에 있다.[24] 심리·사회적 발달은 그리스도인의 성숙에 반대되는 것이 아니라, 오히려 삶의 다양한 순간의 도전과 과제가 신앙인에게 하느님의 나라를 위한 회개와 헌신으로 이끈다. 신앙은 의미의 정교화에 깊이의 차원을 더함으로써 일상을 변화시킬 수 있다. 이러한 입장에서 인간 발달의 각 단계의 복잡성은 신앙에 적절한 응답을 요구한다. 하지만 신앙은 그

---

23 Giguère, *Catéchèse et maturité de la foi*, 66.
24 신앙 성숙에 관한 전형적인 특징과 인간적인 성장과의 관계를 떠올릴 수 있다. Cf. Cat.oggi, 139-146.

리스도인의 성숙을 방해할 수도 있고 다른 영역에서의 성장으로부터 점점 더 분리시킬 수도 있다.

• 신앙인의 성숙은 획일적이며 직선형의 방식으로 일어나는 것이 아니라 다양한 형태를 따르면서 이루어진다.

이러한 형태는 생명 주기의 구체적인 시기와 연결돼 있다. 이 같은 주제에 대해 질문을 받는 많은 사람은 실제로 그들의 믿는 방식에 큰 변화를 겪었음을 인정한다. 신앙 안에서의 변화와 사람의 나이는 직접적인 관련이 없다고 볼 수 있다. 곧 그런 변화는 모든 연령에서 일어날 수 있으며, 사회적이고 문화적인 맥락과 연관된 다양한 요인에 의해 발생한다. 그러나 변화 시기와 신앙 발달은 항상 밀접한 관련이 있다. 사실, 신앙과 관련된 변화는 안정기의 순간보다 전환기나 위기의 순간에 더 많이 발생한다. 위기는 종종 종교적 의미와 가치의 성찰과 방향을 촉진하는 중심축이다.

• 신앙인의 성숙에 대한 이론 모델들은 신앙의 구조화와 "관계적" 측면 사이에 밀접한 관련이 있음을 보여준다.

실제로, 성숙은 그리스도인 공동체에 헌신하는 것도 포함한다. 그리고 사회 공헌에 대해서도 마찬가지로 가치가 있다. 곧, 어떤 사람이 "성숙한 신앙"으로 나아갈수록 봉사 안에서 더욱더 헌신하는 것을 보게 될 것이다.

이제 특별히 암시적인 두 가지 이론 모델, 곧 파울러[J. Fowler]와 오저[F.

Oser의 이론으로 넘어가 보자.

2.2. 제임스 파울러: 자아와 신앙의 구조화 단계

미국 침례교 신학자인 파울러[J. Fowler][25]는 우리 자신과 다른 이들 그리고 "절대적 타자[totalmente Altro]"인 하느님과의 관계를 형성하는 능력 향상에 대한 이론적 모델을 세밀하게 고안했다. 그는 이런 관계를 결정하는 몇 가지 요소, 곧 사고방식, 도덕적 판단의 형태, 권위에 대한 개인의 관계, 상징화하는 능력, 생활 방식과 타인과의 관계 방식, 사고와 행동에 영감을 주는 세계관에서 출발하여 "신앙의 단계"를 제시한다.

파울러는 다른 연구자들의 기여를 그의 모델에 도입했지만,[26] 종교적 실천에 대해선 명확하게 언급하지 않았다. 그는 어떤 사람이 종교에 속하더라도 자기 삶에 의미를 부여하는 방식을 설명하기 위해서는 신앙적 구분[division confessionali]을 극복하길 희망했다. 그에게 있어서 신앙(그는 "faithing"[신앙]이라는 신조어를 선호한다고 말할 것이다)은 그리스도교적 의미도 받아들일 수 있는 심리학적 개념이다. 신앙은 자기 삶에 의미를 부여하는 방식이다. 곧 "사람이 자신과 타인 및 세상을 경험하

---

[25] 파울러의 이론에 대해서는 다음을 참고하시오. Cf. J.W. Fowler, *Life-Maps: Conversations on the Journey of Faith*, Waco, Texas, Word Books 1978; Id., *Stages of Faith: The Psychology of Human Development and the Quest for Meaning*, San Francisco, Harper & Row 1981; Id., *Teologia e psicologia nello studio dello sviluppo della fede*, «Concilium» 18 (1982) 6, 915-921; Id., *Faith Development and Pastoral care*, 4ᵃ ed., Philadelphia, Fortress Press 1989. (그의 이론의) 종합적인 소개를 참고하려면 다음을 보시오. Cf. Francia CNER, 113-123.

[26] 특히, 피아제와 콜버그, 셀만과 에릭슨 그리고 케건의 모델이 중요하다. Cf. J.W. Fowler, *Faith Development*, 54.

는 방식이요, 그 사람이 궁극적인 존재의 표현을 통해서 나타내는 것을 경험하는 방식이다."[27] 파울러는 인간을 "의미를 만드는 사람"[28]이라 말했다. 따라서 이 모델은 문화와 종교를 초월한 보편적인 주장을 한다.

전제조건(기본 원리)

파울러에 따르면, 인간은 신과의 관계 속에서 선천적인 능력을 갖추고 있다. 인간은 개인의 자유와 운명을 부여받았음에도, 합리적이고 책임감 있는 창조된 구성원으로서 자기 사명을 완수할 수 있게 하는 잠재력으로 미리 "구조화^{prestrutturato}"돼 있다. 물론, 자유를 잘못 사용하면 이러한 잠재력은 방향을 전환해, 신과 이웃에 맞서 자유의 실현을 방해한다. 신앙은 인간이 하느님께 응답하는 근본적인 성향이다. 신앙은 자신과 타인과 세상, 그리고 궁극적인 것^{Ultimo}과의 관계 속에서 태도를 통해 표현된다.[29]

공동체는 신앙의 태도와 방식을 실현하고 발전시킬 수 있는 환경이다. 개인은 타인과의 관계나 문화적 전통에 뿌리를 두지 않고는 형성될 수 없다.

---

27 Ibid, 58.
28 파울러는 인간에 대하여 케건과 같은 정의를 내렸다.
29 파울러는 오저(Oser)와 마찬가지로 틸리히(P. Tillich)의 신학에 영감을 얻으면서, "신앙의 행위"(fides qua)를 고전적 개념에 위치해 놓는다.

자아와 신앙의 전체 여정과 단계

전체적인 여정은 "하느님의 활동과 뜻에 더욱 세련되게 비판적으로 의식하는 능력과 하느님 창조사업에의 참여는 물론, 성장하는 의식"[30]으로 설명될 수 있다. 이 단계들은 다음과 같이 발전된다.[31]

1) 충동적인 자아와 **직관적-투시적 신앙** 단계(2-6/8세)

유아기에는 좀 더 늦게 하느님과의 관계를 표현하게 되는 경향이 있다. 이 단계에서 유아는 통제가 불가능한 자신의 충동과 동일시된다. 유아적 특성을 나타내는 자기중심성^{egocentrismo}에서 유아는 안전과 자유 공간을 동시에 제공하는 가족적 환경이 필요하다. 그는 직관적이고 감정적으로 사물을 인식하며 세상을 인식하는 방식을 하느님께 투사한다(신인동형론). 이 단계는 선의 방향과 악의 방향에서 신앙에 대한 감정적 차원을 형성한다.

2) 제국적 혹은 군주적 자아와 **신화적-문자적** 신앙 단계
(6/8-11/13세, 성인기에도 존재할 수 있다)

6-8세의 어린이들은 새로운 단계로 가는 길이 열리는 중요한 정신적인 변화를 경험한다. 이제껏 필요와 욕구, 관심은 어린이가 그것들

---

30 Fowler, *Faith Development*, 68.
31 이러한 설명은 파울러의 저서 *Faith Development*에서 했던 것과 마찬가지로 케건의 이론을 파울러의 이론과 통합하면서, 무엇보다 성인기의 단계에 초점을 맞추고 있다.

을 숙고하지 않은 행동의 조건이 됐다. 그러나 이제 충동은 통제되고 있으며, 어린이의 욕구를 통해 그가 인식하고 자신과 다른 사람들과 세상이라는 현실을 통합하는 것이 이루어진다. 어린이는 그에게 유용한 것에 따라 행동하는 듯 보인다. "제국적 자아$^{L'io\ imperiale}$"는 자긍심과 습득한 능력이라는 명목으로 자주적 독립을 바란다. "궁극적 환경"은 가족과 학교로 구성된다. 그 환경은 자아가 애정 어린 방식으로 제한을 받고, 신뢰 관계는 점차 어린이에게 동기 부여를 인식할 수 있게 한다.

사물을 이해하는 방식은 구체적이고 "문자 그대로" 일의적으로 이루어진다. 어린이는 "의미를 부여"할 수 있고 이야기를 사용해 다른 사람들과 그 의미를 나눌 수 있다. 이야기식^{narrativa} 방법으로 경험을 구조화하는 것은 정체성을 위한 본질적 가능성으로 이해된다. 그 정체성은 어린이가 자기 집단이나 공동체의 이야기에서 배우면서 형성된다. "군주적"인 사람들은 이야기 덕분에 자신의 경험과 소속감을 갖는다. 그런데도 그들은 자기 이야기와 경험의 흐름에서 빠져나와 그것을 성찰해 보다 전체적인 의미를 끌어내지는 못한다. 단지 평등적 정의(동태복수법)가 열리면서 다른 사람의 관점을 기초적인 방식으로 받아들일 수 있다. 그러면 하느님은 처벌과 보상의 하느님이 될 것이다. 삶과 신앙을 구조화하는 이러한 방식은 무엇보다 폐쇄된 환경(예: 접수처나 교도소) 안에서 성인기(인구의 약 8-12%)에 발견된다.

---

32 단계들 사이에 차이점이 부여된 명칭은 파울러가 직접 붙인 것으로, 다음 문헌에서 주어진 이름이 덧붙여졌다. P.A. Giguère, *Che cosa significa fede adulta?*, Leumann (Torino), Elledici 2003, 39-54.

3) 상호관계의 자아와 **종합적-인습적** 신앙 또는 **공동체에 소속감을 지니게 하는 신앙** 단계
(11/13-성인기에 들어갈 때까지, 또는 그 이상)[32]

11-13세에는 추상적이고 개념적인 사고 능력이 생겨, 자신에 대한 새로운 인식으로 거리를 둘 수 있고 말과 사물의 너머로도 갈 수 있다. 이제 자아는 관계와 그에 따른 역할로 구성된다. 곧 '나는 나의 관계와 역할을 통해서 존재한다.'에 이른다. 그런 다음, 의존과 동시에 이것 때문에 불편함을 의식하는 중요한 사람들에 대한 양면적인 감정을 느낀다. 이 단계에서는 전통적 태도(준거 집단과 개인과 같이 생각하고 행동함)와 이원론적 사고("선하다." 또는 "악하다.", "희다." 또는 "검다.")를 선호한다. 이 단계의 지배적인 욕구(소속감)는 이러한 갈등에 의해 위협을 느끼기 때문에 다른 이들과 공동체와의 갈등을 다스리기 어렵게 한다. 그리고 비인격화된 융합의 위험도 존재한다. "궁극적 환경"은 상호관계의 환경으로 존재하지만, 의미 있는 관계가 종료되거나 개인의 중요한 역할이 사라질 때, 심각한 위험에 처할 수 있다.

이제 청소년은 자기감정에 대해 깊이 생각할 수 있고 자기 성찰에 마음을 열 수 있다. 새로운 숙고 방식은 청소년에게 이전 경험을 재구성하고 미래를 향해 자신을 투사하게 한다. 이 시기의 주요 임무는 인격을 뒷받침하는 가치, 곧 신앙의 내용(자신이 믿는 것)을 종합하고 지속적인 관계를 형성하면서 인격이 형성되는 것(자기 정체성의 획득)이다. 다른 사람들과 관계를 유지하고 그들의 기대에 꼭 응답해야 하는 요구는 때때로 "다른 사람들의 억압"(과도한 순응주의)이 될 수 있다. 이러한 이유로 청소년을 집단에 묶는 신앙 내용과 가치는 일반적으로 검토되지 않는다. 이 단계에 속한 사람들에게 하느님은 우리 자신에 대해 더 잘 알고 있는 친구이자 동료이다.

성인 순응주의자(성인 인구의 약 40%)는 진부한 것으로 이루어진 고정관념과 "전부 다이거나 아무것도 아닌 것"같은 유형의 급진적인 자세로 이루어진 생각의 복잡함과 씨름하고 있다. 양자택일에서 결정을 내리기 위해서는 외부 권위에 의존해야만 한다. 옳고 그름은 모든 이에게 마찬가지인 몇 가지 예외적인 사항을 받아들인다. 현실에 다소 막연한 접근은 상황에 대한 감정적이고 이상화된 시각을 불러일으킨다. 그리고 이렇게 보는 방식은 "세속적"이라 낙인찍힌 주변 세계가 사람들로 하여금 자신의 이상주의적이고 감정적인 인식을 숨기도록 강요하는 것만큼 더욱더 그런 시각이 요구되는 그리스도인 공동체 안에서 확인될 수 있다. 이 단계에서 구체적인 사고는 외모, 사회적 수용, 소속감, 물질적 측면과 같은 외적이고 가시적인 대상과 행동에 초점을 맞춘다. 이것은 이러한 사람들의 예식[riti]의 유형성에 대한 애착과 신앙과 윤리 분야에서 명확한 지침에 대한 애착을 설명한다(예: 특히 습관화된 신앙을 실천하는 사람이 아니며 성사에 관한 정확한 예식 절차에 대해). 성인 순응주의자들은 상대적으로 약한 내성을 지니고 있고 내부 움직임에 거의 민감하지 않다. 오히려 그들은 결코 함께 존재하지 않는 행복이나 실망에 대한 전반적인 감성을 가지고 있다. 이 같은 문제를 해결하기 위해서는 "이해해야 한다."는 것에 대한 이해가 요구된다. 이러한 사람들은 믿어야 하는 것을 알고 이해할 수 있는 분명한 문서를 갖고 싶어 한다. 그들은 "더 많이 사랑하길" 바라고 있고, 누군가가 자신을 사랑하지 않는 것에 애석해하고 있다.

이 단계에서의 미덕은 같은 이상을 공유하는 타인, 특히 가까운 사람들을 위한 관대함과 충실함, 그리고 배려이다. 이러한 사람들은 자기 집단의 목표와 복음화 사업에 적극적으로 헌신한다. 그들은 하느님과의 관계에서도 큰 신뢰를 얻을 수 있고 더욱더 깊은 관계를 맺을 수 있다. 기도는 무엇보다 행동을 지향하고 있고 구체적이며, 감정적 어조를 지닐 수 있고 위안으로도 체험된다.

이 단계에서의 위험은 잘못된 공리주의이며, 그것은 본질적인 것을 부차적으로 취급하는 위험이 있다(예: 경당 벽의 색채가 진지한 사회적 책임 이상의 것을 포함할 수 있다). 충동과 "군주적" 단계, 곧 부정적인 감정은 제한되고 억압되며, 규칙과 관계에 대한 문자 그대로의 해석에 집착하고 "타인"에 대한 선입견을 품는 단계로 되돌아가려는 유혹이 생긴다. 게다가 권위주의, 경직성, 특히 법을 위반할 때, 자기 결점에 대한 수치심으로 자신에 대한 부정적이고 가혹한 판단도 이 단계에서 발생하는 위험에 해당한다.

4) 제도화된 또는 행정적인 자아와 **개별적-성찰적** 또는 **자기를 참조하는 신앙** 단계(성인기에 들어가기 전 아님)

이 단계는 많은 성인에 해당하는 단계이다(약 30-35%).[33] 성인기에 들어설 때(혹은 나중에라도) 이전 단계에 대한 균형은 다음의 두 가지 발전적인 요구로 인해 흔들리기 시작한다. a) 한편으로는, 자신의 가치

---

33 케건에 따르면, 파울러의 연구에서도 남성은 여성보다 먼저 인습적인 단계에서 실행적인 단계로 넘어가지만, 확실히 더 많은 남성이 (이 단계의 비율을) 차지하고 있다고 한다. Cf. Giguère, *Che cosa significa fede adulta?*, 48.

와 신앙 체계가 비판적 검토의 대상이 될 필요성을 느낀다. b) 다른 한편으로는, 자아가 관계 저편에 있는 고유한 근거를 찾아야 한다. 더는 다른 사람들에게 의존할 수 없으며, 무엇보다 자기 삶의 신중한 선택과 관련해서는 스스로 책임을 져야 하고 자기의 신앙 내용(믿음, 상징, 이야기)을 개념적인 문구로 표현하기 위해 그것을 분석해야 한다. 이 단계의 지시어는 "일관성"coerenza이다. 이것은 자신의 심오한 선택에 속한 것을 통합하고 논리적이지 않거나 일관되지 않아 보이는 것을 거부함으로써, 자신의 종교적 체계를 구축하는 것을 의미한다("종교적 브리콜라주"). 여기에는 이익과 손실이 있을 것이다. 곧 감정적 어조와 상징 능력의 손실이 발생하겠지만(훌Hull은 "조각난 상징 단계"에 대해 말함),[34] 명료함과 일관성의 감각(체계와 명확함)을 얻게 될 것이다. 또한 이전에 선하게 느꼈던 신앙 공동체와의 갈등, 곧 비판적일 수 있고, 떠나거나 거부반응이 일어날 수도 있다. 이제 개인적 자아는 자신의 "궁극적 환경"이 된다.

이 단계의 **강점**은 장기적 관점에서 개인적 선택인 자기 계획에 헌신할 가능성과 성숙한 신앙 인식의 출현이다. 이런 식으로 더욱더 풍요로운 내적인 삶을 살아가겠지만, 이 단계에서는 전형적인 도덕주의를 살게 된다. 그러나 삶과 현실적인 대조 이후에 장기적 관점을 잃어버릴 위험도 있다. 바로 이 단계에서 신앙의 포기가 빈번하게 발생하고 있다. 자신과 타인에 관해 집중된 (주관적인) 판단은 지나친 자신감을 불러일으킬 수 있다. "다른 사람들"에 대한 태도(나와 같지 않고 우리와 같이 생각하지 않는)는 순응주의적 단계에서만큼 급진적(그리고 "인종 차

---

34 J.M. Hull, *What prevents christian adults from learning?*, London, SCM 1985, 190.

별주의적")일 수 있다.

이 단계의 **미덕**은 외부의 규칙 없이 내면화된 윤리적 규범과 개인적 가치에 있다. 주요한 미덕은 통합성과 공감, 이해력과 신뢰할 만한 행동 그리고 이타주의이다. 하지만 숨어 있는 위험은 냉소주의, 그리고 교회와 그 기능장애에 대한 과장된 비평 또는 연루되는 것을 피하기 위한 동요로 나타난다. 이것들은 책임감에서 벗어나기 위한 전략 혹은 자기 자신에 대해 관심을 두고 있지 않음으로써 다른 사람들에 대한 관심을 피하려는 방법에 해당한다. 또한 이 위험은 자신과 타인에 대한 냉정한 판단으로 (매우 관념적으로 표현될 수 있는) 내면의 삶을 찾고 자기 선택을 표현하는 데 있어 매우 개별적인 경로를 따를 수도 있다. 하지만 이 단계에서는 새로운 성찰 능력과 자신의 목표와 방향을 선택할 수 있는 능력 덕분에 영적 동반의 가능성이 실제로 마련되기도 한다.

5) 개인 상호 간(초개인적인)의 자아와 **통합적 신앙**
   또는 **재수용의 신앙** 단계
   ("결합적 신앙": 드물게 40대 이후, 어떤 사람은 이 단계에 이르지 못함)

변화는 모든 것을 지배하지 못한다는 것과 자신에 대한 신뢰가 착각일 수 있으며, 어떤 무의식적 요인에 의해 결정된다는 것을 이해할 때 나타난다. 삶의 다양한 분야에서 정반대인 것처럼 보였던 것이 이제 통합되기 시작한다. 반면에 관계의 동심원이 계층, 인종, 국가, 종교, 이념의 소속을 뛰어넘어 확장된다. 진리는 단 하나의 관점으로 축소될 수 없다는 것을 깨닫는다. 신앙은 체험의 변증법적 차원과 그것의 역설과 직면한다. 즉, 하느님은 초월적이면서 동시에, 내재적이고 전능하시면서 자발적으로 제한하신다. 신앙은 하느님께 대해 말하면서 더듬으며 말하지 않을 수 없다는 것을 잘 알기 때문에 더욱 겸손해진다. 하지만 신앙은 종교적 상징을 설명하고 그것을 분석하는 대신, 그런 상징을 받아들이고 그것이 지닌 의미 세계로 들어간다는 것을 배운다. 신앙은 다른 종교와 문화보다 진리에 더욱더 개방적이며, 진지한 대화를 통해서 그 기초를 심화하려 한다. 그래서 이것은 두 번째 소박함("제2의 소박성 seconde naïveté") [35]의 신앙이 된다.

이 단계의 **강점**은 더 넓은 시각 안에서 헌신하고 통합하는 성인 신자의 능력에 있다. 여기에 다른 사람의 자율성에 대한 더 큰 관용이 존재한다. 이 단계의 위험은 반대의 것을 통합하지 못하는 데 있고, 인격이 외면당하고 환멸을 느낀 채 분리되거나 차단된 상태로 남아 있게 되는 데 있다. 이 단계에서 일부 성인들은 신앙이나 삶의 선택을 다음과 같이 상대화한다. "결국, 우리가 이슬람교도나 무신론자와 구별되는 것이 무엇인가?" 이러한 상대주의는 요구되는 상호작용의 관계에 헌신하지 않기 위한 수단이 될 수 있고, 알고 있는 죄와 악의 구조와 직면하지 않기 위한 수단이 될 수도 있다.

이 단계에 적절한 **미덕**은 하느님의 업적에 더욱 개선된 공동책임감과 소속된 집단이나 종교 집단의 선택에 열려 있는 사회적 헌신으로, 자신과 타인이 하느님과 높아지는 친밀감이다. 또한 통합성은 내적인

---

35 이러한 표현은 리쾨르(P. Ricoeur)의 의해 쓰였고, 첫 번째 소박성의 가장자리를 떠나 비평에 대한 면밀한 조사가 이루어져, 한때 결부된 가치와 상징과 전통을 정화한 후에 더욱 깊고 새롭게 받아들이는 신앙을 표현한다. Cf. P. Ricoeur, *La symbolique du mal*, Paris, Aubier 1960, 323-332.

삶과 외적인 삶이 연결되는 결과이다.

연구에 따르면, 성인의 약 15%가 이 단계에 있으며, 그 비율은 나이가 들면서 증가한다. 이 단계는 케건의 발달 모델의 마지막 단계이다.

6) **보편적 신앙** 단계("보편화한 신앙": 드물고, 성인聖人 안에서 발견됨)

이전 단계를 넘어선 사람들에게는 자아가 자신을 초월하는 움직임이 시작된다. 그들은 질적으로 새로운 방식으로 하느님께 의지한다. 이런 사람은 자신의 정체성과 지식과 가치의 기초를 새롭게 하시는 하느님과 매우 가깝다고 느낀다. 이런 새로운 전망은 개인이나 사회의 악에 비폭력적인 반대의 태도를 불러일으킬 것이다. 그 결과로 자신에 대한 근본적인 선물을 통해 하느님 나라의 도래와 하느님과의 일치적 관점에서 현재 상황을 변화하려는 의지가 생겨난다. 이런 탈중앙화된 사람들과 마주하면서, 우리에게 하느님 안에 미래가 있다는 것을 보게 해줌으로써 "자기 비움"kenosi(자기 수용과 자신을 낮춤)의 효과를 깨닫게 한다. 그들은 이미 그들 삶에 대해서만 질문을 던진다. 파울러에 따르면, 간디Gandhi, 마틴 루터 킹Martin Luther King과 같은 인물이나 과거의 위대한 그리스도인의 모습이 이런 단계에 도달한 사람들의 예에 해당한다.

2.3. 프리츠 오저: 종교적 판단의 단계

스위스의 교육학자인 프리츠 오저Fritz Oser [36]는 종교적 판단Il giudizio

religioso의 단계부터 시작하는 모델을 제안한다. 인간에게는 자기 존재와 궁극적인 조건의 의미가 있거나 무의미한 전체적인 질문을 해야만 하는 삶의 상황이 있다. 그런 상황이란 있는 그대로의 삶과 관련 있지만, 그렇지 않을 수도 있는 우발적 경험을 의미한다. 다음과 같은 상황은 우리에게 질문을 던진다. "왜 다른 사람은 아니고 나지?", "왜 살고 있지?" 오저는 결과적으로 종교적 판단을 궁극적 존재$^{Essere\ Ultimo}$의 지평$^{das\ Letzgültige}$에서 작동되는 우발적 지배 과정으로 설명한다. 궁극적인 것은 반드시 개인적 존재가 아니라 운명이나 사회에 관한 것일 수 있다. 파울러와 마찬가지로 오저는 자기 이론에서 공식적으로 종교를 정의하지 않고 기능적인 방식, 곧 자기감정을 표현하고 삶에 의미를 부여하는 방식으로 종교에 대해 언급하고 있다. 종교적 판단은 종교에 대한 가치 판단이 아니라 종교심을 표현하는 의견과 선택이다. 그런 궁극적 존재와 사람과의 관계를 해석한다. 우연적인 상황에서 그러한 판단은 믿음과 희망, 거룩함에 대한 감각과 초월, 혹은 그 반대인 두려움, 부조리, 의존 등을 정교화한다. .

연구 방법

극한의 상황에 놓인 사람들(예: 남편의 무덤 앞에 있는 과부, 죽음과 사투를 벌이고 있는 환자 등)에게 돌발적인 사건을 다루는 방식에 대해 질문

---

36 Cf. F. Oser - P. Gmündner, *Der Mensch, Stufen seiner religiösen Entwicklung. Ein Strukturgenetischer Ansatz*, Zürich-Köln, Benziger 1984 (2ª ed. Gütersloh 1988); Francia CNER, 123-128.

하는 것은 불가능하다. 그래서 가상의 상황(꾸며낸 이야기)을 사용해 사람들에게 그것에 대해 자기 의견을 말하도록 요청한다. 이것이 피아제(1932)가 사용하고 콜버그(1981)에 의해 대중화된 딜레마 방법$^{il\ metodo}_{dei\ dilemmi}$이다. 오저에 따르면 "폴^{Paul}의 딜레마"[37]가 특히 유익한 것으로 나타난다.

이 방법은 종교적 지식이나 규칙을 평가하려는 연구와는 구별된다. 오저에 따르면, 이 방법은 돌발적인 상황을 지배하는 방식의 깊은 구조와 쉽게 사라져버리는 학습된 지식만이 아니라 일관성이 부족한 지식까지 드러낼 수 있게 한다. 오저는 양성적 테두리에서 이 방법을 사용하며, 다음 단계로의 진행을 선호하고 격려하는 직접적 상위단계의 반응을 포함한 딜레마와 비교하는 것으로 보인다. 하지만 이것은 종교적 판단의 발전과 관련해 상대적으로 같은 집단을 전제로 한다.[38]

---

[37] 장래가 촉망되는 젊은 의사 폴(Paul)은 학업을 마치고 휴가를 떠난다. 비행기가 고장이 나서 추락하기 시작하자 폴은 살 수만 있다면, 앞으로 아프리카에서 가장 가난한 사람들을 위해 목숨을 바치겠다며 기도하고 맹세한다. 폴은 살아남았지만, 후에 직업적으로 매력적인 상황을 제안 받는다. 그는 그것을 받아들여야 할까, 말아야 할까? 그가 약속한 대로 아프리카로 떠나야 할까? 폴은 유럽에 머물렀고 몇 달 후 자동차 사고를 당하게 된다. 이것은 그가 약속을 지키지 않은 것에 대한 벌인가? 하느님의 뜻이 관여된 것인가? 맹세는 어떤 경우에도 유지돼야 하는가? 우리 삶에서 이와 비슷한 상황을 기억하는가? 우리는 몇 년 전 같은 질문에 어떻게 대답할 수 있었을까? 이러한 딜레마는 상당한 동기를 부여하고 질문을 받은 사람들에게 강하게 영향을 끼친다. 그들은 1인칭으로 "나는 그렇게 했을 것이다… 나는 그런 맹세를 하지 않을 것이다…"라고 말하면서, 종종 일체화한다.

[38] Cf. F. Oser, *Wieviel Religion braucht der Mensch?*, Gütersloh, Gütersloher Verlagshaus 1988.

종교적 판단의 단계(종교적 자율성을 향한 발달)

오저는 심층적인 구조가 불연속적 방식으로 발달한다는 원칙에서 출발한다. 여기에는 다소 복잡한 종교 구조들로 특징 지어진 단계들이 존재하는데, 그런 구조들은 질적으로 다르며 계층적인 특징이 있다. 변화를 통해 일정한 방식(단계를 건너뛸 수도 없고 이전 단계로 돌아갈 수도 없는)으로 한쪽에서 다른 쪽으로 이동한다. 이러한 이동은 사람이 일반적인 방법으로 해결할 수 없는 위기 상황에 부닥쳤을 때 발생하기 시작한다. 예를 들면, 어떤 사람이 하느님께서 악한 것은 벌하시고 선한 일에는 보상하신다고 생각했다. 그리고 (욥처럼) "하느님께서 보내신 불운"에 대한 이유를 발견하지 못한 채 중병에 걸렸다.

1) 0단계: **미분화**의 상태$^{dicotomia\ interno\text{-}esterno}$(2/3세까지)와

1단계: **절대적 타율성**$^{deus\text{-}ex\text{-}machina}$ (2/3-6/8세)

유아는 아직 "궁극적 존재"(종교 이전의 태도)를 생각하지 못하고 있다. 나중에 그리스 비극의 '신의 기계적 출현$^{deus\text{-}ex\text{-}machina}$'처럼 인간을 처벌하거나 돕기 위해 지체 없이, 또 즉각적으로 세상에 개입하는 "궁극적 존재"에 의존하게 된다. 궁극적 존재는 "절대적 주체"가 되고, 인간은 대상이자 수행자가 된다.[39]

---

[39] 이 단계에서 하느님과의 관계는 가족 분위기에 따라 긍정적이거나 부정적인 정서적 의미를 내포하고 있다. 이것은 오저가 충분히 주목하지 않았던 측면이다.

2) 2단계: **받기 위해 주려는 성향**^(do ut des) (6/8-11/13세, 때때로 성인기까지)

어린이는 궁극적 존재에 반응할 수 있을 뿐만 아니라, 그 존재에게 자비와 호의를 얻을 수 있고 그 존재의 처벌을 피할 수 있는 수단으로 그 앞에서 행동할 수 있다. 이 단계에서는 궁극적 존재와 상호관계 ^(do ut des)가 유지된다. 인간 행동은 이런 "절대적 주체" 앞에서 새로운 중요함을 드러낸다.

3) 3단계: **"이신론**^(deismo)**"** (11/13세 이후, 때로는 성인기까지)

궁극적 존재와의 어떤 부정적인 경험(실망)은 종종 사람들에게 자신을 되돌아보게 한다: 그는 "선하게" 행동하고 살았다 생각하지만, 불행해졌다. 인간 스스로가 자기 삶에 책임이 있다는 생각은 이제 판단을 이끈다. 그리고 이런 종류의 "두 왕국의 이론^(teoria dei due Regni)"에서는 하느님의 것과 인간의 것 사이에서 균형을 확립하는 것이 필요하다. 인간은 이제 "자신의 영역을 한정할" 가능성이 있다. 하지만 궁극적 존재는 더 이상 직접적으로 세상에 관여하지 않는다(이신론). 이 단계에서는 궁극적 존재의 존재 자체가 자율이라는 이름으로(불가지론 혹은 무신론) 때로는 거부된다.

4) 4단계: **"선험적**^(a priori)**"**, 그리고 **"상관관계**^(correlazione)**"**

새로운 단계는 궁극적 존재와 다시 연결되기 때문에 종종 회귀처럼 해석된다. (자유롭게 있는) 책임과 자유는 항상 판단을 이끌지만, 인간에게 무엇인가가 맡겨져 있다는 체험으로 이끈다. 궁극적 존재는 인간관계와 자유 및 사회성의 조건을 "선험적"으로 창조하는 초월적 바탕으로 간주된다. 종종 인간이 더욱더 완전한 것^{Omega}을 향한 내부 법칙에 따라 발달된다는 의미에서 "계획^{piano}"의 존재를 인정한다. 하느님과 세상은 더 이상 두 개의 분리된 영역으로 생각되지 않고 상관관계가 있다고 여겨진다(세속적인 것이 신에 대한 비유로 이해됨).

5) 5단계: 절대적 **"상호주관성**^{intersoggettività}**"**

이 단계에서 궁극적 존재는 인간을 필요로 하는 "절대적 자유"로 간주된다. 이것은 무엇보다 절대적 상호주관성과 비우연성에서 나타난다. 이제 인간은 더 이상 "계획"을 필요로 하지 않는다. 그는 타인과 비교해 절대적 자유 안에서 보편적인 연대를 추구한다. 인간은 궁극적 존재와 비교해서 그리고 (인간 행동의 조건으로서: 4단계) 궁극적 존재 덕분에 자유로운 것이 아니라 궁극적 존재를 "위해서 자유롭다." 상호적인 역동성(인간은 하느님을 위해서 행동하고 하느님은 인간을 위해서 움직이심)은 이제 궁극적 존재가 존재하는 삶으로 이끈다. 그리고 인간이 공동체에 책임감 있고 활동적인 방식으로 참여한다면, 그는 초월적 경험을 하게 된다. 규칙과 내부 법칙(계획)은 이러한 상호작용의 역동성 안에서 극복되고 통합된다.[40]

---

[40] 오저와 그의 동료들이 수행한 다양한 연구에 따르면, 8-9세 어린이의 40%가 1단계에 있지, 나머지는 2단계에 있다. 14-15세 청소년의 5%가 여전히 1단계에 있고, 2단계에서 60%, 3단계에서 35%가 있다. 성인기에는 3단계가 우세하며, 50세 이상에서만 4단계에 있는 사람의 증가가 눈에 띈다. Cf. A. Bucher, *Gleichnisse verstehen lernen*, Fribourg [Svizzera], Universitätsverlag 1990, 78.

2.4. 비평적 성찰

파울러와 오저의 모델은 종종 많은 비판 받았다.[41] 물론 의미의 생산과 우연의 관리처럼 신앙에 대한 그들의 지나치게 광범위한 시각이 지적될 수 있을 것이다. 하지만 이런 모델들이 직접적으로 초종교적이지 않다면, 문화를 초월하는 모델과 종교 간의 모델이 되기를 바라면서, 신앙인들의 성숙 안에서 신앙 내용의 역할을 부분적으로는 설명할 수 있다.

- 오저에 따르면, "궁극적 존재"란 너무 광범위해서 진정한 "종교인"은, 특히 삶의 종교적 측면을 이해하지 못해 "의미의 생산"이라는 바다에 빠진 것처럼 보인다. 물론 이 모델이 돌발적 사건 영역의 판단 모델이라고 불린다면 많은 비판을 피할 수 있을 것이다.[42] 반면에 형용사 "종교적"이 명시돼야 한다. 그 이유는 분명 무신론자를 선언하는 일부는 일반적으로 3단계에 있는 반면에, 다소 초기의 신앙을 가진 이들은 하위 단계에 있기 때문이다. 오저가 연구한 표본이 모두 그리스도교적 배경에서 나온 것이라면, 파울러의 표본에는 다른 종교의 구성원도 포함된다. 특히 유다인과 불교 신자들이 이런 모델로 보편적인 주장을 함에도 불구하고 서구의 철학적이고 신학적인

---

41 Cf. A. Bucher, *Fasi dello sviluppo religioso secondo James W. Fowler e Fritz Oser. Panorama comparativo e critico*, «Orientamenti Pedagogici» 36 (1989) 6, 1090-1121.

42 Cf. R.L. Fetz – A. Bucher, *Stufen religiöser Entwicklung? Eine rekonstruktive Kritik von F. Oser/P. Gmünder*, «Jahrbuch der Religionspädagogik» 3 (1986) 219-232.

43 H. Zwergel, «Höchste Stufen der religiösen Entwicklung: Kritische Rückfragen», in: A. Bucher – K.H. Reich (Edd.), *Entwicklung von Religiosität. Grundlagen - Theorieprobleme - Praktische Anwendung*, Fribourg [Svizzera], Universitätsverlag 1989, 51-64.

개념에서 강하게 표명됐다. 오저의 경우는 "유럽 중심적 모델"[43]에 대해 말하는 것이 가능했다. 그러나 사실상 그의 가정을 입증할 수 있는 초종교적이고 초문화적인 연구는 거의 없다.

- 파울러와 오저는 생산 개념에 대한 정확성과 의미에 대한 개방성이 부족하다. 개방과 수용 태도가 충분히 고려되지 않고 인간을 삶의 의미를 유일하게 생산하는 사람으로 간주할 위험이 있다. 실제로, 인간이 자신에게 의미를 부여한다 하더라도 의미가 그에게 부여되는 것이다. 곧, 사람은 마음대로 의미를 생성할 수 없으며, 어떤 의미로도 그렇게 될 수 없다.

- 서로 다른 측면과 관점을 통합한 전체적인 모델을 제시하려는 의도(전체론)에도 불구하고 인식적이고 관념적인 측면은 과도하게 부담되는 것으로 보인다. 예를 들면, 파울러의 이론에서는 은사적 행동이 초기 단계에서 강등됐지만, 오저의 경우에는 견고한 신학적 양성을 받은 사람이 일반적으로 후기 단계에 배치되었다. 하지만 전체적으로 그 "구조"가 개념뿐만 아니라 행동도 결정하는 것으로 이해된다면, 인지적 우위의 비난이 진정될 수 있다.
- 파울러의 이론은 단계의 연속이 생리적, 인지적 성장 과정(파울러는 피아제의 이론을 지지함)과 후기 단계에서 지배적으로 나타나는 삶의 경험이라는 두 가지 순서가 얽혀있다고 가정한다. 하지만 오저의 이론에서는 대인관계와 사회적 자원이 특히 부족한 것으로 보인다. 그 이유는 "종교적" 구조의 구성에 있어 사회적 영향(종교 사회화)에 거

의 관심을 기울이지 않기 때문이다. 반면에, 다른 사람들이 수행한 연구들은 이러한 영향력을 증명한다.

- 마지막으로 파울러 이론에서 특별히 이러한 모델들의 기초가 되는 거룩함santità의 개념에 대해 질문할 수 있다.

2.5. 사목적 지침

이 같은 한계에도 불구하고 이러한 모델들은 부인할 수 없는 사목적 가치가 있다.

2.5.1. 일반적 측면

이 모델들은 무엇보다도 인간이 인간적, 영적인 관점에서 항상 진행 중이고, 영적 성장이 인간 성숙과 얼마나 밀접하게 연결돼 있는지를 보여준다. 신앙을 제안하는 데 있어 개인적인 경험의 역할은 매우 중요한 것으로 보이며, 사람들과 그들 상황에 따라 제안하는 구체적인 방법도 매우 필수적인 것으로 생각된다.[44]

다양한 신앙생활 방식에 대해서도 주목된다. 같은 공동체, 같은 교리교육 집단에서도 매우 다른 단계에 있는 성인들이 발견될 수 있다. 그들은 같은 것을 같은 방식으로 보지 않고 학습한 것을 다르게 통

---

[44] Cf. il documento dei vescovi francesi: *Proporre la fede nella società attuale. Lettera dei Vescovi di Francia ai cattolici*, Leumann (Torino), Elledici 1998.

합하며, 듣는 것을 만족스러운 방식으로 이해할 수 있다. 그러나 같은 해석이라 하더라도 다른 사람들에게는 유치하게 보일 수 있다. 이것은 어떤 사람이 자신의 종교적 표현을 발전시키는 구조에 대해서 진지하게 성찰하도록 초대하는 것이다.

이 모델들은 사목 담당자들에게 신앙의 주제를 이해하고 설명하는 방식에 대해 질문하도록 권유한다. 그들은 사물을 보는 방식을 강요할 수 없으며, 일부 참여자들에게서 나타나는 분명한 저항을 더 잘 이해할 수 있다. 그래서 그들은 "보편적 진리"의 가치를 부여하는 것을 재검토해야 할 것이다.

검토된 모델들은 유일하게 개인뿐만 아니라 "신앙 안에서 성숙"해야 하는 것에 부름을 받은 공동체에도 적용된다. 공동체와 그 책임자들은 공동체가 들어선 단계와 일반적으로 자기 구성원을 통합하는 단계에 대해 스스로 질문해야 한다. 어떤 근본주의적 종파들이 신화적이고 마술적인 단계에 있다는 것을 이런 방식을 통해 살펴볼 수 있다. 변화를 경험하기 시작하는 사람은 이 공동체를 떠나는 데 어려움을 겪을 것이며, 나아가 그것을 거부하거나 비난할 수 있다. 우리 그리스도인 공동체들의 다수는 "관습적인" 유형을 지니고 있다. 그렇다면 더욱 성숙한 신앙으로 나아가는 길을 충분히 지지할 수 있을까?

이 모델들은 동일하게 변화의 중요성을 강조한다. 사목에서는 이러한 변화 시기에, 특히 심리적이고 발전적 위기 상황에 놓인 경우 성인들의 요구에 대한 특별한 관심과 감각이 필요하다. 종종 성인 교리교육은 그것이 사람들을 자극하거나 그들을 동반하는 여부와 관계없이 변화 순간에 놓인 몇몇 사람들을 발견한다. 전통적으로 신앙 공동체는 세례와 견진, 혼인과 장례식과 같은 삶의 특정한 흐름과 변화를 의식적으로 거행했다. 사목이 반드시 부정적인 것은 아니지만, 다른 중요한 시기에 사람들의 개인적이고 영성적인 요구를 너무나 자주 간과했다. 그리스도인 공동체들은 성사 예식을 넘어 "죽음"을 동반하고 그런 여정을 격려할 수 있는 예식을 제안할 수 없었다.

2.5.2. 성인기 단계를 위한 특별한 결과

이제 성숙한 상태에 접근하는 다양한 모델 안에서 일반적으로 공유된 몇 가지 요소들을 교리교육적이고 사목적인 성찰을 명시하면서 종합적으로 요약해보자.

성인 초기

이 시기에는 몇 가지 도전에 직면해야 한다. 곧, 개방성뿐만 아니라 현명함에서도 드러나는 특권을 갖는 관계를 형성하는 것과 자기 인생의 꿈을 결정하는 것 그리고 자율성을 얻는 것이다. 이 시기는 약하고 불안한 시기이다. 청소년기를 벗어나 힘겹고 적대적으로 인식되는 세상으로 나아가기 위해 애쓰기 때문이다.[45] 이념적 분열과 자주 기대에 어긋나는 명석함, 안정된 직업을 구하기 어려운 상황은 이전에 인

---

[45] Cf. T. Anatrella, *Interminable adolescence, les 12-30 ans*, Paris, Cerf 1988; G. Lescanne, *Les 20-30 ans*, Paris, DDB 1994; R.J. Campiche (Ed.), *Cultures jeunes et religions en Europe*, Paris, Cerf 1997, 249-250.

식된 엄격한 기준이 부족한 부모들에게서 교육받은 젊은이들의 특징을 나타낸다. 종교적 측면에서 거의 항상 제도에 대해 구애받지 않는 개인적 연구 결과인 기억과 기준의 부재가 동일하게 존재한다. 이 시대의 특색을 나타내는 의미에 대한 브리콜라주^{bricolage}에서 두 가지 기준이 드러난다. 곧, 스스로 선택할 수 있는 권리와 조작하려는 시도로 보이는 어떤 부담도 거부하는 것이다. 적지 않은 사람들이 자유로운 시장의 다양한 영성 운동("뉴 에이지" 형태)이나 엄격한 틀과 단순한 기준, 만족스러운 감정적 어조로 특징짓는 "신흥 종교 운동"의 매우 구조화된 집단으로 피신한다. 이런 젊은이들이 주로 발견되는 소속감과 순응의 단계는 이런 영적 체험 유형에 적합하다.

그리스도인의 삶과 관련해 이 단계는 자주 **부재의 시간**이요, 소외와 "영적 불안"의 시간이다.[46] 종교 체험에 대한 전통적인 정신적 유산은 근본적으로 변화된 것으로 보인다. 곧, 종교적으로는 느끼지만, 자기 신앙 고백의 공식 표현의 형식과는 매우 거리가 멀게 나타나게 된다. 고전적인 종교 사회화는 앞선 젊은이들에게 효과가 없고 그들의 교회적 뿌리는 크게 줄어든다. 여기서 전통적 사목은 "유아화적"이고 "실천"에 중점을 둔 사목으로 그 명백한 한계를 드러낸다. 또한, 이 시기의 성인들은 어린이 취급을 받지 않기를 원하며, 전통적인 종교 실천을 할 수 있는 시간이 적다. 사목활동에서 이런 성인들(예: 교리 교사들, 활성가들 등)의 부재가 시사하는 바는 크다. 참여는 가능하지만, 산발적이며 우연적으로 참여가 가능한 순간은 결혼 준비와 가족 집

---

46 Cf. J.M. Charron, «Quête spirituelle et profils générationnels», in: G. Routhier (Ed.), *L'éducation de la foi des adultes. L'expérience du Québec*, Montréal, Médiaspaul 1996, 263.

단에 속할 때, 자녀들이 입문성사를 준비할 때일 수 있다.

여기에 역설이 발생한다. 자신의 중요한 결정들과 삶의 계획들, 사랑과 직업 문제들을 조명하고 심화하기 위해 신앙의 강력한 체험이 요구될 때, 바로 그처럼 중요하고 은혜로운 시기에 사목적 부재가 일어나고 있다는 점이다. 이런 시기의 성인들을 섬기는 데 많은 투자가 필요하며, 서로 다소 단절돼 있는 많은 사목 개입에 일치와 일관성을 주기 위한 진지한 노력이 요구될 것이다.[47]

교리교육과 사목 관점에서[48] 특별한 관심을 두어야 하는 분야는 다음의 세 가지이다.

· 삶의 결정과 개념과 관련된 그리고 이전의 종교교육(혹은 비교육)과 관련된 신앙의 재발견과 심화

· 사랑과 부부와 가족에 대한 그리스도교 시각.[49] 이에 관한 중심 주제는 결혼, 부성父性, 이혼, 낙태, 자녀들의 신앙교육, 입문성사(결혼 준비부터 자녀들의 입문성사 준비는 평균 20년 정도로 계산될 수 있음)이다. 특별히 이 부분에 있어서 여성은 감각을 갖고 있고 도움이 된다.[50]

---

47 Cf. G. Routhier, «L'éducation de la foi des adultes: un champ éclaté où l'on se retrouve difficilement», in: Id., *L'éducation de la foi des adultes*, 28-29.
48 Cf. J. Colomb, *Al servizio della fede. Manuale di catechetica*, Vol. II, Leumann (Torino), Elledici 1970, 415-427; USA-NCD, 182-183 («Decidere la propria vita»).
49 가족은 모든 연구에서 이러한 시기의 성인을 위한 중요한 가치를 나타낸다. Cf. Lescanne, *Les 20-30 ans*, cap. 1.
50 Cf. J. Goldbrunner, *Die Lebensalter und das Glaubenkönnen*, Regensburg, Pustet 1973.

• 세상 안에서의 일과 헌신에 대한 그리스도교적 관점. 남성이 특히 관심을 갖는 주제는 일, 실업, 사회, 신앙과 정치, 정의, 평화, 생태학 등이다.

성숙기(약 35-55세)

중년기에는 책임이 커져가면서 새로운 과제가 예고된다. 이 시기의 큰 도전은 "생산성"(에릭슨), 곧 가족과 이웃이라는 좁은 범위를 넘어 다른 사람들과 중요한 관계를 맺을 수 있는 능력이다. 이는 미래세대와 그들이 살아갈 세상에 대한 책임감을 느끼는 것이라 할 수 있다. 이 같은 사실은 다른 사람들의 선익을 위한 적극적인 배려("돌봄")와 자신이 사는 세상을 더 좋게 만들기 위한 헌신을 의미한다.[51]

그러나 다양한 세대(자녀, 조카, 조부모)에 대한 책임과 보살핌의 부담 아래에서 논의되고 있는 권위와 정체성이 약해진 오늘날의 상황 속에서 이 시기는 "고뇌하는"[52] 시기로 간주되기도 한다. 그래서 이 시기를 "사용설명서 없이 불쑥 현대세계에 던져진" 세대라 일컫기도 한다.[53] 불안의 근원인 이러한 책임감은 때때로 인생에서 처음으로 새롭게 종교적 관심을 갖기 시작하는 것과 함께 "중요한 질문"(삶의 의미 등)의 출현을 설명해 준다. 간혹 그리스도인 공동체는 이러한 전환의 안

---

51 에릭슨은 현대 사회에서 지구의 물질적 자원에 대한 소홀함에서는 물론이고, 자녀들을 "염려하고" 거주지를 만들며, 과학적 연구를 수행하는 방식으로 보이는 이러한 미덕의 부재를 안타까워한다.

52 Cf. J. Grand'Maison - S. Lefebvre, *Une génération bouc émissaire, enquête sur les baby-boomers*, Montréal, Fides 1995.

53 Charron, «Quête spirituelle et profils générationnels», 266.

정적 환경을 제공하고 미래세대로 전달하는 세상과 윤리적 선택에 대한 시각을 제안할 수 있다.

사목과 교리교육의 전망은 (특히, 시간적 여유가 있고 젊은이들에 대한 교육적 감각을 지닌 여성들과 50대 신자들의) 이런 종교 활동으로의 복귀 가능성과 사도직 봉사의 참여 가능성을 목표로 삼을 수 있다. 이 시기는 교육적이며 사목적 자원을 지닌 훌륭한 시기이다. 교리교육적 지평에서 여러 가지 중요한 주제,[54] 곧, 중년의 위기 극복, 삶의 의미에 대한 재발견, 신앙 행위$^{fides\ qua}$와 그리스도교 지혜의 발전, 전례의 존엄함과 아름다움의 재발견 등이 제시된다.

여기서 성인 교리교육은 가장 전형적이며 훌륭하게 실현할 수 있는 분야를 발견한다. 물론 진정한 교리교육 여정의 큰 어려움(변화에 대한 저항, 자기만족, 여러 위기 등)이 있지만, 성숙한 신앙인의 육성, 새로운 공동체 건설, 교회 쇄신 계획의 활성화 등의 교리교육 목표를 위한 가능성도 크다.

노년기

이 시기는 새로운 가치와 미덕이 나타나는 순간이다. 이제는 지혜가 신체적 자원을 능가해야 한다. 다른 사람들과 가졌던 기능적 관계에서 공감^{apprezzamento}의 관계로 이동하게 된다. 이 시기에는 관계 안에서, 특히 점점 더 중요해지는 세대 간의 관계 안에서 유연성을 유지하면서, 감정적인 한계(많은 사람과 사랑하는 것들이 사라짐)를 경계해야 한다.

---

54 Cf. Colomb, *Al servizio della fede*, 429-436; USA-NCD, 184.

육체적인 힘의 감퇴와 가까워진 (인생의) 마무리에 관한 전망은 자신의 과거를 회상하게 한다. 그런 도전은 자기 과거와 화해하고 그것을 받아들이는 능력(에릭슨에 따르면, 이것을 "통합성"이라 함)으로 이루어진다. 여기에서 지혜의 미덕이 생겨난다. 이러한 통합성은 우리를 지탱해온 삶 속에서 깊은 희망과 신뢰가 없다면 거의 불가능하다. 종교적 관점에서 볼 때 이 세대는 종종 신앙의 삶과 교회의 가르침에 대한 비판적 시각을 단념하지 않으면서, 신앙 관점에 대한 커지는 기대와 쇄신된 신앙 감수성을 갖고 살아간다.[55]

사목적이며 교리교육적인 전망 안에서 이 세대가 (어떻게 보내야 할지 모르는 20년이지만, 여러 번 활동 가능한) 큰 가능성을 보임에도 불구하고, 일반적으로 사목적 관심을 적게 받는다는 점을 인식해야 한다. 하지만 노인들이라고 해서 항상 신앙 안에서 더 신앙적이고 성숙하다는 것을 의미하지는 않는다.[56] 그밖에 이 시기의 (개인으로, 또 부부로서) 인구 고령화와 수명 연장은 교리교육을 위한 새로운 문제를 야기한다.

교리교육적 지평에서 몇 가지 과제[57], 곧 신체적, 정서적, 지적, 영적 지원을 제공하기, 가능한 시간을 활용하기, 나이의 한계를 받아들이기, 신앙 안에서 성장하고 죽음을 준비하기, 공동체의 삶에 연장자로서 참여하기 등이 제시된다. 또한 같은 지평에서 조용히 교회에서 떠나며, 그리스도인 공동체와의 교류 없이("소속 없는 신앙") 자신들의 방

---

55 Cf. Charron, «Quête spirituelle et profils générationnels», 268.
56 Cf. USA-NCD 186.
57 Cf. Colomb, *Al servizio della fede*, 437-443; DGC 176; USA-NCD 187.
58 Cf. W.C. Roof, *Spiritual Marketplace: Baby Boomers and the Remaking of American Religion*, Princeton, University Press 1999.

식대로 믿는 많은 신앙인의 뚜렷한 문제는 널리 알려져 있다.[58] 이런 사람들에게 다가가고 그들과 동행하기 위한 새로운 접근 방식을 모색하는 것은 성인 교리교육에 달려 있다.

3. 신앙 안에서의 성인과 학습

이제 성인을 학습의 주체로 고려해, 양성과 교리교육 활동에 대한 더욱 명확한 교육적 측면을 검토해보자.

성인에 관한 연구의 중요한 발견 중 하나는 학습 과정과 성장 촉진이 관련돼 있다는 것이다.[59] 흐름, 성인 삶의 시기 혹은 단계, 주기와 전환이라는 용어는 신체적이든, 심리적이든 몇몇 순서와 구조가 평생 대부분의 성인에게 영향을 미친다는 확신과 일반적으로 개인은 연속적으로 모든 단계를 거치지는 않는다는 확신에서 공통어로 들어와 있다. 특히, 모든 단계에서 성인은 도중에 멈출 수도 있고 더욱 빠르게 혹은 천천히 어떤 단계로 나아갈 수 있으며, 퇴보할 수도 있다.

이러한 연구를 통해 성인은 평생 배울 수 있다는 결과가 도출됐다. 성인의 학습은 세상에 존재하는 방식과 각자가 인생에 관한 물음과 도전에 답하기 위해 배우는 것으로부터 크게 결정된다. 개개인은 특

---

59 Cf. M. Knowles, *The Modern Practice of Adult Education: From Pedagogy to Andragogy*, 2ª ed. New York, Association Press 1989 (ed. it.: *Quando l'adulto impara. Pedagogia e andragogia*, Milano, F. Angeli 1993); E. Bourgeois – J. Nizet, *Apprentissage et formation des adultes*, Paris, PUF 1997.

정 시기에 뿌리를 내리고 있다. 여기서 도전할 점은 각 개인이 존재 과정에서 자신의 성장과 정체성을 관리하는 법을 아는 것이다.

3.1. 배우는 성인: 고유성과 특징

다음은 연령이나 상황의 특정 조건에 따라 결정되는 다양화로 이어지지 않는, 성인 학습 과정의 대표적인 몇 가지 상황과 특성이다.

신체적 정신적 기능의 점진적인 쇠약

신체적 정신적 기능의 점진적인 쇠약에서 기억력의 한계는 물론 청력과 시력의 감퇴가 매우 중요하게 나타난다. 빠른 속도의 이야기를 들으면 이해력의 54% 이상이 손실된다.[60] 이런 어려움은 종종 성인의 좌절과 고립의 원인이 되는데, 그 비율은 일반적으로 다음과 같다.

- 듣는 것의 20%
- 보는 것의 30%
- 보고 듣는 것의 50%
- 자신이 표현하는 것(예, 보고 듣고, 토론한 것)의 70%
- 자신이 처리하는 것의 90%[61]

---

[60] Cf. N.T. Foltz, «Basic Principles of Adult Religious Education», in: Id. (Ed.), *Handbook of Adult Religious Education*, Birmingham, Alabama, Religious Education Press 1986, 46-47.

다양한 변화와 학습 시간

젊은이가 "태어날 때부터"의 시간을 측정한다면, 특히 40세 이후의 성인은 "죽음을 맞이하기 전까지 얼마나 남았는지"[62]를 생각한다. 그에게 있어서 시간은 점점 더 소중하고 보다 빠르게 흘러간다. 그래서 즉각적인 결과를 얻으려 한다. 하지만 성인의 학습 속도는 점점 느려져서 배우기 위해서는 시간이 필요하다. 그러나 정확히 능력 부족의 문제는 아니다. 곧 그들의 대답은 더 느려졌지만, 더 나빠진 것은 아니다. 성인들은 스트레스를 받지 않을 때, 훨씬 더 잘 배운다는 것이 입증됐다.[63]

교육 책임의 자발적 성격

일반적으로 성인은 학습 과정에 자발적으로 참여한다.[64] 여기에는 장점(학습과 교육 과정에서의 매우 강한 동기 부여)도 있지만 단점(강한 동기 부여가 감소될 때, 쉽게 포기함)도 있다.

---

61 Cf. M. del S. Ramírez Gallardo, *Métodos de formación de adultos*, Madrid, PPC 1989, 44. "들으면 잊고, 보면 기억하고, 하면 이해한다"(중국속담).
62 Foltz, «Basic Principles of Adult Religious Education», 48.
63 "대답할 시간이 얼마 남지 않았다."라고 말하는 것은 격려가 되는 말이 아니다. Cf. Foltz, «Basic Principles of Adult Religious Education», 46-47. 최근에 실험적 교육학은, 제한적이고 단순한 과제를 수행해야 하는 집단이 처음 20분 동안 진행한 것에 질적으로 많은 것을 추가하지 않는다는 것을 가르친다. 이와는 반대로, 시간이 더욱더 길수록 집단의 관계와 만남의 분위기를 좋게 한다.
64 *Dossiers* 9, 11.

변화와 새로운 학습에 대한 저항

변화에 적응하고 새로운 지식과 기여를 통합하는 능력은 모든 학습 과정의 기본 조건이다. 학습이 변화하고 있다. 모든 의미 있는 학습은 자기표현과 자신의 "인지도"의 혼란을 통해 발생하는 "인지 부조화dissonanza cognitiva"를 극복하는 것을 전제로 한다.[65]

일반적으로 성인은 변화에 저항하게 된다. 왜냐하면 성인은 경험이 있고, 자기 성격과 문화에서 어느 정도 안정화됐기 때문이다. 또한 성인은 다양한 요인들, 무엇보다 자기 안전에 대한 모든 위협의 영향을 받기 때문이다. 이런 어려움은 나이가 들수록 증가한다. 학습 능력의 손실에 대한 이야기라기보다는 나이가 들수록 재구조화에 대한 어려움이 점점 높아진다고 말해야 할 것이다.

동기 부여의 결정적인 역할

성인은 문제를 제기하는 것과 필요성에 의해 배운다. "시작하려는" 성인의 열망은 일반적으로 인간적이고 종교적인 성숙과 해결해야 할 문제와 관련된 구체적인 필요와 관심에 의해 항상 동기가 부여된다. 그래서 성인은 실존적인 학습을 추구하고 있다. 이미 말했듯이, 학습 노력의 결과로 이 학습이 어느 정도 직접적으로 필요하고 유용하다

---

[65] Cf. L. Festinger, *A theory of cognitive dissonance*, Stanford, Stanford Univ. Press 1957. "성인은 새로운 것을 배울 때 적응하기가 더 어렵다. 때때로 그는 새로운 지식, 가치 및 수행 방식과 이전에 자기 업적들 사이의 관계를 다시 배우고 확립해야 한다.": Dossiers 9, 10.

는 것을 알게 된다면, 교육을 시작하려는 동기 부여를 느끼게 될 것이다.[66] 나중에 행해진 노력의 유용성을 알게 되거나 프로그램을 완성해야 한다는 것, 지적으로 풍요로워지는 것이 좋다는 것 등을 아는 것만으로는 충분하지 않다.

성인은 보통 (직업이나 사회적이고 가정적인 유형의) 구체적인 문제를 해결해야 할 필요성에 의해 동기가 부여된다. 젊은이가 주체(자아 정체성과 자기 강화)에 집중한다면, 성인은 문제에 집중한다.[67] 이런 점이 종교 교육의 범위에서 부정적인 영향을 미치기 때문에, 때로는 실용적인 사고방식을 극복하고 수행하는 방법을 아는 것보다 스스로가 존재하는 것에 더 많은 관심을 기울여야 한다. 어떤 경우에서든 어른들에게 동기 부여를 강화하고, 때로는 교육 요구에 대한 진정한 교육을 협의하는 것이 중요하다.

경험에 관한 통합과 의의

성인들은 대체로 다양하고 조직화한 많은 경험을 발달시켜 왔고,[68] 이것이 그들의 모든 학습 과정의 기초가 됐다. 이러한 경험의 잠재력을 배우는 사람들의 경우는 양면적이라 할 수 있는데, 한편으로 잠재력은 그들이 새로움을 통합할 때 소중한 기반이 되지만, 상황을 보는 새로운 방식에 그들을 스며들지 못하게 할 수도 있다. 특히 새로운 학

---

[66] Cf. *Dossiers* 9, 11.
[67] Cf. N.T. Foltz, «Basic Principles of Adult Religious Education», 49.
[68] Cf. *Dossiers* 9, 10.

습이 자신의 가치와 정체성이나 수행해야 할 역할을 문제 삼을 경우에는 더욱 그럴 수 있다.[69] 어쨌든 경험("경험 지식")을 고려하지 않는 것은 양성자를 거절하고 실패하게 하는 것이며, 새로운 습득이 피상적으로 남을 위험이 있다.[70]

이러한 관점에서 성인은 배운 것으로부터 자기 삶을 위한 중요한 결과와 결론을 즉시 끌어낼 필요성을 느낀다. 여기에는 부정적인 측면도 있다. 곧 즉각적인 유용성이 보이지 않는 모든 것을 쓸모없거나 가치가 없는 것으로 여기면서, 실제적인 "처방전"에 대한 욕구와 직접적으로 유용한 것에 대한 열망을 느낄 때 그런 측면이 발생할 수 있다.

교육 과정에서의 통제력과 참여의 필요성

성인은 자기 자신의 "주인"임을 느낀다. 학창 시절을 회상하고 때때로 의존적인 상황을 재현하길 원한다고 하더라도, 성인은 궁극적으로는 지휘권을 잡고 배우는 시기와 또 배우기 원하는 것을 결정하기 위해 자신의 교육을 관리하고 통제하길 바란다. 그를 직접적으로 교육과 그 방식(목표, 방법, 내용 등)에 참여시키지 않는 것은 진정으로 성인으로서의 조건을 존중하지 않는다는 것을 의미한다.

이것은 교육과 학습 과정의 모든 차원과 순간에 영향을 미치는 요구이며, 자동 교육과 자동 학습의 과정이라 간주돼야 한다. 특히 성인

---

69 Cf. Bourgeois - Nizet, *Apprentissage et formation des adultes*, 88.
70 Cf. Québec OP, 7.

은 배우는 법을 배우는 것이 매우 중요하다. 대체로 그는 학습 과정에서 개인적인 방식을 도입할 수 있다. 이것 또한 부정적 측면들을 포함하고 있다. 곧 항상 스스로 하고 싶은 욕망, 처음부터 다시 시작하려는 욕망, 어떤 대가를 치르더라도 독창적이고 싶은 욕망이 이 같은 측면에 해당한다.

참여와 정서적 감수성

성인은 보통 자기 생각과 감정을 감추거나 속이는 법을 잘 알고 있지만, 실제로 어린이나 청소년보다 더 섬세하고 민감하다. 이러한 감정 상태는 교육-학습 과정에 큰 영향을 미친다. 성인에게는 사랑과 연민의 상황뿐만 아니라, 분노와 좌절, 두려움과 불안의 상황도 있을 수 있다. 성인은 종종 민감하며, 조롱과 실패 등을 크게 두려워한다. 그래서 정서적 분위기를 조성하고 정서적 성숙의 특징을 지원하고 보장하는데 주의를 기울이는 것이 중요하다. 이 점은 활성가의 모습과 구조 및 단체 생활에 분명히 영향을 끼친다.

3.2. 신앙 안에서 배우거나 망각하기

많은 성인은 자기 신앙에서 불편함을 느끼며, 이런 감정은 새로운 학습을 시도하는 데에 자극이 될 수 있다. 사실, -이미 언급했듯이- 성인 학습의 중요한 뿌리에는 소위 "인지 부조화$^{dissonanza\ cognitiva}$"가 존재한다.

이것은 일관성과 균형의 문제이다. 일생 성인은 일관성과 의미의 정교화에 의문을 제기하는 수많은 상황을 마주한다. 그래서 그는 잃어버린 균형을 회복하고자 노력한다. 가령, 순진하고 발전이 더디며, 허약하다고 간주하는 신앙인들이 머무는 곳에서 일하고 있는 신앙심 있고 헌신적인 청년을 생각해 보자. 그는 갑자기 자신에 대해 갖고 있는 판단과 주변 환경이 그에게 주는 이미지와 그에게 중요하다고 여겨지는 이미지 사이에서 불균형을 느끼게 된다. 잃어버린 균형을 재발견하기 위해 그는 마주친 반대의견에 적절하게 대응할 수 있고, 무엇보다 자신에게 응답할 수 있도록 성찰하고 새로운 상황을 받아들여야 한다. 인지 부조화는 두 가지의 가능한 해결책을 제시하는데, 하나는 새로운 균형을 발견하기 위한 힘을 깨닫고 쏟는 것이고, 다른 하나는 모든 것에도 불구하고 자존심을 유지하고 부조화로부터 자신을 보호하기 위해 자신의 힘을 사용하는 것이다. 이 중 두 번째 경우에는 망각이 존재할 것이다.

이러한 문제들은 실망감과 분노를 유발할 수 있다. 인간은 균형을 찾기 위해 내적 갈등과 긴장을 완화하려는 자연스러운 경향이 있다. 그래서 조절해야 하고 일관된 체계를 재구축해야 한다.

신앙의 범위에서의 인지 부조화는 세 가지 유형으로 나타날 수 있다. a) 종교 체계의 전체성이 위기에 처해 있는 경우, b) 종교 체계가 다른 적대적이거나 대안적인 체계와 충돌하는 경우, c) 자신의 신앙 체계의 중요한 측면이 논의되는 경우(예를 들면, 개인적으로 중요하다고 생각하는 성윤리 규범이 다른 중요한 사람들에게 소외되고 인간의 자유에 어울리지 않는 것으로 간주된다).

이러한 유형의 부조화는 처음에 직접적으로 발생하지 않더라도 전환기에 종종 느낄 수 있다. 이것은 무엇보다 "애도"의 과정을 필요로 하는 충격적인 사건 이후에 발생한다. 많은 성인은 성인 교리교육에 개방적이다. 그 이유는 이런 사건이나 자신의 발달 단계의 도전에서도 의미에 대한 근본적인 질문이 강력하게 제기되기 때문이다. 그래서 이러한 전환기는 학습에 매우 유리하지만, 안정되고 차분한 순간에는 새로운 문제들을 피하려는 경향이 있다. 왜냐하면 아직도 숨이 가쁘고 간신히 균형을 되찾았을 때, (여정을) 다시 시작한다는 것은 어려운 일이기 때문이다. 그리고 그는 종교 학습만이 아니라 성숙의 전 과정에서도 침체에 빠질 위험이 있는 자기 신앙을 "갱신하려는" 노력이 너무 힘겹게 느낄 수도 있다.

3.3. 신앙 학습을 위한 인지 부조화와 어려움

개인이나 종교 단체가 인지 부조화를 줄이기 위해 종종 사용하는 다양한 전략이 있지만, 실제로는 학습을 방해한다. 성인 교리교육 안에도 그와 같은 전략이 존재할 수 있는데, 몇 가지를 소개한다.

- 가능한 모든 방법으로 **종교적 믿음**을 강화하기

  (개인이나 종교 단체의) 진술의 일관성에 대해 질문을 받았을 때, 많은 종파와 특정 집단은 종종 집단 내부의 권위 구조의 강화를 통해 강

력한 교리적 경직성으로 응답한다. 이런 관념적인 생산은 완전한 붕괴를 피하기 위해 치러야 할 대가인 것 같다(예를 들면, 특정 종파에서 정확하게 발표된 세상 종말에 대한 예언의 실패는 종교적 믿음을 강화하는 것으로 보인다). 때때로 특정 교회 집단의 가르침은 이런 유형의 전략에 가깝다.[71]

· 피난처의 오아시스와 같은 준거의 하위체제 sotto-sistema를 설계하기

환경에 의해 문제가 제기된 신앙은 신앙을 심화하려고 노력하기보다는 일부 사람들이나 단체를 다소 견고한 설명과 정당한 이유(예를 들면, 진화론을 거부하는 "창조론")를 정교하게 만들도록 이끈다. 중기적으로 이런 현상은 모든 학습에 대한 저항을 초래한다(예를 들면, 자기 신앙을 과학적 자료와 비교하는 것에 관한 체계적인 거부). 그 이유는 이런 하위체제가 고립돼 있고 어떤 변화에도 불응해야 하기 때문이다. 하지만 이것은 중장기적으로는 여전히 환상에 불가한 것으로 나타난 확신에 대한 연구이다. 고립, 분리 전략과 함께 학습과 새로움에 저항하는 이런 방식은 앞선 종파의 특징을 나타낸다.

· "선교" 활동

어떤 경우에는 "선교" 활동이 비학습의 전략이 될 수 있다. 추종자들을 만들 수 있다는 것은 자신이 옳고 다른 사람들을 "개종시켰기" 때문에, 자기 선택이 옳은 선택이라는 확신을 강화한다. 이것은

---

71 Cf. Th. Baffoy -A. Delestre -J.P. Sauzet, *Les Naufragés de l'Esprit. Des sectes dans l'Église catholique*, Paris, Seuil 1996.

부조화와 질문에 응답하기 위해 신앙을 심화해야 하는 부담스러운 노력을 더욱 회피한다.

• **산만함**이나 단조로움으로의 도피

학습의 피로를 피하기 위한 또 다른 전략은 신앙의 중심 선택에 관해 활발하고 아마도 관대하지만, 지엽적인 행동주의로 도피하는 것이다. 또한, 자기 신앙을 성숙시키는 것은 전혀 생각하지 않고, 수많은 본당 임무로 너무 바쁘며 다양한 단체와 집단에 소속될 수도 있다. 또 다른 유사한 대안은 단조로움으로의 도피이다.

3.4. 성인 교리교육을 위한 결과[72]

신앙 안에서 학습에 대한 장벽과 방어는 항상 각 개인의 학습 역사에서 시작해 관리되고 다루어져야 한다.

• 이것은 모든 사람과 관련된 전반적인 교리교육의 실행을 전제로 한

---

[72] 성인의 발달 단계와 관련된 교리교육 지침의 개관은 책 뒷부분에 있는 참고문헌을 참고하시오. 특별히 다음을 참고하시오. *Dossiers 8*: «Apprendre dans la foi à chaque étape de la vie adulte»; J.L. Elias, *The Foundation and Practice of Adult Religious Education*, Malabar (Florida), R.E. Krieger Publishing Co. 1982; N.T. Foltz (Ed.), *Handbook of Adult Religious Education*, Birmingham, Alabama, Religious Education Press 1986; K. Stokes (Ed.), *Faith Development in the Adult Life Cycle*, New York-Chicago-Los Angeles, W.H. Sadlier 1982; J. e E. Whitehead, *Christian Life Patterns. The Psychological Challenges and Religious Invitations of Adult Life*, New York, Double-day Company 1979 (Trad. fr: *Les étapes de l'âge adulte. Évolution psychologique et religieuse*, Paris, Centurion 1990); P.M. Zulehner, *Pastoraltheologie*, Bd. 3 *Übergänge: Pastoral zu den Lebenswenden*, Düsseldorf, Patmos 1990.

다. 신앙은 감정과 지식과 행동의 차원을 포함해야 한다. 그리고 모든 신자가 이러한 측면 중 일부를 선호하는 경향이 있더라도, 교리교육은 신앙 학습의 세 가지 측면(인지적, 정서적, 행동적)을 조화롭게 발전시키려고 노력해야 할 것이다.[73]

- 학습의 많은 어려움은 확신에 대한 부족을 원인으로 꼽을 수 있다. 위협을 느끼는 연약한 정체성은 방어와 공격으로 대응할 수밖에 없다. 신앙의 영역에서 학습에 들어간다는 것은 항상 새로운 삶으로 다시 태어나기 위해 죽음을 통해 "파스카" 여정으로 나아가는 것을 의미한다. 여기서 성인 학습의 특성을 고려하고 성숙의 여정을 지지하는 격려 집단의 자리를 확보할 필요성도 제기된다. 케건이 "궁극적 환경"에 대해 말한 것을 잊지 않는 것이 좋을 것이다. 어떤 순간에 교리교육은 이런 성인을 위해 신뢰의 유대를 유지하면서, 그들을 지지하고 확인시켜 주며, 그들을 놓아주고 애정 어린 반대를 표현할 수 있는 환경이 될 수 있다. 이것은 신앙 공동체의 성숙한 역할을 다시 맡기는 것이다. 곧, 진정으로 "성숙하고", 성숙한 공동체가 신앙 안에서 참된 학습을 위한 유리한 환경을 구성하는 것이다.

- 성실한 교육의 출구는 항상 신앙의 "제2의 소박성"이다(폴 리쾨르). 따라서 사목적 동반은 항상 어떤 식으로든 전기적인 성격을 지닐

---

[73] Cf. Cat.oggi, 140.
[74] 이러한 자서전적인 작업의 중요성은 이미 강조됐다. 많은 저자는 위기나 전환기에 개인 일기를 쓰거나 자신의 신앙적 자서전을 작성하라고 제안한다(화이트헤드, 파울러, 지게르 등). Cf. G. Adler, Récit de vie et pédagogie de groupe en formation pastorale, Paris, L'Harmattan 1994.

것이다. 이는 성숙의 역사와 신앙인의 학습 역사를 전체 교육 과정 안에서 통합해야 한다.[74]

여기 교리교육 계획안에서 성인과 그의 종교적 질문에 대해 인식하는 중요한 순간에 도움을 줄 수 있는 일련의 지침이 있다.

그것은 함께 일해야 하는 사람들에 대한 **경험적**이고 **공감적인** 지식이 적절히 활용되고 평가되는 것을 의미하지는 않는다. 그런 의미에서 사목 일꾼들의 직접적인 체험과 함께 일하는 사람들과 참으로 동일시되는 대중들의 참여는 항상 기본이 된다.

다른 의견으로, 성인에 대한 지식적 관점에서 볼 때 각 집단이나 공동체와 관련된 **문화적, 사회학적** 지침을 결코 잊어서는 안 된다. 그런 의미에서 사목 활동의 맥락에서 너무 자주 무시되거나 도구화되는 사회학적 연구를 인식하고 가치 있게 여기는 것은 중요하다.

그리고 앞에서 언급한 모든 것을 사용한다. 사목 분야에서도 가능한 한 합리성과 방법론적 성실함의 올바른 사용을 위해 이러한 유형의 활동에서 잘 알려진 경험주의와 피상성을 극복하도록 노력해야 한다.

Adulti e catechesi

성인 교리교육의
목표와 목적

CAPITOLO QUINTO

*Finalità e obiettivi della
catechesi degli adulti*

방법론적 과정의 일반적인 틀에서 목표^finalità와 목적^obiettivi의 공식화^formulazione는 근본적으로 중요한 시기를 나타낸다. 이렇게 미리 정해진 목표와 목적을 기반으로 다른 계획의 요소들, 곧 내용, 운영자, 방법, 도구, 시간 등이 선택되고 명확해진다.

따라서 성인 교리교육의 맥락에서 그 목표와 목적의 의미를 명확히 하고 올바른 선택과 표명을 위한 기준을 결정하는 것이 중요하다. 이 작업은 구체적 실천에서 이와 관련해 피상성과 부정확성이 자주 언급되기 때문에 더욱더 필요하다.

우리는 이 주제를 논의하면서 두 가지 점을 구별할 것이다.
1) 성인 교리교육의 목표와 목적에 관한 몇 가지 일반 원칙(의미, 성격, 선택 및 공식화의 기준)
2) 성인 교리교육의 목표와 목적의 구체적인 지침

1. 목표와 목적: 일반 원칙

성인 교리교육과 관련된 용어, 목표의 올바른 표명^formulazione을 위한 규칙 및 성인 교리교육의 특정 분야에서 그 규칙을 선택하는 기준에 대한 몇 가지 설명이 필요하다.[1]

---

1 Cf. L. Soravito, *Orientamenti per un progetto di catechesi degli adulti*, Leumann (Torino), Elledici 1990, cap. IV («Gli obiettivi della catechesi degli adulti»).

1.1. 목표와 목적의 의미와 성격

우선 목표^{goal}와 목적^{objectives}을 구별하는 것이 좋다.

- 일반적으로 **목표**는 사회나 사회 집단이 자신의 가치를 확인하고 전달하는 수단으로, 기본적인 확언이나 신념을 의미한다. 교리교육적 맥락에서 목표란 결정된 활동이나 과정이 지향하는 일반적인 목표이다. 이상적인 용어로 표현된 목표는 그 자체로 도달할 수는 없지만, 이러한 활동의 지평과 방향을 나타낸다.[2]

  목표의 이상적이고 유토피아적 성격에도 불구하고 교육 과정에서 추구할 고무적인 목표를 갖는 것은 중요하다. 사실, 목표는 목적과 함께 행동에 정체성을 부여하며, 모든 교육 과정에서 필수적인 동기 부여의 요소를 구성한다.

- 반면에, **목적**은 훨씬 더 구체적이고 명확한 목표이다. 교리교육 여정 안에서 목적이란 참가자의 최종적이고 실현 가능한("운영적인") 획득의 과정에서 표현된, 과정에 대한 결과의 예상된 표현을 말한다.[3] 일반적인 목적은 운영 과정의 전체로 간주되지만, 특정 목적은 다양한 분야나 동일한 순간과 관계가 있다.

  교리교육의 방법론은 특별히 학습 계획 작성과 관련해 이 주제에서 교육학적 지표를 유용하게 사용한다. 여기서 교육적 목적은 다음과 같이 정의될 수 있다.

---

2   Cf. A. Binz-S. Salzmann, *Formazione cristiana degli adulti. Riflessioni e strumenti*, Leumann(Torino), Elledici 2001, 75-80.
3   Cf. *Dossier* 6, 21.

(교육적 목적은) 충분히 명확하고 모호하지 않는 용어로 표현된 태도, 지식 및 능력으로 구성된 역량이 교육 과정이 끝날 때, 학문 또는 학문 분야에서 안정적으로 갖춰져 있어야 하고 어떤 식으로든 관찰되고 측정될 수 있어야 하는 것이다.[4]

목적에 대한 담론은 "계획"에서 "계획 작성"으로, "목표"에서 "목적"으로의 두 가지 정신적이고 운영적인 교감이 이루어질 때 의미가 있다. 교육 분야에서 목적은 다음의 특성을 보여야 한다. 목적은 일반적으로 인지적(지식), 정서적(태도), 활동적 혹은 행동적(행동, 능력) 수준에서 명확하게 표현되는 최종 행동이나 능력이어야 한다. 그리고 그것은 최대한 관찰이 가능하고 측정이 가능해야 한다. 구체적이고 운영적인 목적은 참가자들이 그것을 자기 것으로 만들 때 적절하게 달성된다. 그리고 이것은 그들이 그 안에서 자신을 인식하고 그 안에서 표현된 자신의 흥미를 발견하는 것을 전제로 한다.

모든 운영 과정에서 목적의 올바른 선택과 표명의 가치를 이해하는 것은 쉬운 일이다. 사실 목적은 몇 가지 중요한 역할이나 기능을 수행한다. 곧, 목적은 운영자와 책임자의 계획에 따른 선택을 명확하게 인도하고 달성해야 할 목표로 참가자들의 관심을 집중하게 한다. 또한 그것은 관계자들 간의 의사소통을 장려하며, 수행한 활동을 평가하기 위해 분명하고 설득력 있는 기준을 마련한다.[5]

---

[4] M. Pellerey, *Progettazione didattica. Metodologia della programmazione educativa scolastica*, Torino, SEI 1979, 115. Cf. G. e V. De Landsheere, *Définir les objectifs de l'éducation*, Paris, PUF 1976; *Dossiers* 6 e 7: «Comment bâtir une activité éducative»; M. Pellerey, «Obiettivi», in Diz.Sc.Ed. 756-759.

[5] Cf. M. Pellerey, *Progettazione didattica*, 136.

1.2. 목적의 올바른 표명을 위해

주체와 그 가능성에 따라 나타나는 최종적인 체득과 행동으로써, 무엇보다 목적의 운영적 특성을 존중하면서 그것의 올바른 표명을 다루는 것은 관련이 있다. 그런 의미에서 교육 분야에서 매우 빈번하게 발생하고, 교리교육의 수행에서도 자주 발생하는 다음의 오류를 피해야 한다. 곧, 책임자가 하려는 의도와 목적을 혼동하는 것(예, "복음의 역사성을 입증하기", "교회의 체험을 하게 하기"), 과정에 관해 곧 참가자가 실행해야 하는 것에 관해 목적을 공식화하는 것(예, "성경 읽는 법을 배우기"), 목적과 프로그램을 혼동하는 것, 다루어야 하는 주제를 혼동하는 것(예, "성사에 관한 교리를 제시하기")[6] 등이 이에 해당한다.

목적을 표명할 때, 보통 가져야 하는 구체적이고 관찰 가능한 특성을 긍정적으로 존중하도록 노력해야 한다. 또한 내부 분류 체계(일반 및 특정 목적, 1차 및 2차 목적)와 방법론적 여정의 완전성에 대한 요구(중단 단계, 목적의 교육적 지도, 전제 조건 등)도 염두에 두어야 한다.

교리교육에 적용된 이러한 요구들은 교리교육 과제의 고유성에 따라 재고돼야 하는 것이 사실이다. 실제로 어떤 이들은 교리교육 과정에서 목적을 분명하게 결정하는 것이 그 과정이 진행되는 중에도 드러날 수 있는, 유연성과 참가자들의 필요와 요구에 충실한 관심을 약화할 수 있는 것이 아니냐고 걱정한다. 아니면 교리교육을 일종의 경영 혹은 기술 관리로 축소하면서 모든 신앙 성장의 영적이고 "무상적" 측면을 망각할 위험이 있다.

---

6 Cf. M.G. Caputo, *Gli obiettivi didattici: criteri di formulazione*, «Scuola di base» (1975) 3/4, 8-11; Pellerey, *Progettazione didattica*, 116.

하지만 이 모든 것은 교리교육 활동이 방법론적 명확성과 운영적 효력에 심각한 해를 끼치면서 목적의 표명을 너무 자주 망각하거나 간과한다는 사실을 정당화하지는 않는다. 거기서 큰 결실과 자극에 대한 고무적이고 조직화한 요소들이 그렇게 박탈당하게 되며, 어쩌면 숨겨진 일부 "지하 sotterraneo" 커리큘럼대로 남아 있게 될 것이다.[7] 물론 목적이 모든 참가자 간의 대화와 참여의 맥락에서 책임자와 관계자들 간의 "타협"의 형태를 통해 결정되고 발표되는 것은 중요하다.[8]

진정으로 교리교육 분야에서의 명료화와 관찰 가능한 특성은 무엇보다 인지적(지식, 앎)이고 운영적(실제적 지식) 목적 안에서는 가능하지만, 열린 상태로 유지돼야 하는 확신과 태도의 범위에서는 문제가 된다.[9]

1.3. 성인 교리교육 안에서의 목표와 목적: 선택과 표명의 기준

교육 분야에서 일어나는 일과 유사하게 성인 교리교육의 목적을 적절하게 선택하고 표명하기 위한 기준점은 주로 네 가지, 곧 대상의 상황과 요구, 사회·문화 및 종교 환경, 사목 담당자들의 구체적인 자질, 성인 교리교육의 특성과 과제 등이다.

---

7   "비밀 프로그램"의 위험에 대해서는 다음을 참고하시오. Cf. CNER, *Modes d'emploi du Catéchisme pour adultes*, Paris, Association Episcopale Catéchistique 1992, 51. 이 용어는 독일 교육(versteckter Lehrplan)으로부터 유래했으며, 스트라스부르그의 종교교육학 연구소(IPR)에 의해 프랑스어 사용 지역에 도입됐다.
8   Cf. Binz-Salzmann, *Formazione cristiana degli adulti*, 81-89.
9   Cf. *Dossiers* 6, 22.

대상의 상황과 요구

현재를 성찰하면서 성인들의 실제적인 질문에서 출발해 성인 교리교육을 시작하는 것이 근본적으로 필요해 보인다. 이러한 질문은 진지하게 받아들여야 하고 신중하게 해석돼야 하며, 필요하다면 교육받아야 한다.[10] 성인들은 항상 성인으로서(일부 요구 사항: 의도와 목적을 명확히 밝히기, 점진성과 통합을 고려하기, 자체평가를 자극하기 등), 또한 장소, 문화, 조건, 열망, 동기 부여 등의 구체적 상황에서 그들이 가진 특수 조건에 대해서도 존중돼야 한다.

교리교육과 관련된 결과로 특정 지역이나 집단에 있는 사람들에 대한 심층 지식의 중요성과 각 개인 역사에 교리교육 과정을 포함하는 것의 중요성이 뚜렷이 나타났다. 이것은 성인 교리교육의 육화에 대한 지속적인 요구이다. 그런 의미에서 모든 사람이 근원에 비춰 그리고 자기 삶의 문제와 관련해 자기 신앙에 "힘쓸 수 있게" 하는 계획인 "도구적 교리교육catechesi strumentale"에 관하여 언급된다.[11]

여기서 상황에 적응할 수 있는 성인 교리교육의 "개방적" 모델의 편리함과 이미 강력하게 구조화된 그런 모델의 한계도 존재한다.

---

[10] Cf. DGC 174; Québec OP, 7. 성인 교리교육은 "직접적으로 사람에서 출발해 […] 시작된다. 첫째는 사람이다!": UCN 3,16.

[11] Cf. J. Desgouttes, *Où en est la catéchèse des adultes?*, «Catéchèse» 12 (1972) 48, 339-347.

사회·문화 환경의 상황과 요구

교리교육 과정에 포함된 사람들과 관계된 상황과 관계와 (역사적, 문화적, 사회적, 정치적, 경제적, 종교적) 환경에 대한 해석적 지식과 분석은 매우 중요하다.[12]

이러한 지식과 분석은 대상에 대한 지식과 결합돼, 그 목적이 "가르침", "입문", "교육" 유형의 교리교육 측면에 더 배치돼야 하고[13] 그것이 지식과 태도 및 행동(운영 능력)의 수준에서 표명돼야 한다면, 검토를 위한 구체적인 지표를 제공해야 한다.

본질적으로 이것은 사람들의 종교적 요구를 교리교육의 목적 안에서 해석하기 위해 규명하는 것이다. 곧 그들 환경과 관련된 사람들이 문제를 해결하고, (가정과 직업, 사회와 교회 안에서 그리스도인으로서의 신앙과 관련해) 그들이 처한 환경을 지배할 수 있게 만드는 구체적인 능력을 가능한 한 더 정확하게 결정하는 것을 의미한다.

사목 담당자들의 구체적인 자질

이러한 근본적인 요소에 대한 관심 부족은 교리교육의 많은 목적과 목표에 도달하지 못하게 한다. 이것은 그 자체가 불가능하기 때문이 아니라 계획을 수행하기에 적합한 사람이 부족하기 때문이다. 여

---

12 이와 관련해 서론의 방법론적 과정의 개요를 참조하시오.
13 이러한 유형의 의미에 대해서는 제2장을 참조하시오. Cf. DGC 144.

기에 무엇보다 먼저 해야 할 두 가지 일이 있다. 곧 기존의 사람들과 공동체가 함께 구체적으로 달성할 수 있는 목적을 표명하는 것과 계획 과정의 실행에 적합한 일꾼들을 불러 모으고 준비시키는 것이다. 그리고 교리교육의 계획이 교리교육의 주제로서 교회 공동체에 영향을 미친다면, 일꾼들의 양성은 차례로 도달해야 할 교리교육의 목적이 된다.

성인 교리교육의 특성과 과제

이 주제는 교리교육에서 항상 다뤄야 하는 것이므로 모든 교리교육 활동의 고유한 목적을 염두에 두어야 한다. 곧, 회개를 일깨우고 돕기, 그리스도인 삶의 고유한 태도(믿음, 희망, 사랑)가 성숙하도록 돕기, 그리스도의 신비와 메시지에 대한 지식을 심화하기, 교회와 사회 안에서 그리스도인의 행동을 교육하기 등을 염두에 두어야 한다.[14] 또한 성인 교리교육에 관한 다음 사항을 특별히 기억할 필요가 있다.

- 성숙한 신앙의 요구와 특성. 이러한 성숙의 지평은 성인 교리교육의 중요한 기준틀과 식별 기준이 돼야 한다. 성인 교리교육은 너무 자주 수행되는 교리교육 작업의 진정성을 위태롭게 하면서, 안전에 대한 욕구를 충족시키고 기능적이며 보상적 신앙심의 형성을 촉진하

---

14 Cf. Cat.oggi, 149-156.
15 요약하자면, 많은 가치 있고 전도유망한 계획과 함께, 너무 많은 형태의 미숙하고 실망스러운 성인 교리교육이 있다고 말할 수 있다.

는 것으로 제한된다.[15]

- 성인 교리교육의 목표와 목적의 전체적 지평은 세 가지 차원, 곧 개인적(어떤 유형의 신자가 도움을 받아야 하는지), 공동체적(어떤 공동체 모델이 만들어져야 하는지), 교회적(어떤 교회 계획이 도움을 받아야 하는지)차원에서 살펴볼 수 있다. 모든 성인 교리교육은 적절하고 개방적인 신학적-사목적 지평을 가져야 한다.

2. 성인 교리교육의 목표와 목적: 구체적인 지침

이제 공식적인 기준에서 내용적 지침으로 넘어가게 된다. 곧, 위에서 강조한 개인적, 공동체적, 교회적 세 가지 차원에서 성인 교리교육의 적절한 목표와 목적의 표명을 위한 특정 요소를 제공하게 된다.

2.1. 개인적 차원: "성숙한 신앙인"의 새로운 모델을 향해

성인 교리교육에서 달성해야 하는 개인적목표와 관련해, 우선 지향하는 전체적인 모델이 정해져야 하고("목표" 수준, cf. DGC 173), 다음으로, 설정해야 할 구체적인 목표를 결정해야 한다("목적" 수준).

2.1.1. 성인 교리교육의 목표 지평에 "헌신하는 신자"

무엇보다 방법론적으로 현재 상황에서 교리교육 작업을 통해 도움을 받아야 하는 신자의 유형인 그리스도인의 모델을 정하는 것이 중요하다.[16]

시간, 장소, 문화, 전통 등의 상황이 매우 다양하기 때문에 이에 대한 답은 간단하지 않다. 권유할만한 이상적인 그리스도인의 유형이 이탈리아나 인도, 페루의 농가나 콩고의 촌락에서 같을 수 없다. 하지만 여기에는 개인과 공동체 삶이 처한 상황과 조화를 이루며, 오늘날 공유되는 공통된 몇 가지 요구 사항이 있다.

다른 한편으로, 이 작업은 권유할만한 그리스도인의 이미지가 성인 교리교육의 효력(고무적이고 설득력 있는 이상을 제시해야 하는 것)을 위해서, 또 (미성숙한 형태를 피하면서) 그것의 진정성을 보장하며, 궁극적으로 교회 미래를 위해서 결정적이기 때문에, 시급하고 중요하다. 오늘날 복음화의 숙명은 "자율적이고 책임감이 있으며, 비판적인" 신앙으로부터 성숙한 신앙인을 육성하는 능력과도 연결된다.[17]

오랫동안 교회의 사목적인 노력은 잘 알려진 전통적 모델인 그리스도교의 "착한 그리스도인"이나 "충실히 신앙을 실천하는 사람"의 촉진을 지향해 왔다. 이러한 모델은, 곧 종교 관습과 규범을 준수하며, 성사 생활에 충실히 참여하고 온순하며 순종적인 신앙인을 나타낸다. 하지만 이 모델은 오늘날 정체성과 신뢰성의 큰 위기를 겪고 있

---

16 Cf. UCN 3, 18-20.
17 Cf. Québec OP, 2.
18 Cf. J. Martín Velasco, *El malestar religioso de nuestra cultura*, Madrid, Paulinas 1993, 273-274.

기 때문에 새로운 신자 유형과 새로운 그리스도교 영성을 찾고 있다.[18] 변화된 사회 조건과 "그리스도교" 시대의 고유한 종교적 동질성의 붕괴는 전통 모델의 가치를 부인하지 않고 이러한 전통 모델을 검토하게 하며, 교회의 교리교육 활동의 출발점을 여러 방식으로 고안하지 않을 수 없게 한다.

우리가 지금 제시하는 개요의 특징은 –명확성을 위해– 오늘날 사회와 교회에 요구되는 성숙한 신자의 새로운 모델인, 과거에 대한 **새로움의 측면**을 강조하는 것이다.

신앙과의 새로운 관계: 개인화되고 자유로운 종교 정체성

개인화되고 자유로운 종교 정체성으로 신앙과 새로운 관계를 맺은 것으로 가정된 신자는 전통이나 사회에 소속돼 있을 때만 그렇게 될 수 없으며, 우선 자기 정체성과 그리스도인이 되는 기쁨을 재발견하는 사람의 개인 선택에 의해서 그렇게 될 수 있다.[19] 이러한 신앙의 개인화는 성숙에 이르는 과정에서 쇄신된 회개 체험과 신앙에 대한 자유로운 태도의 내면화를 수반한다. 다원주의와 자기결정의 열망으로 결정된 세상에서 자유롭고 확신에 찬 신앙인들의 공동체만이 견고함과 신뢰성을 보장할 수 있다. 이에 대해 칼 라너[K. Rahner]의 유명한 표현이 떠오른다. "미래의 그리스도인은 신비가가 되거나, 아니면 존재하

---

19 Cf. G.L. Cardaropoli, *Essere cristiano nel nuovo millennio*, Assisi, Cittadella 2002.
20 K. Rahner, «Elemente der Spiritualität in der Kirche der Zukunft», in: Id., *Schriften zur Theologie*, Band XIV, Zürich-Einsiedeln-Köln, Benziger 1980, 375.

지 않을 것이다."²⁰ 여기서 신비가는 신앙의 정체성과 기쁨을 확신하는 체험을 살아간다는 의미이다.²¹

문화와의 새로운 관계: 오늘날의 세계에서 "육화된" 신앙

오늘날 신앙과 문화 사이에 존재하는 문화적 가치와 복음적 요구 사이에는 심각한 분리의 문제가 있다("우리 시대의 비극", EN 20). 많은 신앙인이 서로 화해하기 어려운 두 세계에 속한다고 생각하며, 내적으로 분열된 느낌을 받는다("이혼자 자녀들의 복합성", J. 마르틴 벨라스코). 여기서 두 세계란 실제로 살아 있는 것 같은 그리스도교 신앙의 세계와 우리 시대의 고유한 열망과 가치 및 사고방식의 전체가 이루어진 현재 문화의 세계를 말한다.²² 한편, 이런 신앙인들은 종종 복음의 요구에서 비롯되지 않은 것으로 보이는 찢긴 상처를 경험한다.

신앙과 문화 간의 대화를 활성화한다는 것은 현대 문화의 진정한 열망과 가치의 연속성 그리고 그것에서 인간 존엄성과 하느님 나라의 가치에 주의를 기울이는 것에 대한 단절이나 비난에 대한 이중 법칙을 분별력 있게 적용하면서, 무엇보다 현대성과 탈현대성postmodernità의 가치를 복음적 기준으로 여는 것을 의미한다. 이러한 대화는 비평적

---

21 Cf. J. Martín Velasco, *La transmisión de la fe en la sociedad contemporánea*, Santander, Sal Terrae 2002, 64-80.

22 Cf. P.-A. Giguère, *Che cosa significa fede adulta? Percorsi di ricerca per adulti*, Leumann (Torino), Elledici 2003, 89-100.

23 이것은 P. 리쾨르의 "제2의 소박성"이다. Cf. P. Valadier, *Lettres à un chrétien impatient*, Paris, Découverte 1991, 82-160; Cat.oggi, 100-107("교리교육과 토착화").

합리성[23]의 균형 있는 사용을 배제하지 않으며, 전통적인 종교 "표현"에 대해 용기 있는 검토를 이끌어야 한다.[24]

교회에 속하는 새로운 방식: 성숙한 형태에서의 "교회 감각sensus ecclesiae"

수동적이거나 유아적이지 않고 적극적이고 성숙한 소속. 신앙인의 새로운 모델은 "교회 감각"을 분명하게 가져야 한다. 즉, 교회 공동체, 신비, 제도에 대한 소속감과 정체성을 가져야 한다. 다시 말해, 여러 번 제도와 비교되는 성숙하지 못하고 무비판적인 특성이 아닌 성숙한 "성인의" 자세로 그 감각을 가져야 한다.[25] "교회 감각"의 성숙한 측면은 "결속aderenza"에서 "충실함adesione"으로의 전환으로 설명될 수 있다.

성인 교리교육의 첫 번째 도전 중 하나는 그것이 교회에 속한다고 생각하는 방식에 있다. 성인 교리교육이 그 여정에 충실하다면, 교리교육은 그리스도인들을 단순히 사회화의 대상으로 여기지 않고 그들 신앙의 주체로, 교회 삶의 주역으로 간주한다. 달리 말하면, 교리교육은 단순히 ("자연스럽게" 속하는 형태인) 결속에서 (영적 행위인) 충실함으로 넘어가

---

24 Cf. A. Fossion, *Dieu toujours recommencé. Essai sur la catéchèse contemporaine*, Bruxelles, Lumen Vitae/Novalis/Cerf/Labor et Fides 1997, cap.8("Le travail des représentations").

25 콜롱은 성인 교리교육에 대해 성찰하면서 다음과 같이 말한다. "어떤 사람들은 더욱더 완벽하거나 쉽게 얻을 수 있는 순종이 '작은 이들'의 순종, 곧 객관적 동기에서 맹목적인 순종이라 확신하는 것 같다." J. Colomb, *Al servizio della fede. Manuale di catechetica*, Vol. 2, Leumann (Torino), Elledici 1970, 405.

게 하면서 교회에 속하도록 "작용한다."**26**

교회에 속하는 올바른 태도는 성인의 고유한 요구, 곧 식별력, 상대적 자율성, 건설적 비판 정신에 대한 존중을 배제하지 않는 것이다.**27** 그리고 오늘날 현시대의 수많은 그리스도인이 교회에 대한 불만과 거리를 두는 상태를 극복하기 위해서도 교회 현실과 관계를 균형 있고 책임 있는 형태로 장려하는 것이 시급해 보인다.**28** 아마도 이런 방식으로 교도권의 공식 지침과 공적으로 대조되는 그리스도교 체험에 대해 분개하는 "주체화 soggettivizzazione"로의 도피를 피할 수 있을 것이다.

친교를 살아가는 새로운 방식: 공동체 정신을 가진 신앙인

이 방식은 신앙인이 개인주의적이지 않고 결속하며 공동체적이길 희망한다. 수많은 형태의 개인주의에 직면한 그리스도인들은 풍요로운 나눔과 연대 운동에서 더욱더 연대적이고 공동체적이며, 포용적이고 "다른 이들과 함께" 자기 신앙을 살아가도록 도움을 받아야 한다. 공동체 감각의 성장은 덜 고립되고 만족스러우며 공동책임과 집단정

---

26 Francia CNER, 32.
27 Spagna CA (n.170)은 성인에게 교회에 대한 감사한 마음을 고취하는 성인 교리교육을 희망하지만, 다음과 같이 덧붙여 말한다. "이러한 감사는 신자들이 교회의 부족함과 직면해 가질 수 있고, 가져야 하는 **긍정적 비판**의 건강한 태도를 배제하지 않는다."
28 Cf. J. Elias, *Adult Religious Education: an Analysis of Roman Catholic Documents published in Australia, Canada, England and Wales, and the United States*, «Religious Education» 84 (1989) 1, 95.

신에 더욱 치우친 신앙인의 모델을 예감하게 한다. 더 참여적이고 공유된 형태로 그리스도인으로서의 삶을 살아가리라 생각하는 신앙인은 어떻게든 다른 이들에게 도움을 받고 있고 소속된 신앙 공동체와 더욱 연결됐다고 느낄 것이다. 이러한 유대감은 나약함의 특성을 이루는 것과는 달리 성숙과 풍요로움의 표지로 경험될 것이다.

이러한 관점에서, 우선 오늘날 사회, 종교 심리학에서 행해진, 소위 "관계 형성 능력personalità relazionale" [29]에 대한 평가가 특히 흥미롭다. 장려할만한 신앙인은 모든 사람의 참여를 높이고 촉진하도록 누구나 환대하는 태도를 지녀야 할 것이다.

청년과의 새로운 관계: 세대 간의 대화

젊은이들은 포기하거나 피하지 않고("교육적 침묵" 혹은 "위임") 권위주의적이거나 가부장적이지 않으며, 진정 책임감 있는 교육자로서 젊은이들과 기꺼이 신앙을 나누고 대화하는 태도를 취하는 것이 중요하다. 이것은 세대 간 학습의 가치와 중요성을 활용할 수 있음을 의미한다.[30]

---

29 다음을 참고하시오. Cat.oggi, 238-239.
30 이러한 학습의 의미와 필요성에 대해서 다음을 참고하시오. A. Binz, *Quelques conditions pour développer la dimension catéchètique des communautés chrétiennes: vers une catéchèse intergénerationnelle*, «Catéchèse» 30 (1990) 118/119, 159-172; E. Feifel, *Kirche der Jugend entfremdet?*, «Katechetische Blätter» 110 (1985) 836-842.

다문화 및 다종교 세계에서의 새로운 태도: 대화와 차이에 대한 개방성

다원주의 사회에서 신앙은 종교와 문화의 다원성과 접촉하고 있다. 다원성은 반드시 위험을 나타내는 것이 아니며, 오히려 공정하고 진지한 비교의 정신으로 산다면 긍정적인 자원으로 보일 수 있고, 또 그렇게 보아야 한다. 다른 이들을 받아들이고 다름을 인정하는 데 있어 개방적 대화가 가능한 신앙인을 떠올려 보자. 그는 다른 이들과 대립하지 않고 서로 협력하며, 풍요로운 분위기에서 그렇게 자기의 신앙 정체성을 강화할 수 있을 것이다.[31]

세상에 존재하는 새로운 방식: 강한 윤리의식으로 헌신하는 신앙인

이 방식에서는 육체가 없고 "영성주의자^{spiritualista}"가 아닌, 강한 윤리적 생명력으로 육체를 갖고 헌신하는 신앙인을 떠올리게 된다. 그는 성전에 가거나 신앙 활동을 할 때뿐만 아니라 세상의 중심에서, 곧 가족과 직장에서, 사회 및 정치적 생활에서, 여가와 사회 변화를 위한 투쟁에서 그러하다는 것을 보여주는 신앙인이다.[32]

이러한 헌신적 신앙인의 모델은 문화적 개방성과 협력 정신, 윤리적 감수성과 가치 인식, 일상적인 영성, 사회적 정치적 헌신, 소외된 사람들과의 연대와 같은 강력한 특징을 지닌 영적인 모습을 갖고 있다.

---

[31] Cf. J. Martín Velasco, *La transmisión de la fe en la sociedad contemporánea*, 132.
[32] Cf. S. Domingo 96-97.

요약하면, "착한 그리스도인"이나 "충실히 신앙을 실천하는 사람"의 전통적인 모델로부터 신앙 안에서 성숙한 신앙인으로 옮겨가는 것이 필요하다. 또한 여기에 교회와 세상에서 자기 정체성과 임무를 재발견하고 재고하며("헌신적인 신앙인"), 신앙의 성소에 대한 기쁨과 위대함을 다시금 살아가는 그리스도인으로의 이행도 요구된다.

2.1.2. 목적의 선택

교리교육 계획을 작성할 때 목적에서 해석되는 특별한 요건들을 목표 수준으로 맞춰야 할 필요가 있다.[33] 모든 상황의 특정 좌표에 따라 좌우되는 정확한 요건들을 여기에서 제안하는 것은 가능하지 않다. 하지만 일반적으로 성인 교리교육 여정의 목적은 신앙 성숙의 모든 여정에 있어서의 특징적인 순간들, 즉 회심을 일깨우고 지식과 태도를 심화하며, 삶과 행동의 다양한 형태에 대한 교육이 이루어지는 순간들을 반영해야 한다고 말할 수 있다.

회심을 일깨움

오늘날 성인 교리교육을 계획할 때에는, 신앙으로부터 멀리 떨어진 사람들과 신앙을 재발견하고 심화할 필요가 있는 그리스도인들을 위

---

[33] Cf. A. Alcedo Ternero, «Adultos, Catequesis de», in: Nuevo Dic.Cat. 125-130 («Las metas de la cateqeusis de adultos»).

해 회심의 목적이 반영돼야 한다. 오늘날 그리스도인이 되기를 원한다고 하더라도 "최초의 복음화"[34]와 "예비신자 기간"의 긴급함이 재발견되지 않는다.[35] 그리고 "(세례) 성사를 받은 이들은 많지만, 복음화된 이들이 적기 때문에"[36] "신앙을 다시 시작하려는"[37] 열망을 느끼는 종교적 물음도 재발견되지 않는다. 이러한 이유로 성인 교리교육의 활동과 성찰에 있어서, 오늘날 신앙 여정을 위한 출발점이자 본질적 기준인 회심을 일깨우는 것과 관련된 임무 및 목적이 매우 자주 제시된다. 이러한 맥락에서 "세례 받은 이들의 복음화"[38]와 "재입문", "신앙운동을 다시 소개할" 필요성[39] 등에 대해서 언급한다.

회심을 일깨우고 돕는 임무는 일반적으로 단념과 단절("구조분해"), 적극적인 충실함("재구조화") 등 두 가지 추가적인 순간으로 나뉜다.

- **구조분해**^{destrutturazione}란 비그리스도교적으로 보고 행동하는 방식과 단절("사탄"과 그의 유혹을 끊어버림)하는 것이지만, 그리스도교 신앙을 살아가는데 인습적이고 거짓된 방식과도 단절(오래된 표현과 과거 신념에 갈망하는 집착을 극복)하는 것이다. 이것은 필요한 작업이지만, 전통 개념들의 해체가 많은 성인을 "악천후$^{alle\ intemperie}$"에 시달리게 할 위

---

34 Cf. J. Gevaert, *Prima evangelizzazione*, Leumann (Torino), Elledici 1990.
35 오늘날의 예비신자 기간에 관한 질문에 대해서는 다음을 참고하시오. Cf. Gruppo Europeo dei Catecumenati, *Agli inizi della fede. Pastorale catecumenale oggi, in Europa*, Milano, Paoline 1991; E. Alberich - A. Binz, *Forme e modelli di catechesi con gli adulti. Esperienze e riflessioni in prospettiva internazionale*, Leumann (Torino), Elledici 1995, cap. I.
36 Cf. Alberich - Binz, *Forme e modelli*, cap. II.
37 Cf. J. Lopez, *España, país de misión*, Madrid, PPC 1979.
38 Cf. Medellín (Catechesi) 9.
39 R. Comte, *Quels obiectifs?*, «Catéchèse» 21 (1981) 82, 69-77; cf USA *Our Hearts*, 68-69.

험이 있기 때문에 섬세한 작업이다. 그러나 정체된 신앙 체험으로부터 고립된 많은 그리스도인은 그것을 버리고 새로운 형태의 신앙을 재발견하고 새로운 얼굴을 가진 그리스도교를 재발견하려는 용기가 있어야 한다.

- **재구조화**^{ristrutturazione}는 새로운 생명의 중심인 예수 그리스도와 그분에게서 계시된 하느님을 중심으로 종교 세계를 재조직하는 것이다. 여기에 더해 그리스도와 복음에 대한 쇄신된 개인 선택으로 지탱되는 신앙의 재발견과 재형성 운동을 통해 그리스도교를 자기 것으로 삼는 것이 필요하다. 많은 그리스도인은 과거에 타협한 용어와 개념에 새로운 내용과 의미를 부여해야 할 것이다.

신앙 태도의 내면화와 성숙

태도의 영역에서 어떤 목적은 특히 중요해 보이며 현대의 교리교육적 성찰에서 자주 강조된다. 다음은 우리 시대 성인들의 신앙 성숙을 위한 몇 가지 중요한 성격과 태도이다. 곧 두 번째 소박함("제2의 소박성", P. 리쾨르)과 변화 수용(cf. DGC 175), 수동성과 운명론, 체념의 극복, 교회에 대한 성숙하고 책임 있는 소속감, 봉사와 대화, 협력의 태도 등이다.

지식의 심화

인지적 차원에서 양성 및 교리교육 계획과 관계된 성인의 요구 사항은 매우 다르다. 이 경우 그 목적은 무엇보다 먼저 논의돼야 하며 실제적 질문의 대답인 "오늘날의 종교 윤리 문제들"(DGC 175), "신앙의 이성적 토대"(같은 책)와 같은 신앙의 몇 가지 특수한 측면을 설명하는 것으로 간주된다.

또한 신앙 영역의 전체성으로 여겨지는 교리교육의 목적도 중요하다. 곧 본질을 재발견하고 기본적인 조직적 통합을 습득하며 신앙의 지평에서 자기 삶을 해석하고 전통적인 이원론과 이분법을 극복하면서 신앙과 삶의 매우 중요한 관계를 파악하는 능력 등이 이에 해당한다. 성경 읽기의 시작과 그리스도교 전통에 대한 지식도 이 과제에 속한다.

삶과 행동의 형태에 대한 교육

그리스도교 행동의 운영 범위와 관련해 성인 교리교육에서는 일반적으로 다음 영역과 관계된 목적, 곧 성사생활과 기도의 입문, 가정과 직장, 자기 환경에서의 그리스도교 행동에 대한 교육, 사회, 문화, 정치 영역에의 참여와 헌신, 교회 안에서의 소명과 직무 선택을 위한 방향이 명시된다(cf. DGC 175).

2.2. 공동체적 차원: "신앙 안에서 성숙한 공동체"를 촉진

이러한 차원에서 목적은 실제로 그리고 공정하게, 성인 교리교육이 그리스도인 공동체의 진정한 체험을 구성한다는 확신에서 표명된다. 또 그런 공동체 안에서 자기 신앙을 살아갈 수 있고 심화할 수 있어야 한다. 게다가 성인 교리교육이 "신앙 안에서 성숙한 공동체"를 촉진시키고 성숙시키는 것의 중요한 요인이 돼야 한다는 확신도 똑같이 공유된다.

반면에, 성인 교리교육은 신앙을 공유하고 심화할 수 있는 환경으로써 공동체적 지원을 절실히 필요로 한다. 그래서 "살아 있는 그리스도교 공동체로 만들고 공동체-표지와 신앙을 증거 하는 공동체를 이루며, 신앙을 나누고 기도나 사회 헌신에 핵심을 두는 이러한 공동체를 형성하기 위해 새로운 장소를 마련"[40]해야 한다.

이러한 성인 교리교육의 공동체적 임무는 결코 쉬운 일이 아니다. 오늘날 교회에는 새로운 형태의 공동체 집단과 연구가 있었다. 곧 단체, 운동, "기초 공동체"처럼 신앙과 그리스도인 삶의 나눔을 새로운 형태로 살아갈 수 있는 공간을 만들기 위한 많은 시도가 이루어졌다.[41] 또한 미래의 그리스도인 공동체는 다양함과 친교를 존중하는 "공동체들의 공동체"(cf. DGC 258; CAL 188)가 돼야 할 것이다. 그러나 현실은 종종 이상과는 거리가 너무 멀어 보인다. 곧, 분열되고 갈라진 공동체, 다른 위치 사이의 긴장, 교회 내 의사소통과 대화의 부족, 많

---

40 Québec OCQ, 32; 41-42: «Exigence d'un milieu communautaire». Cf. Alcedo Ternero, «Adultos, Catequesis de».
41 Cf. Cat.oggi, 226-228.

은 집단과 운동에 의한 절대화와 파벌 정신, 감정적 고양과 개인숭배의 모호한 형태, 운영적 소모 등이 현실에서 나타난다.[42] "공동체들의 공동체" 대신 종종 "공동체들의 군도$^{arcipelaghi\ di\ comunità}$"가 있다고 말할 것이다. 이것은 그리스도인 공동체가 진정한 성숙을 추구하는 데 있어 도전해야하는 상황과 문제들이다.

공동체는 연대적이고 형제적인 구조를 형성할 때, **신앙 안에서 성숙**하고 계시와 신앙 체험의 장소가 되며, 세상에 열려 있고 복음에서 영감 받은 관계를 통해 신앙을 키우고 살아갈 수 있는 모든 연령대의 신앙인들을 포함한다.

성숙한 공동체는 성숙 과정에 참여하는 "생태계"이다. 이러한 관점에서 성인 교리교육은 다음의 과제들을 갖고 있다.

- 구성원 간의 형제애와 상호 배려하는 관계를 통해 한정되고 관료화된 조직을 극복하면서 네트워크 형식의 의사소통을 장려한다. 공동체는 기능적이기보다는 인간적 차원에서 관계적이어야 한다.
- 공동체적 역동성의 다방면으로 가능한 변형은 물론이고 "엘리트주의"(더 나은 기질과 재능을 가진 소수 사람에게 제한된 관심)와 자기만족("종파"나 "게토"의 정신)의 고립에서 늘 발생하는 위험을 피하면서 개방된 공동체를 촉진한다. 성인 교리교육은 모두에게 열린 사목적

---

42 Cf. Cat.oggi, 228-230("진정성의 기준과 집단의 병리 현상 그리고 교회 공동체").

제안이다.[43]
- 본당과 교구에서 공동체적 다양성을 증진한다. 교회 구조는 다양한 은사에 대한 개방성과 차이를 수용하는 정신으로 다양한 집단과 공동체에 공간과 자유를 부여해야 한다.[44]
- 공동체 안의 다양한 직무를 돌보고 장려한다. 직무교육은 성인 교리교육과 완전히 동일시되지는 않더라도 항상 교리교육적 차원을 지니고 있다. 그리고 진정한 성인 교리교육의 모든 과정은 그리스도교 공동체의 다양한 직무를 위한 방향과 증진의 장소가 되는 좋은 기회를 제공한다.

공동체는 자기 구성원들의 신앙 성장을 위한 "궁극적 환경"과 통합의 임무를 갖고 있고, 그 임무가 전환기에 무엇보다 중요함을 잊지 말아야 한다.[45] 개인과 집단의 "크로노스^{chronos}, 물리적 시간"뿐 아니라 양성 작업에 있어서 무엇보다 유리한 "카이로스$^{Kairós,\ 특별한\ 의미가\ 부여된\ 시간}$"를 파악해야 한다.

2.3. 교회적 차원: "교회의 쇄신된 계획"을 향해

성인 교리교육은 그 활동이 교회 삶에 어떤 식으로든 영향을 미치거나, 그 자체로 교회 쇄신과 변화의 중요한 요소가 돼야 하므로 교회

---

43 Cf. USA *Our Hearts*, 80.
44 성인 교리교육은 공동체 안에 형태가 다양하고 다채로워야 한다. USA *Our Hearts*, 98. e 111.
45 제4장에서 "궁극적 환경"의 세 가지 기능, 곧 지원하거나 확인하기, 포기하거나 반대하기, 관계를 유지하기에 관한 케건의 이론을 참고하시오.

전망을 갖고 있다. 곧 "내일의 교회에 오늘날 성인 교리교육이 부분적으로 반영될 것이다."⁴⁶ 따라서 "성인 교리교육의 교회적 도전과 마주할"⁴⁷ 필요가 있다. 다음은 이에 관한 가장 중요한 몇 가지 요구이다.

성인 교리교육은 "교회에서 통합하기" 위한 것이 아니라 "교회를 이루기" 위한 것이다.

이전의 교리교육이 "교회에서 통합하는" 임무를 가진다고 말했다면, 오늘날은 "교회를 이루는"⁴⁸ 것과 "교회의 영속적인 개혁 수단"⁴⁹과 같은 성인 교리교육을 고려하는 것에 대해 언급해야 한다. 그런 의미에서 성인 교리교육은 성인의 요구에 더욱더 주의를 기울이는, 그리스도교 체험의 새로운 공간과 교회 체험의 새로운 형태를 이루기 위한 기회를 제공한다.⁵⁰ 또한 쇄신된 교회의 진정한 미시적 실현을 시험할 가능성도 제공한다.⁵¹

모든 진정한 교리교육은 그 자체로 참가자들에게 소속감과 친밀감

---

46 J. Piveteau, *La Catéchèse d'adultes et l'Église*, «Catéchèse» 19 (1979) 77, 116-117.

47 Francia CNER, 34-38. Cf Elias, *Adult Relgious Education*.

48 E. Lepers, *Nécessité d'une catéchèse d'adultes dans l'Église*, «Catéchèse» 21 (1981) 82, 10.

49 D. Emeis, Zum Zielspektrum theologischer Erwachsenenbildung, «Erwachsenenbildung» 21 (1975), 161-163.

50 Cf. J. Bouteiller, *Formation chrétienne des adultes. Perspectives actuelles*, «Études», tome 345 (1976), 259-270.

51 D. Piveteau, *L'Église, les adultes et la formation permanente*, «Catéchèse» 15 (1975) 59, 161-176.

을 내면화하고 성숙시키는 데 도움이 되는 확실하고 고무적인 "교회 체험"을 제공해야 한다.[52] 여기에서도 모든 공동체가 지니고 있고, 성취하고자 하는 교회 이미지가 성숙한 감수성을 결정한다. 완전한 사회 개념에 중심을 두며, 사목자와 신자 간의, 가르치는 교회와 배우는 교회 간의 차이를 강조하는 데 몰두하는, 주로 "제도적"이거나 "교계적인" 제2차 바티칸 공의회 이전 교회의 이미지가 여전히 많은 공동체에서 적지 않게 나타나고 있다.[53] 이것은 교리교육을 수행하는 경우에도 진정한 친교와 형제애의 형성을 방해하는 온순하고 순종적인 그리스도인들을 보호하려는 교회론적 시각이다. 이 모든 것은 성인 교리교육에서 자기 상태와 존엄성을 충분히 존중받지 못한다고 느끼는 우리 시대의 많은 사람들에게 큰 실망을 안겨주고 있다.

"교회에 대한 쇄신되고 설득력 있는 계획"을 위한 성인 교리교육

본질적으로 제2차 바티칸 공의회의 교회론적 전환을 교리교육 활동을 통해서도 실행하는 것이 중요하다. "친교", "형제애", "구원의 보편적 성사", "인류가 이루는 일치의 표징이자 도구"와 같은 표현에 중점을 두는 새로운 시각은 "친교"와 "봉사"라는 기본적인 두 개의 범주로 설명될 수 있다.[54]

---

[52] Cf. Cat.oggi, 170.
[53] Cf. Cat.oggi, 171-172.
[54] Cf. Cat.oggi, 172-175; L. Gallo, *Una Chiesa al servizio degli uomini*, Leumann (Torino), Elledici 1982.

- **친교** 교회론: 교회는 본질적으로 "친교", 형제애, 품위에 있어 공통된 사람들의 공동체(cf. LG 32)이고, 모든 이가 공동 책임을 지고 활동하며, 비록 형태는 다르더라도 모두가 그리스도의 사제직, 예언자직, 왕직에 참여하는 공동체이다. 따라서 교회는 성직주의[55]와 제도적 중압감, 대화와 의사소통의 부족과 무엇보다, 가난한 이들과 평신도들, 여성들에 대한 반복음주의적 형태의 차별을 확실히 극복해야 한다.

이러한 현실은 아직 많은 그리스도인의 사고방식으로 스며들지 못했지만, 적어도 두 가지 극단적이고 일방적인 입장으로부터 위협받는 것으로 보인다. 그중 하나는 성직자와 평신도 간 거리를 강조하는 성직주의이며 다른 하나는, 자신의 경험과 실제 혹은 주장이 되는 고유한 "은사"의 특수성 안에 갇힌 많은 "평행 교회들chiese parallele"의 종파주의settarismo이다.

- **봉사** 교회론: 제2차 바티칸공의회에서는 교회를 "인류의 종"이라 선언했다.[56] 이는 더 이상 교회가 하느님 나라와 동일시되지 않지만, 하느님 나라의 "싹과 시작"이 된 것이다(cf. LG 5). 교회는 모든 인류가 하느님 나라라는 최고 목표와 그 가치(충만한 삶, 진리, 정의, 사랑, 평

---

[55] "요컨대, 공의회의 요청에 따라 교회에서 평신도를 장려하는 것은 성직자들만이 그리스도교 신비를 안다는 오만함에서 비롯되는 모든 성직주의나 온정주의의 포기를 요구한다." J. Colomb, *Al servizio della fede. Manuale di catechetica*, Vol. 2, Leumann (Torino), Elledici 1970, 405.

[56] Paolo VI, discrosro di conclusione del Concilio, 7.12.1965.

화)에 가능한 한 가까이 다가가도록 복음의 이름과 그 정신으로 사심 없는 "봉사"와 같은 자기 사명을 인식한다. 하느님 나라의 대의를 향해 모두 열려 있고 자기 자신에게 덜 의존하며, 인류 운명에 대한 열정에 더욱더 사로잡혀 있는 봉사하는 교회의 이상을 생각해 보자. 그리고 그리스도교의 시대에서처럼 권력과 명성에 대한 향수 없이 세상과 구원에 더욱더 확실하게 봉사하는 교회를 생각해 보자.[57] 이러한 교회 시각에서 교회가 자기 가치를 보고하는 것을 염려하고 자신에게 고개를 숙이며 살도록 하는 다양한 형태의 교회 중심주의 ecclesiocentrismo와 자선 단체의 자선 사업이나 사회 증진 사업으로 축소될 위험이 있는 수평주의 l'orizzontalismo는 반대된다.

성인 교리교육에서는 오늘날의 성인을 위한 고무적이고 설득력 있는 교회 계획을 의식적으로 선택해, 그것이 지향하는 교회론적 지평에 대해 명확히 설명하는 것이 매우 중요하다. 그리고 모든 교리교육 과정이 교회에 대한 충실함을 키워나가야 한다면, 그 충실함은 과거와 현재 교회(곧, 교회가 어떻게 있었고 어떻게 존재하는지)뿐 아니라 미래 교회, 곧 교회에 속하고 복음 정신에 더 가까이 다가가는 교회를 꿈꿔야 하며, 이것이 꿈꿀 수 있는 교회와 관계있다는 것을 잊지 말아야 한다.

---

[57] Cf. Gallo, *Una Chiesa al servizio degli uomini*; S. Dianich, *Chiesa estroversa. Una ricera sulla svolta ecclesiologica contemporanea*, Cinisello Balsamo (Milano), Paoline 1987.

교회 안에서 "발언을 자유롭게 하다"

이 표현을 통해 무엇보다 교회 안에서 모든 이가 말하는 주체이고, 또 그렇게 느끼도록 확실한 여론 확산[58]과 하느님 백성의 "신앙 감각"의 효과적인 재활성화를 이해하길 바란다.

> 긴급한 일이라 믿는 중요한 전환점은 가톨릭 신자들에게 말을 할 수 있게 하는 일이고 자신의 신앙 여정 안에서 책임감을 느끼게 하는 일이다.[59]

종종 잊혀지는 이러한 중요한 교회론적 주제를 중심으로 교리교육이 펼쳐질 수 있고 그렇게 해야 한다는 인식이 오늘날 커지고 있다.

> 다른 한편, 신자들 생활에 하느님 말씀을 실현하게 하려는 깊은 의도에 충실할 때, 성인 교리교육은 교회의 살아있는 전통을 발전시키는 특권적인 장소 중 하나다. […] 이 과정에서 그렇게 신자들은 단순히 권위 있는 말씀을 수동적으로 받아들이는 이들이 아니다. 동시에 그들은 "하느님 백성의 삶 안에서 잉태된 진리"에 대한 공동체적 식별을 해나간다. 그렇게 이해된 성인 교리교육은 그리스도인들의 신앙 감각이 증진되는 탁월한 장소가 될 수 있다.[60]

---

58 Cf. A. Exeler, *Die bedeutung der theologischen Erwachsenenbildung für Kirche und Gesellschaft*, Erwachsenenbildung 16 (1970) 2, 69-82.
59 M. Lefebvre, L'éducation de la foi des adultes d'hier à aujourd'hui, in: G. Routhier (Ed.), *L'éducation de la foi des adultes. L'expérience du Québec*, Montréal, Médiaspaul 1996, 225.
60 Francia CNER, 32.

따라서 성인 교리교육은 단순히 불변하는 전승을 전달하는 도구로 제한되는 것이 아니라 같은 전통에 대한 정교화와 적극적인 성찰의 장소가 된다.

> 성인 교리교육은 신앙인들에게 전승을 전달하기 위한 수단에서 멀어져, […] 성령께서 모든 시대에서와같이 우리 시대에도 그들 가운데에서 역사하시는 것을 그들의 성실한 연구에서 표현하면서, 전승에 대해 신자들 삶에서 질문하고 의문을 제기하는 수단이 돼야 한다.[61]

교리교육 임무의 이러한 역동적 시각의 근원에서 종종 잊혀지거나 오해되는 공의회 주제가 발견된다. 그것은 전승^{Tradizione}과 역사 안에서 그것을 진행하는 열린 생각이다(cf. DV 8, Gs 44). 이러한 관점에서만 단순히 교육학과 "동화"되는 것을 극복하고 진정한 창의력의 교육학에 대한 자극을 받아들이면서, 전승을 정교화하는 장소로 교리교육을 이해할 수 있다.

> 전통적 행동으로서 성인 교리교육은 과거에 대한 순수한 반복이 아니고, "그리스도인들이 전수받거나 단순히 전달하는 죽은 보물이 아니다." 대신, 성인이 능동적이고 창의적인 방식으로 받아들인 체험을 제공하고 전달하는 것이다. […] 살아있는 형태로 **받아들여진** 고대의 전통적인 선율은 새로운 조화로 아름답게 꾸며진 교회에서 **되살아나게** 된다. 그러므로 교리교육학은 **창의력의 교육학**$^{pedagogia\ di\ creatività}$이 돼야 한다.[62]

---

[61] Piveteau, L'Église, les adultes et la formation permanente, 171.

이 주제와 관련해, 교회에서 교회 기초를 주제로 삼고, 이론적인 신학과 전문 신학자들의 실제적 독점을 극복하게 할 수 있는 신학 담론을 정교화할 필요가 있다. 훌륭하게 수행된 어떤 성인 교리교육은 이러한 신학을 하는 새로운 방식을 발전시키기 위한 도구[63]가 되며, 신학과 인문학 및 우리 시대의 실존적 문제들과 풍요로운 대화를 나눌 수 있는 진정한 "대중 신학"[64]과 "그리스도인 공동체 신학"[65]을 증진시키는 도구가 될 수 있다.

"교회-세계"와 "신앙-문화"의 대화를 재활성화

성인 교리교육은 "우리 시대의 비극"(EN 20), 곧 신앙과 문화의 분리를 극복하기 위한 특수한 도구가 돼야 한다. 이러한 분리는 현대 문화, 노동 세계, 청년들, 새로운 지적, 정치적 흐름, 주변화의 다양한 형태와의 대화에 대한 심각한 문제로 발생된다. 여기에 교회가 "특별히 부재"[66]하는 많은 분야와 다시 접촉하고 동시대 사람들에게 의미 있

---

[62] Spagna CA, 109.
[63] "쉐누(Chenu)는 다음과 같이 표현한다. 신학은 헌신적인 그리스도인들의 구체적인 삶 안에서 더욱더 의미 있는 그들의 '신학적 주제들'(loci theoligici) 중 하나를 발견한다." J. Colomb, «Per una fede personalizzata e sempre in crescita», in: A. Tessarolo (Ed.), *La catechesi degli adulti. Nuova scelta pastorale della chiesa italiana*, Bologna, Dehoniane 1978, 68
[64] Cf. A. Exeler-N. Mette, *Theologie des Volkes*, Mainz, Grünewald 1978.
[65] Cf. le propeste di una "Gemeindetheologie" in: A. Exeler-D. Emeis, *Reflektierter Glaube. Perspektiven, Methoden und Modelle der theologischen Erwachsenenbildung*, Freiburg-Basel-Wien, Herder 1970, 103-112.
[66] Spagna CC, 52.

는 것을 말하는 언어를 재발견하는 것이 필요하다.[67] 그래서 진정으로 "성숙한" 교리교육에서는 신앙과 교회를 "지적으로 거주할 수 있는"[68] 집으로 만들고자 하는 열망이 현실이 돼야 한다.

성인과 함께하는 교리교육적 노력에서 체험은 교회가 오늘날 세계의 주요 주제들과 거리가 먼 문화의 변두리에 여전히 남아 있을까 봐 두려워하고 있음을 보여준다.

> 사실 교회가 현실 세계에 몰두한 모든 세례 받은 사람들에게 질문할 수 있는 도구는 점점 더 적어질 것이다. 이 세례 받은 사람들이 그들에게 주변 세계가 되는 종교 세계와 점점 더 무관하게 될 것이다. […] 교회는 믿음과 세상에서의 헌신, 믿음과 문화, 믿음과 교회 생활 사이의 골이 깊어지는 것을 피해야 한다. 자신을 향해서 선교를 수행하는 교회는 선교에 대한 감각을 잃어버린 교회이다.[69]

교회에서 공동책임을 독려하고 차별을 극복하기

"공동책임"과 "참여"는 동시대 사람들이 매우 소중히 여기는 가치이다. 그러나 그것들은 제2차 바티칸 공의회의 친교 교회론에 따른 교회 체험의 특징이기도 하다. 이러한 공동책임과 참여는 그리스도

---

[67] Cf. Bouteiller, *Formation chrétienne des adultes*.
[68] J. Martín Velasco, *Increencia y evangelización*, Santander, Sal Terrae 1988, 154-155.
[69] Québec OCQ, 35.

교 공동체에서 부여된 다양한 은사와 직무를 유용하게 사용하도록 이끌어야 한다. 성인 교리교육은 다양한 형태의 공동책임을 효과적으로 촉진하고 신자들의 봉사나 직무에 대해 식별하는 것을 목표로 삼을 수 있고, 또 그래야 한다.

이러한 의미에서 성인 교리교육은 매우 중요한 성소 기능을 갖고 있으며, 헌신적이고 책임 있는 공동체 성장을 위한 특별 도구로 교회에 자리매김한다. 성인 교리교육은 목적과 내용이 다른 기능을 하므로, 그 자체로 사목의 담당자를 양성하는 것과 동일시되어서는 안 된다는 점을 기억해야 한다.[70] 그러나 이것은 성인 교리교육이 다른 특정한 행동을 구성하더라도, 사제 양성의 방향으로 나아가는 가치와 차원을 가질 수 있음을 막지는 않는다. 그리고 이러한 관점에서 성인 교리교육은 교회 안에서 일의 중요성과 역할을 인식하고 오늘날의 여성 차별을 극복하는 데 기여가 필요함을 거듭 강조한다.

이러한 요구를 존중하고 이 같은 목표를 지향하는 교육적이고 교리교육적인 활동을 실행하려면 아직 가야 할 길이 멀다. 거기에는 여전히 교회를 두 분야, 곧 능동적이고 책임 있는 분야(교계, 성직자)와 소극적인 분야(단순히 사목적 돌봄의 "대상"인 그리스도교 백성)로 나누는 것을 주장하는 사고방식이 존재하는데, 이렇게 강하게 성직적이며 교회론적인 사고방식에 의해 반대된다. 동화되지 않은 공의회의 교회론적 시각은 오늘날 성인 신자들의 적당한 기대와 요구에 부응하지 못하는 미숙하고 실망스러운 형태로 성인과 함께하는 교리교육 작업을 이끈다.[71]

---

70 Cf. Francia CNER, 26-27.
71 Cf. P. Scabini, «Obiettivi della pastorale catechistica degli adulti», in: Id. (Ed.), *Catechesi per cristiani adulti. Proposte ed esperienze*, Roma, Paoline 1987, 93.

이러한 상황에서 선언된 여성의 존엄과 평등을 효과적으로 구현하려는 만족스러운 공식에 도달하지 못한 오늘날의 교회에서 여성 문제의 중요성과 심각성은 여전히 강조된다. 이러한 범위 안에서 문제를 해결하는 데에 진지하게 착수되고 개방된 교리교육이 결정적인 임무를 수행할 수 있다. 사실 교리교육은 그 분야에 여성적 요소들이 널리 퍼져 있다는 점을 고려할 때, 교리교사들 사이에서든 성인과 함께 하는 교리교육 작업의 특정 분야에서든 특별히 이에 대한 책임을 느껴야 한다.

Adulti e catechesi

성인 교리교육의
내용에 관한 문제

CAPITOLO SESTO

Il problema del contenuto
nella catechesi degli adulti

성인 교리교육의 계획과 실현에서 모든 교리교육 체험의 특징적인 내용의 문제, 특히 주제 선택과 배열 및 공식화와 관련된 문제들이 드러난다. 이것은 정통 교리와 언어 등 내용의 체계성과 온전성에 대한 전통적 질문들이 제기되는 문제들이다. 이 장에서 우리는 성인 교리교육의 요구와 관련해 이런 광범위한 문제의 몇 가지 측면들을 생각해 볼 것이다.

우리는 여기에서 교리교육의 일반 문헌을 비롯해 근본적인 교리교육적 논의에 들어 있는 원칙과 기준이 적용된 내용에 관한 문제 요소들은 다루지 않을 것이다. 그러나 내용적 관점에서, 특별히 성인 교리교육이나 교리교육의 성숙한 성격을 더욱 분명하게 밝히고자 한다. 이것은 오늘날 성인 세계의 요구와 특성에 부응하고자 하는 모든 교리교육적 체험에 적용할만한 지표와 기준이다.

내용 면에서 실행할 교리교육의 유형에 따라 구체적인 계획 단계에서 많은 문제가 해결돼야 함을 염두에 두어야 한다. 그러나 일반적 관점에서 어떤 경우에서도 잊어서는 안 되는 몇 가지 원칙과 요구 사항이 강조될 수 있다.[1] 첫 번째는 성인 교리교육에서 내용 선택을 위한 일반적 기준이며, 두 번째는 내용 자체의 표현과 표명에서 고려해야 할 주요 요구 사항이다.

---

1 Cf. G. Groppo, «Contenuto (criteri)», in Diz.Cat. 174-177; L. Gugliemoni, «Quale annuncio, oggi, per gli aldulti?», in: Id. (Ed.), *La lampada e l'olio* […], Leumann (Torino), Elledici 1992, 137-147; L. Soravito, *Orientamenti per un progetto di catechesi degli adulti*, Leumann (Torino), Elledici 1990 (cap.V: «I contenuti della catechesi degli adulti. Criteri per la scelta e la presentazione»).

1. 성인 교리교육의 내용 선택을 위한 기준

"하느님과 인간에 대한 충실"[2]이 항상 교리교육 방법론의 근본적인 기준으로 남아 있다면, 성인 교리교육의 내용 선택에서 이러한 이중 요구와 역사 안에서 하느님 말씀에 더욱 충실해야 한다는 유일한 요구 사항의 두 가지 보완적 측면도 준수돼야 한다. 그리고 이러한 의미에서 내용 선택을 위한 근본적이고 추가적인 두 가지 기준, 곧 기능성의 기준 그리고 전체성과 온전성의 기준을 염두에 두어야 한다.

1.1. 기능성의 기준

편리하게 이해하고 적용할 수 있는 이 기준은 항상 인간에 의존하는 propter nos homines 계시의 성질에 어떤 방식으로든 반응하며, 언제나 신앙교육이 돼야 하는 교리교육 활동의 구체적 임무도 준수한다.[3]

"기능성 funzionalità"이란 결정된 성인 교리교육 계획안에서 적절한 계획 작성의 법칙을 따를 경우, 계획 자체의 일반적이고 특정한 목적에 따라 내용을 선택하고 결정하는 것을 의미한다. 그것은 그 자체로 논리적이며 이해할 수 있는 원칙이다. 곧 결혼 준비 모델이나 예비신자 기간의 여정, 라디오 방송 프로그램이나 부모 집단에서의 교리교육 내용은 어떤 경우에서든 도달해야 할 목적의 차이 때문에 다르게 나

---

2 Cf. DGC 145; RdC 160; CT 55.
3 하느님 말씀의 소통과 신앙교육과 같은 교리교육과 관련된 『오늘의 교리교육』 제4장과 제5장을 참고하시오.

타날 것이다.

이 기준은 그 자체가 목적이 돼서는 안 되고 명확히 양성적이고 교리교육적 목적 달성을 목표로 삼아야 하며, 개인, 공동체 및 특별한 요구로 실행된 존재론적 맥락에 배치돼야 하는 내용 선택의 기능적 측면을 강조한다. 그러므로 신앙의 지성적 과정(신학)과 동일시되지 않는 신앙교육과 신앙 성숙(교리교육)의 여정에 봉사하면서, 내용 선택의 의미를 얻는 것은 이런 광범위한 운영 틀 속에 있다.[4]

기능성의 기준에서는 성인 교리교육의 임무가 처음부터 세뇌 작업을 수행하는 것은 말할 것도 없고 신앙의 전부를 표현하거나 제시하는 것이 아니라, 성인의 성숙도를 존중하면서 신앙 성장 과정을 촉진하는 것임을 상기시켜야 한다. 다음은 이와 관련된 몇 가지 설명과 결과이다.

- 기능성 기준의 적용은 교리적 완전성이라는 원칙의 상대화를 포함하지만, 외연적 온전성$^{integrità\ estensiva}$이 아닌, 내포적 온전성$^{integrità\ intensiva}$이라는 의미에서 항상 기본 요구 사항이자 "교리교육의 목표"(DGC 66)로 남아 있다.[5]
- 기능성 기준에 적합한 적용을 위한 전제 조건은 대상의 실제 요구에 응하고, 동시에 교리교육 임무의 적절한 규칙을 준수하는 정확하

---

[4] Cf. Cat.oggi, 17-18.
[5] Cf. Cat.oggi, 153-155; DGC 112; Spagna CC 200-201; Brasile CR 98; A. García Suárez, *En torno a la integridad extensiva e intensiva del mensaje cristiano*, in: «Actualidad Catequética» (1977) 81/82, 139-225. 이러한 요건은 성인들이 신앙 체험에 대한 유기적 시각을 가질 수 있게 만드는, 교리적 기준틀을 제공해야 하는 성인 교리교육의 필요성에 반대하지 않는다. Cf. Spana CA 176.

고 신중한 목적의 표명이다.[6] 이것은 일반적으로 그 당시에 보이는 것처럼, 동기 부여와 상황 분석의 측면에서 교육적 노력, 운영 문제의 설명과 식별을 요구한다.

- 기능성의 기준은 그리스도교 메시지의 내용을 단순한 도구로 축소하거나 신앙 내용의 도구화, 분산, 변형 등의 위험을 가지면서, 이를 어떤 목적을 달성하기 위해 마음대로 쓸 수 있는 수단으로 축소해서는 절대로 안 된다.[7] 또한 성인 교리교육 안에서 "목적을 위한 교육학"(행동주의자적인 의미에서 "첫 번째 세대"의 PPO)과 "교과과정"의 구조에 매우 엄격하게 연결된 몇 가지 방법을 재고할 필요가 있다. 그래서 교리교육의 계획("교과과정")은 인지적 측면에 국한되거나 단편적 제시로 축소되는 것을 피하면서 더욱 명확하고 개방적인 방식으로 진행돼야 할 것이다.[8]

기능성 기준의 올바른 적용은 어떤 식으로든 성인 교리교육의 내용 충실성을 손상하지 않는다. 결국, 하느님 말씀과 신앙 성숙의 본질 속에서 인간의 영광과 구원, 인간적인 기도와 신적인 개입 사이의 불가분의 일치가 보장된다. 그리스도 안에 계시는 하느님께서는 인간에게 응답하실 뿐만 아니라, 인간에게도 질문하시고 점점 더 계시를 이해할 수 있는 의사소통의 형태를 취하는 질문으로 바꿔 말하도록 촉

---

[6] 제4장을 참고하시오.
[7] 예를 들면, 특정 주제를 다루기 위해 성경을 "이념적"으로 해석하고 도구화하거나 "교훈적인" 목적으로 전례를 이용하는 경우를 말한다.
[8] Cf. A. Binz, *Curriculum et enseignement religiex*, Fribourg 1974; M. Spirz, «Curricolo (metodo curricolare)», in: Diz.Cat., 191-195; CEPEC, *Construire la formation*, Paris, ESF 1991 (특히, 첫 부분: «Vers une pédagogie par objectifs de deuxième génération», 19-38).

구하신다. 이것은 인간의 체험과 그 필요가 교리교육 내용의 유일한 선택 기준이 될 수 없음을 의미한다. 왜냐하면 계시는 항상 인간의 체험을 어떤 식으로든 대체하는 타자성의 측면을 유지해야 하기 때문이다.

다시 말하면, 하느님께 대한 충실과 인간에 대한 충실을 투쟁의 경쟁적인 순간으로 보는 것이 아니라 유일한 구원 계획의 보완적인 측면으로 봐야 한다. 그래서 교리교육의 목적-내용의 관계를 양성이나 학습의 교육 과정 안에서 고유한 형태로 이해할 필요가 있다.

결론적으로, 기능성의 기준은 내용의 절대주의와 교리적 추상주의의 모든 형태를 극복하도록 성인 교리교육을 도와야 한다. 따라서 이론적인 것과는 거리가 멀며, 성인들 사이에서 설득력과 신뢰성을 크게 손상하는, 존재하지 않거나 누구도 묻지 않는 질문에 답변하는 위험을 피하도록(cf. CAL 131) 성인 교리교육을 도와야 한다. 물론 신앙의 영역과 관련된 올바른 질문을 제기하고 거기서 올바른 공식을 찾도록 성인들을 돕는 것은 언제나 필요하다.

1.2. 그리스도교 메시지의 전체성과 온전성의 기준

앞의 기준을 보완하는 이 기준은 그리스도교 메시지의 완전성에 대한 필요, 곧 결코 손상되거나 일방적으로 약화된 것으로 보여서는 안 되는(cf. CT 30) "그리스도교 유산"이라는 보물을 충실하게 전달할 필요에 부응한다.

일반적으로 이 기준은 다음과 같이 설명될 수 있다. 성인 교리교육의 계획 내용을 결정할 때, 그리스도교 메시지의 유기적이고 전체적인 특성은 결코 타협되거나 약화 돼서는 안 된다.

교리교육은 "의미 있는 경험적 의사소통", 곧 기본이 되는 그리스도교적 체험(성경 체험)이며 교회 체험과 관련해 자기 체험과 동일시하고 해석하는 과정으로 이해될 수 있으며, 또 그렇게 해야 한다.[9] 이 과정에서 교리교육의 모든 계획은 본질적 내용 요소에 대한 명확한 그림으로 그려진다.

- 기본적인 성경 체험의 내용과 언어(성경)
- 다양한 교회 체험의 내용과 언어(역사, 전례, 교도권, 교부, 신학자, 성인 등)
- 현시대에 존재하는 문제, 상황, 요구와 관련된 오늘날의 그리스도교 체험의 내용과 언어

그리스도교 메시지의 유기적이고 전체적인 성격은 성인 교리교육의 내용에서 이 세 가지의 중요한 내용 요소들의 공존을 요구한다. 그러나 전체성과 온전성의 구체적 기준과 관련해서는 다음의 몇 가지 설명이 제시된다.

- 성인 교리교육의 구체적인 모델은 이러한 내용 줄기 중 어떤 것에 특권을 주거나 다양한 방식으로 그것들을 결합할 수 있다. 그래서 그렇게 성서적, 전례적, 복음 선포적, 교도권적, 교리적, 인간학적, "상

---

9 Cf. Cat.oggi, 116-118; Francia CNER, 39-41.

황적" 혹은 혼합 형태적 성인 교리교육의 모델을 가질 수 있다. 사실, 성인 교리교육 안에서 성경의 사용은 분명히 명예로운 자리를 차지하고 있으며, "귀납적"이거나 "경험적"이라 불리는 방법을 선호하기도 한다. 하지만 전체성에 대한 기준은 그리스도교적 체험의 전체에 관해서만 신앙 성숙의 분명한 과정을 갖는다는 것을 상기시킨다.[10] 삶에 대한 그리스도교적 해석은 성서적, 교회적 체험에 대한 중요한 언급을 전제로 한다. 그리고 (성서적, 교회적 형태 안에서) 그리스도교적 선언은 구체적 대상에 대한 중요한 언급도 반드시 포함한다.

- 전체성과 온전성이 존중받기 위해서는 그리스도교 메시지의 근본적 차원, 곧 모든 부분에서 신앙 내용을 특징짓는 특성이나 측면을 염두에 두어야 한다.[11] 그것들은 신앙 내용의 본질적 측면, 곧 삼위일체적, 그리스도론적, 인간학적, 구원 역사적, 교회적, 성사적, 윤리적, 종말론적 측면으로, 어떻게든 교리교육 전달의 모든 순간에 존재해야 하는 주제적인 측면이나 노선을 의미한다.[12]

- 특히, 성인 교리교육의 모든 모델은 내용적 선택이 무엇이든 간에 항상 특별하고 분명한 형태로 제공되거나 정교화된 내용의 인간학

---

[10] Cf. Spagna CA 178; UCN 1, 32-33. 종종 성인 교리교육 내용에 대해 한쪽으로 축소되는 경우가 있다. cf. F. Garitano, *Puntos críticos en la experiencia actual de la catequesis de adultos*, «Sinite» 35 (1994) 106, 366-367.

[11] Cf. E. Alberich, «Dimensioni della catechesi», in: Diz.Cat. 211-212.

[12] 이러한 측면에 대한 이해를 돕는 성찰은 다음을 참고하시오. Cf. N. Bussi, *Il mistero cristiano. Breve introduzione allo studio e alla presentazione del cristiano*, Cinisello Balsamo (Milano), Paoline 1992.

적이고 실존적인 의미를 보장해야 한다고 말할 수 있다. 그 내용은 다음의 공식적인 프랑스 성인 교리교육 안내서에서 살펴볼 수 있다.

> 시작점이 무엇이든 간에 상관관계^{correlazione}에 대한 문제는 어떤 경우에도 발생한다는 점을 강조하는 것이 중요하다. 출발점이 참가자의 체험이라면, 그것을 탐구하고 심화한 후에는 기본적인 그리스도교적 체험과 참가자의 체험을 서로 연결해야 할 것이다. 그것 없이는, 복음화가 되지 않을 것이다. 반대로, 신앙 표현에 대한 작업이 시작되는 경우에는 참가자의 체험을 인간적 체험과 연관시켜야 하며, 그렇지 않으면 상황의 중심에 있는 참가자에게 이르지 못할 위험이 있다.[13]

성인 교리교육 과정에서 하느님의 말씀이 "자기 문제에 대한 개방성, 자기 질문에 대한 응답, 가치의 확장과 동시에 보다 더 깊은 열망에 대한 만족감"[14]으로 각 사람에게 나타날 필요성이 있다.

실제로, 체험은 기본적인 그리스도교적 체험과 현재의 인간적 체험 사이의 중요한 연결이 작용하는 과정에서 종종 어려움이 생긴다. 인간적 문제에 대한 고찰에서 출발한다면, 성경 체험을 언급하기가 어려워진다. 반면에, 성경에서 출발한다면, 지금의 구체적 현실에 대한 언급이 항상 쉽고 정확하지는 않다.

---

[13] Francia CNER, 41-42.
[14] Card. A. Cicognani, *Lettera*, a nome del Papa, del 23.3.1964, 종교교육에 대한 제4차 프랑스 국립 회의에서: «La Documentation catholique» 46 (1964) n.1422, col 503. Cf. RdC 52.

종종 두 개의 막다른 골목에 갇혀 있는 우리를 발견하게 된다. 곧, 실존 문제에 도달하지 못하는 내용 중심의 교의적 접근이거나 그리스도교 전통을 언급하지 않는 "경험"의 공유이다.[15]

전체성의 기준은 그리스도교 체험의 언어 중 하나로 제한되거나 몇 가지 특정 내용(예를 들어, 루카 복음, 결혼 준비 여정, 몇 가지 현실성의 문제 등)만 고려되기 때문에, 여러 가지 이유로 선택된 내용을 상당히 제한하는 교리교육 계획과 계획 작성에서 적어도 이상적 지평을 염두에 두어야 한다.

2. 성인 교리교육의 내용 제시와 표명의 기준

교리교육 관점에서 적절한 내용 선택은 그것의 표명과 제시되는 방식만큼 매우 중요하다. 따라서 여기에 성인 교리교육의 대상과 같은 성인의 성격과 신앙 성숙의 요구(모든 교리교육의 목적)에, 또 오늘날 사회·문화적 상황에서 유래된 명령에 응답하길 바라는, 대략적으로 보고된 몇 가지 지표들을 염두에 두어야 한다. 사실 이것은 오늘날 성숙한 신앙을 가리키는 그리스도교 메시지의 제시를 위한 몇 가지 기준

---

[15] G. Routhier, «Construire un projet en éducation de la foi des adultes», in: Id. (Ed.), *L'éducation de la foi des adultes. L'expérience du Québec*, Montréal, Médiaspaul 1996, 351. 이것은 특히 하느님 말씀과의 소통에 대한 체험적 성격에 유래된, 인간의 경험과 그리스도교 메시지 사이에 "통행"이나 "상관관계"의 문제로 잘 알려져 있다. cf. Cat.oggi, 107-118; J. Gevaert, *La dimensione esperienziale della catechesi*, Leumann (Torino), Elledici 1984.

을 설명하는 문제이다.

이러한 지표들은 다음의 '의미', '본질', '성숙', '토착화', '대화'라는 핵심 개념을 중심으로 요약될 수 있다.

2.1. 의미

의미^{significatività}는 잘 알려진 "상관관계"의 원리, 곧 존재의 실제 문제와 무의미하지 않고 도구적이지 않은 필수적 연결의 정확한 적용을 뜻한다. 성인 교리교육에서는 메시지의 "진리"보다는 성인의 종교적 요구에 대한 응답으로 "의미"를 보장하는 것이 중요해 보인다.

> 복음 메시지의 전달을 인간과 사회에 대한 의미와 분리해서는 안 된다. [...] 주의할 점은 종교적 지식이 아니라 항상 계시된 말씀^{Parola}에 열려 있는 것이다.[16]

모든 형태의 교리교육에 유효한 이 원칙은 성인 교리교육에서 매우 특별한 방식으로 고려돼야 한다. 사실 성인은 교리교육에서 실제적 문제, 곧 신앙의 심화가 "자기 가슴 속에 있는 가장 심오한 질문에 대한 대답을 새로운 소식(복음)에서 만나기 위해"[17] 자기 삶과 상황의

---

[16] Fancia CNER 40; RdC 52.
[17] USA *Our Hearts*, 82. Cf. UCN 3, 16.
[18] Cf. V. Di Chio, *Didaktit des Glaubens. Die Korrelationsmethode in der religiösen Erwachsenenbildung der Gegenwart*, Zürich, Benziger 1975, 2; J. Gevaert, *La dimensione esperieziale della catechesi*, 59-67; A. Foosion-L.Ridez (Ed.), *Adulti nella fede. Il metodo della correlazione in pegagogia e in catechesi*, Milano, Paoline 1992.

해석으로 보이는 것에 대해 말할 필요성을 느낀다.[18] 그래서 교리교육 내용의 인간학적 측면과 상응관련법의 가능성을 강조할 필요가 있다. 우리는 체험이 삶의 의미, 곧 방향과 의미를 부여할 가능성의 중심에 있다는 것을 알고 있다.[19]

의미의 필요성은 성인기에서 보이는 성인 학습의 고유한 성격과 성인 생활의 여러 시기나 단계와 긴밀하게 연결된 것으로 보인다.[20]

2.2. 본질

오늘날 많은 그리스도인에게 만연한 정체성 위기에 대한 대응으로써 신앙의 본질적이고 핵심적인 요소들을 분명한 형태로 재발견할 필요성이 강하게 제기된다.

성인 교리교육은 그리스도인 정체성의 재발견과 재형성이라는 목표를 교육 목표에 포함해야 한다. 그래서 본질적 핵심에 (신앙의 축소를 의미해서는 결코 안 되는) 신앙의 필수적인 종합 형태를 허용해야 한다. 이러한 관점에서 성인 교리교육에 특별한 의미가 있는 몇몇 "문학 장르"의 실재를 꽃 피운 시기를 다음과 같이 살펴볼 수 있다. 곧, 신앙에 대한 새로운 "요약된 정식" 혹은 "신경"의 연구[21], 십계명이나 전통적 상

---

19 Cf. G. Adler-S. Salzmann (Ed.), *Quêtes de sens. Outils pour repérer et accompagner les demandes de sens*, Lausanne, CCRFP 1997, specialmente il cap.6 di A. Binz(«Itinéraire de vie et production de sens», 49-54).

20 제5장을 참조하시오.

21 Cf. R. Bleistein, *Kurzformeln des Glaubens*, 2 voll, Würzburg, Echter 1971; L. Karrer, «Kurzformeln des Galubens», in: Lexikon RP 1144-1150.

징에 대한 설명, 특히 신경이나 사도신경에 대한 설명, 성인 "교리서", "신앙 입문서", "신앙 서적"의 증가와 이와 유사한 시도의 확대가 이 시기에 나타난다.[22] 그리고 이런 많은 작품에서 신앙 내용에 통일성과 고유성을 부여하기 위해 하느님 나라, 계약, 사랑 등과 같은 모든 메시지의 통합된 개념이나 범주가 선택된다는 사실도 중요하다. 또한 신앙에 대한 전통 "문헌들" 중 하나가 본질적 기준점으로 간주된다는 것도 의미 있다. 이 문헌들에는 사도 신경, 감사기도 제4양식, 파스카 성야의 독서, "그리스도를 통하여 성령 안에서 성부께"의 원칙 등이 포함된다. 이것은 오늘날 세상 속에 있는 신자들에게 자기 정체성의 본질, 일관성, 재발견의 필요성을 나타내는 표징이다.

> 성인은 신앙의 유기적인 시각, 곧 모든 신앙생활과 관련된 **일관적인 정신적 틀**un quadro mentale coerente을 얻을 필요가 있다. 그리스도교 메시지의 이러한 종합은 이미 언급했듯이, 인간 생활에 영향을 미치는 심오하고 **근본적인 의미**를 관통해야 한다. 교리교육은 빛을 보여줄 뿐만 아니라 빛이 비치는 현실도 보여준다.[23]

2.3 성숙("성인")

여기에서 성인 교리교육은 더욱더 의무적이고 중요한 요구 하나를

---

22 이와 관련된 작품들이 매우 방대하다. 의미 있는 선택을 위해서 책 뒷부분의 참고문헌을 참고하시오. 하지만 이와 관련해 체험은 현실화의 어려움도 보여주고 있다. Cf. Garitano, *Puntos críticos en la experiencia actual*, 371.
23 Spagna CA 176.

발견한다. 성숙한 조건의 필요성을 존중하고 오늘날 진정으로 성숙한 교리교육의 발전을 보장하는 것은 "너무 많은 형태의 성숙하지 못하고 실망스러운 성인 교리교육"[24]이 존재하기 때문에 결정적인 도전이다. 신앙 내용과 관련해 몇 가지 기본적인 요구 사항을 제시해 본다.

내용의 과학적 갱신

이것은 신학, 주석, 인문학 등 다양한 분야의 성찰과 연구 현황에 주목하는 것이다. 성인은 다양한 문제의 실제 상태에 대해 진지하게 정보를 받고 싶어 하고 미해결 문제에 대해 갇혀 있지 않으며 될 수 있는 한 자기 능력으로 개입할 수 있기를 원한다. 교리교육이 신학적 성찰과 혼동되지 않는 것이 사실이라면, 특히 성인의 경우 신앙 성숙에 대한 합리성과 적절한 비평을 고려해야 하는 것도 사실이다. 과거에 자주 일어났던 것처럼 진리를 강요하는 미숙하고 독단적인 방식이 유지되는 교리교육의 "성숙한" 특성은 존경받지 못한다.

이러한 이유로 성인 교리교육에서 확실성에 대해서만 언급할 수 없지만, 인류 역사에 육화하시는 하느님 말씀의 역사적이고 종말론적 측면을 역동적으로 존중하는 개방된 교리교육의 관점에서 진리를 탐구하며, 해결되지 않은 문제에 대한 불확실성에 대해서도 여지를 주어야 한다. 그래서 "주어진" 진리만이 아니라 "주어지고 약속된" 진리

---

[24] UCN 1, 31; UCN 3, 17 e 22.
[25] Cf. Cat.oggi, 97-100.

에 대한 교리교육이 돼야 한다.[25]

연구에의 참여

이 기준은 성인의 성장과 학습의 역동성에 참여할 필요성과 교리교육의 열린 개념에 대한 응답이다. 그 열린 개념이란 교리교육을 진리에 대한 공통 연구로, "신앙 담론의 생산"[26]으로 인식하고, 또 "걸어가는 것"이 도착 지점보다 더 중요할 수 있는 복음에 비춰 삶을 해석할 때 "함께 걷는 것"으로 인식하는 것이다. 그래서 "동화되는 교육학 pedagogia dell'assimilazione"의 단계에 머무르지 말고 "창의성의 교육학 pedagogia della creatività" 참여를 독려해야 한다.[27] 성인은 결코 단순한 참여자의 역할로 축소돼서는 안 되며, 자기 신앙 성장에 능동적이고 책임 있는 주체가 되도록 도움을 받아야 한다. 체험은 이것이 항상 성취되는 것이 아니라고 가르치고 있다. "지식은 고정돼 있어서, 그것을 전달하는 것이 중요하다는 확신에서 벗어나기란 쉽지 않다."[28]

---

26 Cf. R. Marlé, Une nouvelle étape de la catéchèse française, «Études», tome 353 (1980) 4, 397.

27 "교리교육 노력이 동화되는 교육학으로 실현될 수 있었던 때가 있었지만, 오늘날에는 창의성의 교육학 없이는 우리의 행동이 실현될 수 없는 것처럼 보인다." S. Congreazione per il Clero, Atti del II Congresso Catechistico Internazionale, Roma Studium 1972, 503.

28 Routhier, «Construire un projet en éducation de la foi des adultes», 355

"진리의 서열"에 대한 존중

모든 형태의 교리교육에 적용할 수 있는 이 원칙도[29] 성인과의 작업에서 매우 특별한 의미가 있다. 신앙 성숙은 신앙의 세계와 그리스도인 삶 안에서 차이와 식별의 감각을 요구한다. 모든 형태의 그리스도교 체험에서 성인 신자는 부수적인 것에서 중요한 것을, 문제가 있는 것(혹은 의심스럽거나 불확실한 것)에서 확실한 것을, 주변적인 것에서 가장 중요한 현실을, 변화될 수 있는 것에서 불변하는 요소를 식별할 수 있어야 한다. 성인 교리교육은 이러한 구별력과 식별력을 가능하게 해줘야 한다.

진정성과 자기비판

비판적 능력과 자기 비판적 능력은 신앙 성숙의 고유한 특징이며,[30] 그것으로 성인 교리교육의 실행이 고무되고 인도돼야 한다.

이 기준의 구체적인 적용은 문제의 섬세함과 개인의 주관적 주장에 따라 각자의 믿음을 확고히 지키려는 위험이 도사리고 있기 때문에 쉽지 않다. 올바르게 이해된 비판적 정신은 그리스도교 전통의 역사적, 학술적 요소이고 교회의 사회학적, 제도적 측면이며, 과거와 현재의 그리스도교적 체험의 역사적, 문화적 육화와 같은 합리성에 대

---

[29] Cf. DGC 114-115; Cat.oggi, 153-154.
[30] Cf. Cat.oggi, 141.

한 조사에 개방된 신앙의 내용적 측면과 관련해 고쳐돼야 한다. 그럴 때, 그리스도교와 그 전통의 모든 승리주의적이고 거짓된 호교론적 시각이 극복된다.

2.4. 토착화

대화와 문화적 대조는 오늘날 성인들의 신앙의 적절한 성숙을 위한 가장 결정적인 요구사항 중에 하나이다. 여기서 성인 교리교육은 중요한 시험대와 확실성에 대한 시험 중 하나를 발견한다. 그리고 이곳에서 오늘날 성인 교리교육이 수행하는 위대한 문화적 도전의 성격이 강하게 나타난다.[31]

오늘날 성인 교리교육에 참여하는 사람들의 다양한 맥락 안에서 그리스도교적 체험에 대한 토착화는 그리스도교 메시지의 적절한 표현을 위한 보다 시급한 명령 중 하나다. 신앙과 문화 사이의 분리가 "우리 시대의 비극"(EN 20)이라면, 성인 교리교육은, 많은 사람이 거짓된 영성주의로, 또는 윤리적으로 무익하며, 문화적으로 공허하다고 고려하고 느끼는 인습적인 그리스도교 사상을 극복하면서, 신앙이 설득력 있고 신뢰할 만한 메시지로 돌아가기 위해, 충실하고 용기 있게 수행되는 대체 불가능한 과제에 직면해 있다.[32] 이러한 요구에서 문제

---

[31] Cf. A. Fossion, *La catéchèse dans le champ de la communication. Ses enjeux pour l'inculturation de la foi*, Paris, Cerf 1990, cap. 12(«L'inculturation du contenu de la catéchèse»); USA *Our Hearts*, 84.

[32] J. Martín Velasco, *Presencia evangelizadora y compromiso de los cirstianos*, «Teología y Catequesis» (1987) 23/24, 539.

의 여러 측면을 구별할 수 있다.

언어의 중요성

신앙을 심화하고 소통하는 일에서 언어의 결정적인 중요함에 대해 강조하는 것은 아무리 강조해도 지나치지 않는다. 이것은 단순히 기존 내용에 아름다운 "옷"을 추가하는 것이 아니다. 언어의 역할은 훨씬 더 깊다. 그 역할에 우리 시대 사람들에게 설득력 있고 신뢰할 만한 형태로 신앙 내용을 표현하고 전달하는 방식을 발견하기 위한 문화적 육화와 조화를 이루는 모든 노력이 요구된다. 교리교육에서는 많은 경우 내용의 의미와 전달 및 교리교육적인 본질적 특성보다는 개념적 정확성("진리적" 요구)에 더 많은 관심을 가져왔다.[33] 그리고 안타깝게도 교리교육 분야에서 신학적 차원의 좋은 업적과 저작은 존재하지만, 교리교육적 가치는 거의 또는 전혀 없다.

성인 교리교육의 언어에 대한 연구에서는 무엇보다 성서적, 교회적, 실존적이라는 삼중 표현에서 신앙 전달과 신앙 체험 사이의 본질적 관계를 존중해야 한다. 이러한 이유로, 교리교육 임무의 역동성에서 그 언어는 우선 (확실한 신앙 체험의 표현으로써) 정확해야 하고 초월적이고 구원적 가치에서 체험의 심화와 해석을 허용하고 장려하며, 결론적으로 그리스도교 유산의 다양한 체험 사이에서 조화로운 통합

---

[33] Cf. DGC 235. 다음 글도 참고하시오. J.P. Bagot, Qaule linguaggio per la catechesi?, ≪Catechesi≫ 46 (1977) 13, 27-42.

을 지지해야 한다. 이것은 매우 중요한 작업이며 요구 사항이다. 이제 성인 교리교육을 위한 구체적인 언어 선택에서 나타나는 몇 가지 특별한 문제에 주의를 기울여 보자.

- **성경 언어**의 사용은 일반적으로 정당한 우위를 점한다. 이와 관련해서 적절한 교리교육 방법론은 문자 그대로의 인용과 주석 사이에서, 문학적 고정주의와 번역의 자유, 도구적 사용과 심화한 고고학 사이에서 적당한 균형을 이루면서, 성경의 표현적이며 고유한 해석적 교회 규칙에 대해 존중해야 한다. 성인 교리교육이 이념적 도구화와 근본주의적 해석의 빈번한 위험을 피한다면, 성경 언어를 위한 우선권에서 중요한 의사소통적 자원 중 하나를 발견하게 될 것이다.

- 특히, **신앙 체험을 전달**하는 데 있어 적합한 언어 선택에 주의를 기울여야 한다. 그 자체로 많은 언어적 양식이 연상적, 시적, 단정적, 문제적, 설명적, 지적 언어 등의 의사소통에 사용될 수 있다. 그러나 종교 체험은 "연상적"이고 거의 "성사적"인 힘으로 종교의 초월적이고 형언할 수 없는 차원을 표현하는 데 보다 더 적합한 언어를 선호한다고 알려져 있다. 이런 언어들에는 내레이션, 상징, 이미지, 시, 은유 등("신화^{mythos}"의 언어)이 있으며, 증명, 설명, 전시 등과 같은 "이성^{logos}"의 대표적 언어는 종교 체험에 덜 적합해 보인다.[34]

---

[34] 이것이 성인 교리교육이 특정 목적을 위해 교리와 합리성의 표현 양식의 사용을 배제하는 것을 의미하지는 않는다. 성인 교리교육은 교회 내에서조차 적지 않은 근본주의적이고 종파적 운동의 전형적인 반지성주의적 태도에 절대로 빠지지 말아야 한다.

- 오늘날 성인과 신앙의 성찰 속에서 **비언어적**[non verbali] **언어**의 신중한 사용이 특별한 주목을 받고 있다. 성인의 신앙교육을 위해서 "매스미디어"를 만드는 것이 가능하다는 것은 영화, 라디오, TV 등을 널리 사용하는 것으로 알 수 있다. 그러나 원칙적으로 참가자의 참여와 창의력을 자극하는 소위 "미디어 그룹[media di gruppo]"의 사용이 성인 교리교육의 요구에 더욱더 부합하는 것으로 보인다.[35]

가치의 문제: 해석학적 기준

신앙과 문화 사이의 관계를 규정하는 것은 신앙이 육화되는 문화의 가치와 대면하는 기준과 방식에 관한 것이다. 이와 관련해 비교와 대화의 과제를 조명할 수 있는 고전적 원칙, 곧 연속성, 불연속성, 초월성이 떠오른다.

- 신앙과 문화의 가치 사이의 **연속성**(확언 혹은 가정). 이와 관련된 현대인의 감수성은 매우 뛰어나다. 어떤 것도 자기 문화의 진정한 가치를 신앙의 이름으로 훼손하거나 그렇게 해서는 안 된다. 문화 속에서 유효하고 선한 모든 것에 대한 가정은 육화의 논리에 속하며, 오늘날 성인들 사이에서 신앙을 전달하는 것의 특징으로 나타나야 한다. 그러나 항상 그런 것은 아니었다. 이러한 의미에서 현대 문화에

---

[35] 다음 책에서 제시하는 예를 참고하시오. Cf. E. Alberich – A. Binz, *Forme e modelli di catechesi con gli adulti. Esperienze e riflessioni in prospettiva internazionale*, Leumann (Torino), Elledici 1995, cap. X(«Catechesi degli adulti nei media»).

대한 커다란 공감의 태도는 성인 교리교육의 책임자와 담당자들의 특징을 드러내고 그리스도교 신앙의 내용을 제시하는 방식에 반영돼야 한다.[36]

- 신앙이 문화에 대해 표명과 정화의 비평적 기능을 수행(DGC 109, 133, 204)해야 하는 **불연속성**(단절, 부정, 표명, 정화). 사실 신앙은 복음의 능력으로 "거짓 가치들을 정화하고 훈계함으로써 문화 안에 있는 죄를 알리고 교정한다."[37] 이러한 의미로 교리교육의 메시지는 용기, 성실함, "담대함parresía"으로 가득 차 있어야 한다.

- 그리스도교 신앙은 문화의 가치를 받아들이기 때문에, **초월성**(극복)은 단순한 인간적 기대나 요구를 훨씬 뛰어넘어 새롭고 더욱 높은 의미를 그 가치에 부여한다. 실제로 우리는 하느님의 말씀이 항상 놀랍고 우리의 기대를 다시 보게 하며, 우리의 질문을 재구성하게 한다는 것을 알고 있다.

또 다른 중요한 내용 지침은 신앙의 표현과 문화적 가치 사이에 "주고" "받는" 변증법에 따라 상호 해석적이고 평가적인 영향(해석학적 순환)이 있어야 한다는 것이다.[38]

- 한편으로 신앙은 문화와 관련해 **예언자적 기능**을 수행한다. 이것은

---

[36] Cf. Fossion, *La catéchèse dans le champ de la communication*, 340-343.
[37] Cf. Puebla 405; Cat.oggi, 103.
[38] Cf. Messaggio Sinodo '77, 5; Cat.oggi, 103.

적어도 다음의 두 가지 의미에서 그런 기능을 수행한다. 우선, 문화와 관련해 거기에 존재하는 부정적이고 비인간적인 측면을 찾아내고 변화시키는, 비판적이고 정화하는 본질적 기능을 위해서 예언자적 기능을 수행한다. 그런 다음, 시대의 징표를 읽고 미래를 예측하며, 새로운 개방성과 이상적 지평을 향해 문화를 추진하도록 신앙을 이끄는 예언자적 기능을 수행한다. 하지만 안타깝게도 그렇지 못한 경우가 많다. 그리스도교 체험은 보다 유효하고 의미 있는 문화 발견을 쫓아 거의 따라가야만 했다.

- 하지만 문화적 가치도 신앙의 해석과 재형성을 위해서 **해석학적 기준**이 돼야 한다. 성인 교리교육은 문화로부터 전달되는 진정한 가치가 신앙의 지성과 해석 및 재표현을 위한 효과적 도구가 되는 특별한 장소가 될 수 있다. 예를 들어, 우리 사회에서 여성과 민주주의에 대한 새로운 시각에 필요한 교회론적 성찰이나 생태학, 신체, 성性, 인권 등의 가치에 대한 그리스도교 윤리에 열린 새로운 지평에 대해서 생각해 볼 수 있다. 이런 점에서도 성인 교리교육은 오늘날의 세계에서 신앙의 미래를 위해 매우 중요하고 의미 있는 과제에 직면해 있다.

현대성과 탈현대성^{post-modernità}의 개방

여기서 현대 문화에 어떤 방식으로든 존재하고 그리스도교 신앙에

-그리고 교리교육에도- 의문을 제기하며, 중요한 문화적 도전을 시작하는 모든 가치를 지정하는 것은 불가능하다. 하지만 현대성의 가치론적 지평에서 네 가지 기본 영역 혹은 범주, 곧 사람, 역사, 세계, 과학을 언급할 수 있다.

· **사람**

사람, 사람의 가치, 존엄 그리고 의심할 여지없는 자유에 대한 현대의 감수성은 매우 주목할 만하다. 제2차 바티칸 공의회에서도 그 가치를 강하게 확인했다.[39] 교리교육에서도 사람의 가치, 인권이 확인돼야 하며, 설사 종교적 이유로 가려져 있다 하더라도 모든 형태의 차별과 착취는 규탄을 받게 된다.

· **역사**

역사 연구에 대한 필요성과 역사성의 차원은 우리 시대의 성인을 위한 그리스도교 신앙에 대한 현대적이고 설득력 있는 이해의 필수적인 측면이다. 역사적 사실에 대한 이러한 존중은 성인 교리교육 내용, 곧 성경의 역사, 교회의 역사, 신학적이고 교도권적인 사고, 성인전, 윤리적 사고 등의 모든 주요 분야에서 드러내야 한다.

· **세계**

특별히 제2차 바티칸 공의회 이후, 세계의 신학적 일관성과 그것의

---

39 이것에 대해서는 종교 자유에 관한 선언 「인간 존엄성」(*Dgnitatis Humanae*)과 바오로 6세 교황의 제2차 바티칸 공의회 폐막 메시지를 상기할 필요가 있다.

자율성에 대한 확인은 오늘날의 문화적 사고와 교회 감수성의 유산에 속한다(cf. GS). 세속화, 해방, 세계 변화를 위한 헌신, 사회적, 정치적 의식 등과 같은 가치들은 오늘날의 사고방식에 그대로 빠져들어, 신앙의 진정성에 대한 시험이자 해석과 재구성에 필요한 자극제가 된다. 이 모든 것은 교리교육의 적지 않은 근본 주제들을 이해하는 데 결정적으로 작용한다. 이 같은 주제들에는 전통적인 "이원론"(영혼과 육체, 영적인 것과 현세적인 것, 하늘과 땅, 역사와 종말론)의 숙고, 구원에 대한 통합적이고 육화된 새로운 시각, 자연과 역사에 대한 윤리적 자각, 신앙의 사회적, 정치적 차원 등이 있다.

- **과학**

우리 시대가 신앙과 과학 사이의 많은 전통적 갈등과 긴장을 극복하는 것을 보았다 하더라도, 많은 신자의 의식 속에서 이런 모든 문제들이 사라졌다고는 말할 수 없다. 어떤 독단적인 과학주의의 절대화된 주장에 굴복하는 것 없이, 성인 교리교육에서도 다양한 과학적 자료들이 충분한 진지함과 정당성을 갖는다면, 신앙 자료에 대한 적합한 재고를 해야 하는 그런 자료들을 존중하는 것이 좋을 것이다.[40] 이 분야에서는 적절한 용기와 균형으로 직면해야 하는 민감한 문제들이 적지 않게 나타난다. 예를 들어, 기적과 신화적 요소의 존재 때문에 성경에 제기된 문제, 물리학과 인간학 발전에 직면한 새로운 윤리적 관점, 사회학적 접근이 종교 제도에 미치는 영향 등을 생각해 볼 수 있다.

---

40 이와 관련해 중요한 것은 과학의 우위에 대한 네덜란드 성인 교리서의 용감한 자세이다.

2.5. 대화

대화의 가치와 다원주의의 진지한 수용도 우리 시대의 문화 의식에 속한다. 무엇보다 성인과 함께하는 교리교육에서도 이러한 요구에 열려 있으며 존중하는 신앙 내용을 고려해야 한다.

그런 의미에서 성인 교리교육의 내용을 제시하는 중요한 기준은 문화적이고 종교적인 비교에 비춰, 신앙을 숙고하는 확신과 노력을 공유하지 않는 신자에게 대화와 협력을 교육하는 과제에 주목하는 것이다. 다음은 이에 관한 몇 가지 특정 적용 분야를 소개한 것이다.

· **교회일치적**^{ecumenica} **관점**

그리스도인들 사이의 일치와 친교에 대한 연구는 성인 교리교육 내용을 공식화하고 수정하는 데 효과적인 자극이 돼야 한다. 이러한 방향으로 의심의 여지가 없는 진전이 이루어졌다 하더라도 교리교육적 실천에서 교회일치적인 요구와 기준, 곧 고유한 역사의 교회일치적 재해석, 다양한 교회에 대한 지식, 중요한 교회일치 문헌의 교리교육적 사용 등을 적용하는 것은 여전히 부족하다.[41]

· **종교간 대화**

비그리스도교와 관련해서도 다양한 종교에 존재하는 가치와 "말씀의 씨앗$^{semina Verbi}$"을 적절히 인식하면서 대화가 균형 있게 이루어지도록 독려해야 한다.[42]

---

[41] Cf. Cat.oggi, 189-190 ("교회 일치 운동을 위한 교리교육의 원천, 내용과 방법").
[42] Cf. Cat.oggi, 160-161 ("주요 종교들의 세계").

- 다양한 문화적 흐름과 사상 및 세계관과 **문화 간 대화**
 여기서 이 작업은 훨씬 더 복잡하고 섬세하게 나타난다. 그러나 신앙 성숙과 그리스도교의 신뢰성은 우리 시대가 그리스도교 신앙에 던지는 문화적 도전 앞에서 주저하지 말 것을 요구하고 있다.

- 이 부분에서 성인 교리교육의 운명을 위해 교회 안에서 대화의 중요성을 강조하는 것은 적절하다. 다원주의와 관용의 가치에 매우 민감한 사회 안에서 그리스도인들은 그리스도교 체험에 필수적인 요소와 화합할 수 있는 다원주의와의 차이를 받아들이고 질문을 허용하는 방법을 인지하는 모범을 보여야 한다.

Adulti e catechesi

성인 교리교육을 위해 일하는 사람과 방법 및 도구

CAPITOLO SETTIMO

*Operatori, metodi e strumenti
nella catechesi degli adulti*

성인 교리교육의 여정을 위해 도착 지점(목적)을 설정하고 여정 중에 말할 것(내용)을 명시하는 것으로는 충분하지 않다. 무엇보다 이 여정을 주로 책임지며, 신앙 여정에 참여하는 성인과 이러한 사목활동에 영향을 미치는 모든 관계자를 고려해야 한다. 그리고 여정을 시작하기 전에 명확한 목표를 갖는 것이 필수적이라면, 그것을 달성하기 위한 선택 방법 또한 중요하다. 이것이 바로 방법의 역할이다("metodos"라는 말은 도달하는 "경로"를 정확하게 나타낸다). 도보나 기차로 이동하는 일과, 점심을 갖고 가거나 호텔에 머무는 일, 나침반으로 방향을 잡거나 여행 안내자를 데려오는 일을 여정과 혼동해서는 안 된다. 하지만 이런 구체적인 수단은 무시할 만한 사소한 것이 아니다. 그것은 계획의 성공이나 실패에 영향을 미친다.

이 장에서는 우선, 성인 교리교육의 다양한 일꾼들과 관련자 집단, 또 그들과 연결된 몇 가지 교회론적, 교육적 전개에 대해 언급할 것이다. 방법론에 대한 질문은 그 의미의 설명과 교리교육 계획에 기초가 되는 운영 논리 및 모델의 선택 기준에 대한 설명을 제안한 다음 이어서 다룰 것이다. 그리고 이 장의 마지막 부분에서는 몇 가지 선택 기준과 함께 기술, 도구 및 재료 목록이 제공될 것이다.

1. 사람: 성인 교리교육의 참가자와 담당자

성인 교리교육의 담당자에 대해 언급할 때, 일반적으로 교리교사를 먼저 생각한다. 그들의 헌신은 확실히 결정적이지만, 그렇기 때문에 첫 번째 관계자, 곧 참가자와 교리교육 관련 공동체를 잊어서는 안 된다.

1.1. 참가자

성인 신자는 자기 신앙과 신앙 성장 과정의 일차적 책임을 진다. 그래서 성인 교리교육 참가자는 그들 교리교육의 첫 번째 담당자이고 책임자이며, 이러한 사실은 자율성과 의존 사이에서 변증법과 밀접하게 연결돼 있다.

성인 교리교육을 구성하는 방법은 첫 번째의 혹은 장애가 되는 이런 주체의 역할을 도울 수 있다. 교리교육에서 내용에 대한 것 뿐 아니라 교리교육 자체의 조건, 곧 장소, 시간, 작업 방법, 가능한 결과, 목적 등에 대해서도 참가자에게 교육할 수 있다면 자율성이 선호된다. 이런 방식으로 자율성이 자극되고, 성인 교리교육은 각자의 상황에 보다 더 적합해지면서 이해와 참여를 돕는다. 이와 관련해 몇 가지 방안이 특히 중요하다.

- **정보**와 "**타협**negoziazione"

성인 교리교육의 목표와 목적 및 수행에 대해 알리고 무엇을 해야 하는지를 이해하는 것은 첫 번째로 고려해야 할 필수적인 표지이다. 사실 참가자들이 계획에 참여하지 않고 그 점에 관해 의견을 말하지 않는다면, 어떻게 자기 책임을 실행할 수 있을까? 책임자의 의

도와 참가자의 요구 사이에는 종종 거대한 간격이 존재한다. 이들이 궁극적으로 교리교육을 인도할 가능성을 가진 진정한 주인공인가? 그들이 책임감 있는 것으로 생각되고 실제로 책임을 질 수 있는가? 참가자에 대한 진정한 존중은 활성가들이 참가자의 요구 분석과 그들의 동기 부여를 통합하는 가치에서도 나타난다. 모든 사람이 같은 이유로 다가오는 것은 아니다. 어떤 이는 무엇보다도 자기 신앙을 다른 이들과 나눌 장소를 찾고, 다른 이는 어떤 설명을 원하며, 또 어떤 이는 교회에서 자기 헌신을 향상하기를 바랄 수 있다.

- **개인화**

모든 참가자가 같은 방식으로 배우는 것은 아니다. 따라서 "참가자들을 성인 대 성인으로 대하고 그들의 체험을 존중하며, 학습 과정에 적극적으로 참여시키면서, 그들의 다양한 학습 방식과 요구를 존중하는 것"[1]이 중요하다. 사실 그들 삶의 체험이 다를 뿐만 아니라 인간적이고 그리스도교적인 성숙의 단계와 정도도 다르게 나타난다. 그들은 다른 논리도 가질 수 있다(한 사람은 더 합리적이고, 다른 사람은 더 실용적일 수 있다). 게다가 연령, 사회·문화적 소속감과 이전의 학습 체험이 각자의 방식과 리듬을 결정한다. 어떤 이들은 뚜렷한 목표를 달성하길 바라고, 다른 이들은 친교를 바라며, 또 어떤 이들은 틀에 박힌 것에서 벗어나길 원하고, 다른 이들은 여전히 삶의 중요한 변화와 연결지어 성인 교리교육을 바라본다. 성인 교리교육의 개인화는 참가자가 학습 방식과 리듬을 다양화하고 차별화된 목

---

1 USA *Our Hearts*, 82.

적을 제안하며, 각자에게 적합한 심화와 통합 가능성을 제공하면서 진정한 주체가 되도록 해야 한다.

- **협력**

협력 관계가 수립되고 모두의 공동책임이 촉진되는 곳에서는 참가자가 집단의 리더에게 의존할 위험이 크게 줄어든다. 참가자들의 여러 소질을 계발시키면서 성인 교리교육은 인간으로서, 또 신자로서 자기가 하는 말의 주인이 되도록 돕는다.

1.2. 활성가

성인 교리교육을 독려하고 생기를 불어넣는 사람들을 지정하기 위해 사용되는 용어들은, 교리교사, 활성가, 협력자, 동반자, 양성자 등으로 다양하게 나타난다.[2] 교리교육의 성공 여부는 그들에게 크게 달려 있다. 이런 명칭은 미리 정해진 것이 아니라 실천적 측면에 의해서 비롯된 것이며, 한쪽에서 다른 쪽으로 변동하는 것은 이러한 사목 분야에서의 역동성을 보여준다. 종종 성인들에게 활성가[animatori]라는 용어는 교리교사란 용어보다 선호되는데, 이것은 후자가 자주 갖게 되는 유아화적인 의미를 피하고 협력 관계를 강조하기 위함이며, 교회 삶의 생기와 활력을 불어넣어야 할 필요성을 명시하기 때문이다.[3]

---

2 일부 교회에서는 교구와 본당 차원에서 다양한 형태의 성인 교리교육 지도자(개인 및 단체)를 규정하고 있다. Cf. USA *Our Herats*, 124-154; 164-167.

3 1979년 처음으로 프랑스어권에서 출판된 공식 문서는 실제로 가장 섬세한 책임을 지고 있는 교리교육 담당자를 활성가라 불렀다. Cf. Conferenza Episcopale Francese, *Direttive per l'iniziazione cristiana dei fanciulli* [⋯], Leumann (Torino), Elledici 1981.

활성가에게 요구되는 자질은 이미 잘 알려진 지식^{sapere}, 전문 지식 $^{saper\ fare}$, 존재$^{saper\ essere}$의 영역과 관련이 있다.[4] 여기에 특정한 교육 능력이 포함되지만, 무엇보다도 환대할 줄 알고 "시간을 내어줄" 줄 알며, "약속"에 충실하고 "알지 못하는 것"을 인지하며, 떠나보낼 줄 아는 것과 같은 관계 능력이 포함된다.

모든 활성가는 자기의 장점(혹은 약점)을 구성하고 고무의 형태를 결정하는 자기만의 선택과 방식을 갖고 있다. 어떤 이는 교사의 역할에서 편안함을 느끼지만, 다른 이는 집단 학습의 역동성을 더욱더 잘 관리하고, 또 어떤 이는 교리교육이 지향하는 개인적, 사회적 변화에 특별히 민감하게 반응한다. 그리고 어떤 이는 신앙의 지성을 더 강조하지만, 다른 이는 살아 있는 신앙에 대해서 강조하고, 또 어떤 이는 행동에 전념하는 신앙에 대해서 더 강조한다.[5] 혹시 집단의 성격에 반대하는 유형의 개입을 강요하는 것은 잘못된 일이 될 것이다.

교사이자 동시에 교육자, 전수자여야 하는 활성가는 자기의 고무 방식의 위험과 약점을 인식하고 완화하기 위해 노력해야 한다.

일부 작업 방식, 예를 들면, 참가자를 "반대하여", 그들의 지시 "아래에서", "그들의 자리에서", 또는 그들 "위에서" 행동하는 것은 성인 교리교육에 적합하지 않다. 신앙 성숙을 돕는 것보다 나은 고무 방식은 분명 참가자들과 "함께 작업하는" 방식이다. 이러한 구분은 역할

---

[4] Cf. DGC 238; Cat.oggi, 295-298.
[5] Cf. *Dossiers* 5(성인들 양성에 있어 중요한 개입 방식을 효과적으로 안내함). 다음도 참고하시오. A. Binz – S. Salzmann, *Formazione cristiana degli adulti. Riflessione e strumenti*, Leumann (Torino), Elledici 2001, 144-153(«Diversi tipi di formazione»).
[6] 전문가의 역할은 집단을 위한 "개인-자원"이 되는 반면에, 고무자의 경우에는 고정된 목적을 달성하기 위해 집단을 촉진하고 활성화하는 역할을 담당한다.

구분(전문가와 활성가)⁶에 대한 교육적 원칙을 더욱 존중할 뿐만 아니라, 성공과 피할 수 없는 실패를 더욱 잘 관리하면서 더 많은 사람이 책임을 질 수 있도록 한다.

활성가의 임무는 즉흥적으로 이루어지는 것이 아니라 적절한 양성(과정)이 필요하다. 그런데도 활성가는 자신이 말하는 것과 행하는 것이 옳은지를 자주 자문할 것이다. 교육 활동에서 행동은 항상 말하는 것보다 훨씬 예리하며, 참가자들은 활성가가 말하는 메시지와 모순되는 비복음적인 태도보다 더 기꺼이 그들 활성가의 무지함을 감싸준다는 것을 잊어서는 안 된다. 물론 활성가의 직업윤리는 강좌나 독서를 통해 추구되기 전에, 우선 가까운 수단, 곧 다른 활성가들과의 토론과 체험 나눔, 자기 행동에 대한 정기적인 평가와 그와 비슷한 것들을 활용하는 것에서부터 지속적인 개선이 필요하다.⁷

끝으로, 활성가의 기본자세는 참가자들과 자기 신앙을 함께 나누는 신앙인의 자세여야 한다. 그의 모든 행동이 녹아 들어 있는 이러한 신앙의 자세는 마땅히 돼야 하는 것과 해야 하는 것에 대한 부담으로 그를 굴복시킬 위험이 있는, 꼼짝 못 하게 되는 공포까지도 극복하게 할 것이다. 그는 자신의 아름다운 사명에서 결코 혼자가 되지 않을 것이며, 주님께서Altro 교회 삶에 항상 활력을 불어넣는다는 것을 알고 있다.

1.3. 집단과 공동체

성인 교리교육 담당자의 범위 안에는 교리교육 집단과 그리스도인

---

7   Cf. A. Binz - S. Salzmann, *Formazione cristiana degli adulti*, 71-72 («Etica dell'animatore»).

공동체 및 교회와 같은 공동체 질서의 임무와 책임도 존재한다.[8]

1.3.1. 교리교육 집단

성인 교리교육의 주요 계획은 "집단"을 신앙을 성찰하고 나누는 특수한 장소로 여기고 있다(DGC 159). 그 특징 중 일부를 살펴보자.

집단의 중요성

집단의 중요성은 오래된 신념이다. 모레노[J.L Moreno]와 레윈[K. Lewin]은 집단에서 학습에 도움이 되는 역학이 어떻게 발전하는지를 강조했다. 그것은 각 구성원이 다른 이들에게 중요한 자원이 될 수 있어서, 개인들을 합한 것보다 훨씬 더 많게 나타난다. 상호 비교를 통해 새로운 생각이 발생하고 처음에는 분명히 나타나지 않았던 새로운 가능성이 탐색 된다. 이것은 실제로 집단 내에서 지식과 학습의 통합이 촉진되는 덕분에 발생한 것이다.[9]

모든 성인 교리교육에서 유쾌한 공동체에 대한 첫 번째 체험은 절

---

[8] Cf. P.-A. Giguère, *Catéchèse et maturité de la foi*, Ottawa/Bruxelles, Novalis/Lumen Vitae 2002, cap. 6.

[9] Cf. P. Scilligo, «Gruppo», in: J. Vecchi-J.M. Prellezo (Edd.), *Progetto educativo pastorale. Elementi modulari*, Roma, LAS 1984, 389-390; P. Montesperelli, «Gruppo», in: Diz.Sc.Ed., 488-491.

[10] 프랑스에서는 이와 관련해 "교리교육의 장소"("lieu catéchétique")에 대해 언급하고 있으며, 이것은 모든 교리교육 연령에 그 자체로 가치가 있다. Francia (Texte de référence) 3.1.1.1. Cf. G. Vogeleisen, «Lieu catéchétique», in: Diz.Cat. 382-383; Cat.oggi, 231-232.

대적으로 필요하다. 그리고 이런 가능성을 제공하는 것이 바로 학습 집단이다.[10] 사실 믿는 법을 배운다는 것은 무엇보다도 함께 믿는 법을 배우는 것이다.

구성: 동질적 혹은 이질적 집단

어린이와 청소년 교리교육은 종종 나이, 사회 소속과 관련해 집단의 동질성l'omogeneità을 활용한다. 성인 교리교육에서 동질성은 나이나 그리스도교적 성숙을 위한 중요한 사건과 관련된 같은 도전에 직면한 사람들을 대할 때 유용할 수 있다. 실제로 특정 교리교육은 인생의 전환점을 맞이하거나 사랑하는 사람의 죽음이나 심각한 질병과 같은 고통스러운 상황에 처한 젊은 부모들의 요구에 더 잘 부응할 수 있다. 일반적으로 다른 지위와 나이에 속한 구성원의 혼합은 집단에 세대 간 그리고 문화 간 학습의 모든 풍부함을 제공한다. 물론 집단 구성원 간의 차이가 진정한 체험의 공유가 가능하면서 집단의 기능을 방해하지 않는다는 것을 전제로 하고 있다. 반면에, 이질적인 집단에 참여하는 것은 보편성의 작은 활력 안에서 살아갈 수 있는 –진정한 교회 실습실laboratorio– 체험의 기회와 가능성을 제공한다.[11]

---

11 소위 "동질적인" 집단조차도 결코 완전하지 못하다는 것을 명심해야 한다(제4장 참조). 구성주의 모델은 같은 연령층의 사람들이 서로 다른 성숙기를 거칠 수 있어서, 동질성이 매우 상대적이라는 것을 보여준다. "작은" 집단이나 "큰" 집단 사이의 대안과 관련해서는 다음을 참고하시오. Cf. A. Beauchamp et al., *Come animare un gruppo*, Leumann (Torino), Elledici 1977, 53-54.

학습의 상호작용과 사회적 형태

교리교육 집단에서는 권력 다툼, 동맹, 환영과 거부, 갈등과 일치의 필요성, 업무 분배와 같은 모든 집단의 고유한 상호작용을 경험한다. 신앙에 대한 일반적인 선택은 여기서 적용과 검증 분야를 마주하게 될 것이다. 집단은 작용될 뿐 아니라, 작용의 기능이 발휘되며 다양한 성숙 단계, 곧 '구성 단계'(불신을 극복)와 함께 있으면 기분이 좋고 다른 이들과 접촉을 피할 수 있는 '기능 단계', 또 집단이 다른 이들에게 마음을 열고 서서히 녹아드는 것도 수용할 수 있는 '성숙 단계'를 거쳐야 한다.

이러한 모든 상호작용은 신앙을 배우는 데 영향을 미친다. 그러나 사회적 학습 형태도 중요하다. 왜냐하면 혼자이거나 두 사람이 함께 일하거나, 또 6-8명으로 구성된 집단 혹은 그 이상의 참가자로 교환이 이루어지는 경우에 지식과 전문지식 및 존재에 대한 습득이 다르게 나타나기 때문이다.[12] 이 같은 각각의 형태는 참가자 자신들은 물론이고 참가자와 활성가 사이에 서로 다른 관계를 생성한다. 곧 선택한 형태에 따라 지식과의 관계와 진리와의 관계가 매번 다르게 나타날 것이다. 예를 들면, 개별 작업이 이루어지고, 전문가가 부재한 부분에서 연습의 교정이 필요한 원격 교육은 특정 과목에는 성공적이지만, 교육학적이고 교회론적인 이유로 성인 교리교육에서는 적합하지 않다.

성인 교리교육은 무엇보다 교도권적 설명을 통해 실현될 때, 아마

---

[12] Cf. Giguère, *Catéchèse et maturité de la foi*, 132-136.

도 후속 논의와 함께 연역적^{deduttiva} 교육학의 적절한 순서를 갖게 될 것이다. 반면에, 집단이 만남의 주제에 대해 자신을 발표하기 시작하고(주제에 관련된 지식, 떠오르는 질문, 각자 삶에서 주제에 대한 울림), 이어서 전문가가 참가자들의 성찰과 질문을 기반으로 종합을 제안할 때, 이러한 귀납적인^{induttiva} 역동성은 지식이 전문가뿐만이 아니라 참가자에게도 있다는 것을 인식하게 한다. 따라서 모든 교육의 순서는 학습에 대한 사회적 형태의 다양하고 가능한 조합에서 비롯되며, 각 순서는 아마도 무의식적으로 교리교육에 의해 전달되는 교회 이미지를 반영할 것이다. 곧 사회적 형태의 간단한 놀이가 피라미드식 교회나 친교의 교회를 드러낼 수 있다.[13]

1.3.2. 그리스도인 공동체

그리스도인 공동체는 -특히 교구와 본당 차원에서- 성인 교리교육의 모범이 되는 장소일 뿐만 아니라 신앙 학습을 위한 특권을 갖는 환경이기도 하다. 이 장소는 신앙이 살아 숨 쉬고^{diaconia}, 증언되며^{martyria}, 거행되는^{liturgia}, 지지와 성숙의 장소이다.[14] 공동체 없이는 진정한 그리스도인의 정체성을 상상할 수 없다. 공동체 안에는 다양한 연령층과 다채로운 삶의 상황이 존재하기 때문에 교회의 보편적 차원을 반영한다. 그리고 진정한 그리스도인 공동체는 교육 계획을 "갖기" 전에

---

13 Cf. A. Binz - S. Salzmann, *Formazione cristiana degli adulti*, 125-129; Cat.oggi, 236-238.
14 미국과 캐나다에서 시행한 조사는 신앙의 성장과 공동체 안에서의 헌신 사이에 존재하는 밀접한 관계를 밝혀냈다. Cf. Religious Education Association of United States and Canada, *Faith development in the Adult Life Cycle: The report of a Research Project*, Minneapolis, s.e. 1987.

그 자체가 신앙교육의 장소가 "돼야" 하므로, 공동체 참여만으로도 이미 진정한 학습 과정을 포함한다.[15]

공동체의 주요 임무는 연결을 지원하고, 단념하며, 보존하는 공동체의 삼중 기능[16]과 함께 신자들을 위한 "궁극적 환경"을 보여줌으로써, 신자들을 통합하고 그들의 여정을 지원하는 것이다. 이것은 성인 교리교육에 특권 기반을 제공하는 인생의 전환기에서 특히 중요하다.

개인 신자와 마찬가지로 공동체는 성숙의 여러 단계를 거치면서 신앙 안에서 성장하도록 부름 받았다. 그 지평은 항상 공동체 성숙의 준거와 식별 기준이 되는 성숙한 신앙의 지평이다.[17] 따라서 의식적이든 무의식적이든 공동체 구성원들에게 도움이 되는 신앙 유형, 곧 관습적이거나 자율적인, 고착됐거나, 개방적인 유형에 대해 질문해야 할 것이다.

그러나 많은 그리스도인에게 공동체는 신앙 안에서 성장을 촉진하는 곳이 아니다. 실제로 많은 사람이 공동체가 자신에게 꼭 필요한 요구를 고려한다고 생각하지 않는다. 공동체는 종종 "신앙을 배우지 않는"[18] 장소라고 말하기도 한다. 따라서 이에 대한 현실적이고 예언적인 시선이 필요하다. 그리스도인들에게 완벽이란 추구해야 할 이상이기 때문이다.

---

15 Cf. USA *Our Hearts*, 118-121; UCN 3,27.
16 이것은 파울러가 채택하고 교회 공동체에 적용한 케건의 삼중 기능이다. 제4장을 참고하시오.
17 Cf. Giguère, *Catéchèse et maturité de la foi*.
18 «Gemeinde - Verlernort des Glaubens?»: R. Zerfass, «Gemeinde», in: G. Bitter - G. Miller (Edd.), *Handbuch religionspädagogischer Grundbegriffe*, 1 vol, München, Kösel 1986, 132.

마지막으로, 성인 교리교육의 많은 형태는 실제로 본당 공동체 외부나 주변에서 발생한다. 이것은 교회 구조와 횡단 네트워크를 형성하고 사목의 지역 분할이 만족시킬 수 없는 요구에 자주 응답한다. 하지만 이러한 상황도 본당 공동체를 약화시키며, 성사와 다른 행정 기능을 위한 "수리점 $^{stazioni\ di\ servizio}$" 등급으로 본당 공동체를 격하시킬 위험이 있다.

1.3.3. 교회

궁극적으로 교회는 세 부분, 곧 주체(참여자), 대상(내용), 제도(실제로 종종 잊혀지는)로 나뉘는 교리교육 활동의 필수적인 제도적 기둥이면서, 성인 교리교육을 촉진하고 관리하는 진정한 주체이다.[19] "제도적 기둥$^{polo\ istituzionale}$"으로서 교회는 성인 교리교육의 진정한 "책임자^{mandante}"이므로, 활성가도 참가자도 그들의 선택과 구체적 실현에 있어서 완전히 자율적이지 않다. 교회는 사목 지침을 통해 이러한 그리스도교적 양성을 성인 교리교육으로 간주하고, 진정으로 교회적 측면을 부여하는 분야, 목적, 일정한 수의 조건을 결정한다. 이와 관련해 "타협"이 필요하며, 다음과 같은 질문이 생겨난다. 참가자와 활성가는 교회가 원하는 것에 동의하는가, 아니면 성인 교리교육을 특별한 비전이나 단체의 관심에만 응답하는 것으로 부르고 있는가?

교회는 교리교육에 대한 책임이 있을 뿐 아니라, 그것이 전체 교회 조직에 미치는 영향에 대해서라도 교리교육에 대한 책임을 지고 있

---

[19] Cf. Cat.oggi, 169.

다. 모든 양성은 참가자뿐 아니라 그들이 속한 인간적이고 사회적인 현실에서도 변화를 가져온다. 참가자들의 신앙 고백에 주안점을 두는 성인 교리교육은, 동시에 모든 교회 신앙을 풍요롭게 하기도 한다. 그리고 촉진되는 개인적 선택은 제도적인 구조에도 영향을 미친다. 왜냐하면 참가자들이 배우고 체험한 것의 이름으로 하느님 백성에게 맡겨진 자리를 얻기를 바라기 때문이다. 성인 교리교육은 직무 사제직으로 하느님 백성 가운데에서 책임과 고유한 봉사를 수행하는 이들을 포함한 신자들 사이의 관계를 변화시킨다.

1.4. 그리고 '참여하지 않는 사람들'은?

성인 교리교육의 주역에 대한 담론에서 참여하지 않는 사람들을 잊어서는 안 된다. 때때로 참여하지 않는 사람들이 참가자 자신보다 집단에 더 큰 비중을 둔다는 것을 집단역학$^{\text{la dinamica di gruppo}}$이 가르친다고 할 때, 성인 교리교육에서는 이 사실이 너무나 자주 간과된다(참여하지 않는 사람들에 대해 말하면서, 그들이 왜 존재하지 않는지를 의아해하거나, 비록 그들의 부재가 감히 말할 수 없는 부담을 준다 해도 아무 일도 일어나지 않은 척한다). 시민 사회에서의 "침묵의 다수$^{\text{maggioranza silenziosa}}$"처럼 참여하지 않는 사람들은 일반적으로 사목의 주역으로 관심 받지 못한다. 그리고 성인 교리교육 참가자들은 그들의 길에서 벗어나는 사람들의 기대와 걱정에 거의 주의를 기울이지 않는다. 하지만 그들은 고려할 가치가 있고 반성의 이유를 제공하는 사람들이다.

불참에 대한 몇 가지 이유

참여하지 않는 이유를 더 자세히 분석하면 그 해결책을 찾을 수 있으며, 많은 성인이 이 같은 장벽을 넘어서는 데 도움을 줄 수 있다. 일부는 시간 부족, 이동의 어려움, 소임(예, 자녀 교육)과 같은 개인적 상황과 관련이 있다. 직장이나 집과 가까운 시간, 그리고 환경이 다르거나 중립적인 장소를 선택해도 사람들의 참여가 높아지는 것으로 나타났다.[20]

다른 장벽은 특정 성향에 따라 좌우된다. 그런 성향에는 관심과 동기 부족, 노년의 느낌, 불신, 변화나 실수에 대한 두려움, 교리서나 본당 경험에 대한 나쁜 기억, 틀에 갇히게 되는 두려움 등이 있다. 초기 동기 부여 이외에는 성인 교리교육의 인간적이고 복음적 특성이 그것의 구체적인 형태에 결정적일 것이다.

끝으로, 불참은 제도적이고 사회적인 장벽, 곧 소외, 사회적 소속감의 위기, 물질적, 지성적 빈곤, 육체적, 정신적 장애에서 발생할 수 있다.[21] 활성가가 실시하는 정기적인 평가에서는 성인 교리교육에 대해 반복되는 생각과 이미지를 고려해야 한다. 이러한 장벽은 어느 정도까지 실제 기반을 가지고 있는가?

---

20 Cf. J. Lotz, *Handbuch Religion II, Erwachsenenbildung*, Stuttgart, Kohlhammer 1984, cap. IV. "그러므로 성인들의 신앙교육은 선교적이어야 하며, 그들 지역에 있는 사람들에게 다가가고 만나려 노력해야 한다." Québec OP, 11.

21 Cf. USA *Our Hearts*, 87.

다가가지 못한 사람들에 대한 관심

목자 없는 길 잃은 양 떼와 닮은 백성의 복음적 이미지는 성인 교리교육의 책임자들에게 다가가지 못한 사람들을 위한 특별한 배려를 일깨운다. 이러한 관심은 우리 교리교육의 선교적 차원을 열어준다. 교리교육은 그것이 신자들에게 얼마나 좋고 중요한지를 확인하는 데 국한될 수 없으며, 특히 실제로 그들이 있는 곳에서 멀리 떨어진 사람들에게 다가가려고 노력해야 한다. 그리고 그들은 가까이 다가갈 때만 알 수 있다.

2. 방법

교리교육에서 방법에 대해 말하는 것은 종종 오해를 낳는다. 사실, 교리교육 방법에 대해서는 적어도 네 가지의 다른 실행 수준을 말할 수 있다. 그중 마지막은 이 용어의 적절치 않은 사용과 관련 있다.[22]

- 교리교육을 계획하고 실현하는 전체적인 과정으로서의 방법
- 특정 모델 혹은 교리교육 계획으로서의 방법
- 교리교육 계획 작성이나 계획 내에 "유효한 개입의 순서"로서의 방법
- 교리교육에서 결정적인 "기술"이나 "도구"의 사용으로서의 방법

---

22 Cf. DGC 274-276; 279-284; Cat.oggi, cap.10.

2.1. 교리교육 계획의 "전체적인 여정"으로서의 방법(행동의 논리)

교리교육 계획의 전체 여정은 방법이라고도 할 수 있다. 그런 의미에서 방법은 교리교육을 계획하고 실행하는 전체적인 과정을 지정한다.[23] 이런 점에서 이 책의 전체가 방법론적으로 고려될 수 있다.

이 여정의 주요 단계를 간략하게 이야기해보자.[24]

"인식" 단계: 출발 상황을 인식하기

계획은 현실과 초기 상황에 대해 충분히 인식하고 주의 깊게 관찰하는 것으로 시작된다. 이런 인식 단계에서는 기존 관행, 맥락, 관련 행위자, 관련된 개인과 제도적 관계를 관찰하고 분석한다. 우리는 인식을 경험적 인식(직접 관찰, 경험적)과 과학적 인식(적절한 도구와 기술을 사용하여 체계적이고 계획적)의 두 가지 차원으로 구분할 수 있다. 교리교육의 계획은 주로 다음 유형과 같은 질문의 응답에 따라 달리 나타난다. 누가?(행위자), 왜?(관심, 목표, 도전), 어디서?(사회 및 교회 환경과 관계), 언제?(실천의 역사적 깊이), 어떻게?(방법, 관계), 무엇을?(실행된 것). 이렇게 서

---

23 이 책 서두에 교리교육 방법론적 여정에 대한 전체적인 스케마를 보시오.
24 이러한 성찰은 교육학적-교수법 분야와 사목신학이나 "실천"신학의 일반 모델에서 영감을 받았다. Cf. C. Floristán, *Teología práctica. Teoría y praxis de la acción pastoral*, Salamanca, Sígueme 1991, 204-211; M. Midali, *Teologia pratica. 1. Cammino storico di una riflessione fondante e scientifica* 3ª ed. Roma, LAS 2000, 403-423; J.-G. Nadeau (Ed.), *La praxéologie pastorale. Oreintations et parcours*. Vol.2, Montréal, Fides 1987, 288-294; J.A. Ramos Guerreira, *Teología pastoral*, Madrid, BAC 1995, 148-157; M. Pellerey, «Progettazione educativa/didattica», in: Diz.Sc.Ed. 863-865. 성인 교리교육에 적용된 실제 운영 스케마를 위해서는 다음을 참고하시오. Cf. USA *Our Hearts*, 168-180.

로 다른 실천의 극점 사이의 명료화는 그것의 강점과 약점을 드러내고 요구와 기대에 대한 첫 장면과 첫 번째 구체적인 질문을 나타낸다.

"해석" 단계: 상황을 해석, 평가, 문제화하기

인식 단계는 분석적 노력으로 이어져 해석 단계가 돼야 한다. 적절하게 해석학적이고 문제화된 이러한 과정은 중요하다. 교리교육 실천의 문제점은 그것의 전개나 행위자와 맥락과의 관계에서 규명할 필요가 있다. 이러한 방식으로 원인과 의미, 평가와 전망("시대의 징표")에 대한 탐색 과정에서 출발점에서 식별된 요소를 "관찰하고", "중요하게 해석하는 것"에 이르게 된다. 그 결과 "교리교육의 문제"가 명확해지며, 구체적인 질문이 분명히 드러난다.

"기획"과 "계획" 단계: 교육 활동을 이상적으로 기획 및 계획하기

하지만 교리교육은 단순히 문제에 초점을 맞추는 것에 만족할 수 없으며, 개입하고 실현될 수 있기를 바란다. 우선, "기획" 단계에서 적절히 이상적인 개입의 기획과 역동적이며 방향을 잡는 "유토피아적" 모델이 표명된다. 이런 이상적인 기획에서 목표나 최종 목표, 주요 운영 선택, 가정된 전체적 모델이 특별히 표명된다. 그런 다음, "계획" 단계에서 적절한 결정을 내리고, 이 이상적인 기획에서 구체적이고 실현 가능하며, "사용 가능한" 운영 계획에 대한 정교화 단계로 이동하는 것이 필요하다. 이러한 계획과 관련된 사항은 다음과 같다. 일반적이고 특수한 목적을 결정하고, 양성 계획에 대한 가능한 예상으로 담당자와 참가자를 표시하며, 내용을 선택해야 한다. 또, 방법이나 운영 순서를 구성하고 도구와 기술과 재료를 선택하는 한편, 실행 계획(시간, 방법, 조직 및 재정적 측면)이 이루어져야 하며, 평가와 검사의 형태가 마련돼야 한다.

"실행" 단계: 활동 계획을 실행하기

이러한 방식으로 계획 단계에 따라 구체적인 실행에 도달한다. "실행" 단계는 필요한 적용과 함께 첫 실험을 필요로 할 수 있다. 이와 관련해 때때로 "시범사업 progetto pilota"에 대해서 이야기한다.

"평가" 단계: 실행된 행동을 평가하기

적절한 도구와 기술을 통해 실행된 행동을 확인하고 평가한다. 평가는 (과정에 따라) 연속적으로나 최종적으로 진행될 수 있다. 평가할 측면은 다음과 같다. (목적과 비교하여) 성공, (달성된 목적과 이상적 기획이나 위임된 임무 간의) 유효성과 품질, (얻어진 결과와 수행된 노력 간의 관계 속에서의) 효율성 등이다. 이런 평가 단계는 수행된 실천에 초점을 맞추고 중장기적 전망을 정교하게 만드는 것이 이 단계에 달려 있기 때문에 필수적이다.

"실천에 대한 성찰"의 논리에서 이러한 방법론적 여정은 빈번한 즉흥성과 방법론적 피상성을, 또 운영 경로에서 일부 고립된 요소에 대한 일방적인 양극화를 극복하도록 도움을 주어야 한다.

2.2. 교리교육 "모델" 혹은 "계획"으로서의 방법

두 번째 활동 수준에서 방법은 통합적 선택의 모델 혹은 방법을 지정한다. 이는 위에서 제시된 행동 논리에 대한 특별한 단계에 해당한다.

통합적 교리교육의 "계획" 혹은 "모델"은 "교리교육의 고유한 목표에 도달하기 위해 역동적이며 체계적으로 조직된 개인적, 관계적, 내용적, 활동적 요인들을 구조화한 시스템"[25]을 의미한다. 역동적인 표현(연결)은 잘 알려진 세 가지 사항, 곧 주체, 대상, 제도의 둘레에서 발생한다.

예를 들어, "예비신자 교리교육 방법"이나 가톨릭 운동, 혹은 칠레의 "가정 교리교육" 방법 등에 대해 말하는 것은 이런 의미에서이다. 그러나 선택 방법과 특정 선택의 다양성이 무엇이든지 간에 전달에 관한 세 가지 교육학적 행동, 곧 가르침, 교육, 입문은 항상 조화롭게

---

[25] Cat.oggi, 284.

표현돼야 한다.[26]

가르침, 교육, 입문의 갈림길에서의 성인 교리교육

"이렇게 하여 교리교육은 가르침, 교육, 입문의 작업을 완수한다"(DGC 144; cf. CT 18). 「교리교육 총지침」은 교리교사의 행동을 가르침, 교육, 입문으로 요약하고 있다. 이것은 사실 모든 문화적 전달에 대한 세 가지의 보완적 행동이다. 곧 입문의 목표는 본질적으로 집단에 통합돼, 그 가치와 전통을 받아들이는 것이다. 교육과 가르침은 전통에 뿌리를 깊게 내리고 있다 하더라도, 교육받은 사람이 중장기적으로 책임 있는 주체가 되도록 사고방식과 행동 논리를 전수한다. 가르침은 지식과 인식의 순서를 소개한다. 교육은 인간 행동으로 간주하는 것이고, 입문은 존재의 질서에 관한 것이다. 교리교육 행동에 이 세 가지 방식은 구체적인 목표를 다음과 같이 명시한다.

· **가르침**은 지식의 순서에서 주체의 자율성을 목표로 삼고 있다. 알지 못하는 사람은 의존하게 된다. 정보에 접근을 막거나 그것을 걸러내

---

[26] 우리는 때때로 가르침-입문-학습이라는 제안보다 가르침-교육-입문이라는 세 가지 요소를 선호한다(cf. A. Fossion, *La catéchèse dans le champ de la communication, Ses enjeux pour l'inculturation de la foi*, Paris, Cerf 1990, cap. 13; *Dossiers* 2). 사실, 학습의 개념은 생물학적 성장 요인으로 절대적으로 당연시되는 것이 아닌 비교적 안정적인 모든 변화를 포함한다. 그래서 학습한다는 것은 가르치고 교육하는 행동도 포함한다. 여기에는 교육하는 행동은 좁은 의미로 이해되며, 구별되고 가르침과 입문이라는 의미로 이해된다는 점에 유의해야 한다. 그러나 전달하는 행동 전체를 의미하는 "교육하다."(educare)라는 용어의 광범위한 사용이 자주 발생한다.

는 것은 모든 전체주의^{totalitarismi}의 특징이다. 그래서 "믿어야 할 진리"라는 실체와 정적인 관계에서가 아니라 변증법적 역동성과 ("진리"이신) 그리스도의 인격과 변함없는 관계에서 진리를 숨기지 않으며, 그 앞에서 결심하는 사람은 자신의 신앙 여정에서 자유롭게 된다.

> 교리교육의 목표는 신자가 스승의 의견을 묻거나 성급하게 문헌을 비교 검토하지 않고, 새로운 사실에 직면할 때마다 자신도 표현하는 법을 배우는 지혜를 얻는 것이다(UCN 3,8).

- **교육**도 자율성에 중점을 두고 있지만, 행동 순서에 따른다. 그리스도교 맥락에서 신앙교육은 신앙 언어를 말함으로써 보편 사제직의 모든 잠재력을 개발하도록 다른 사람을 인도하는 것으로 이루어진다.

- **입문**은 존재 방식과 세상과의 관계에서 자율성을 가져온다. 입문하는 사람은 누군가에게 소속된 집단에 새로운 지위를 부여하는 새로운 존재 방식을 소개하고자 한다. 모든 입문 예식은 이를 분명히 한다. 문화적 전달에서 입문하는 방식은 뿌리와 전통에 대한 언급을 더욱 예리하게 포함하며, 이것은 장점과 위험을 갖는다. 입문 과정은 일반적으로 분리, 시험 혹은 투쟁, 극복의 세 단계를 거친다.[27] 그것은 분리와 소외의 시간과 입문을 예견하고 있다.[28] 교리교육 분

---

[27] Cf. Cat.oggi, 133.
[28] Cf. A. van Gennep, *Les rites de passage: étude systématique des rites*, Paris, A. et J. Picard 1981; A. Pasquier, «Initiation, initiation chrétienne», in: A. Fayol-Fricout et al., *L'initiation chrétienne démarche catéchuménale*, Paris, Desclée 1991, 11-65.

야에서 예비신자 기간의 여정은 이 같은 범주에 속한다.

이러한 각각의 작업은 장점과 위험이 있으며, 특히 다른 이를 -그리고 자신을- 인간을 소외시키는 모든 것에서 벗어나게 하는 특징이 있다. 교리교육의 주체는 그 가치에 따라 행동하고 판단하며, 살아갈 수 있으면서 자율적인 존재가 된다. 곧 복음을 자기 것으로 선택하는 사람이 되는 것이다.

활성가와 참가자의 관계

이러한 각각의 작업은 참가자와 활성가 사이의 특별한 관계를 동등하게 형성한다. 모든 교리교육 활동은 관련 기록^{registro relazionale}에서 수행된다. 복음은 이것의 척도이다. 그러나 종속되지 않고 평등한 관계를 형성하는 것은 자동으로 생기는 일이 아니다.[29]

- **가르침**의 영역에서 유대는 무엇보다 지식에 대한 접근과 소유로 결정되는 "교사"와 (가르침을 받는) "학생" 사이에 서로 얽혀 있다. 지식의 소유는 선택에 대한 책임을 자유롭게 하고 깨닫게 한다. 활성가

---

[29] Cf. P.-A. Giguère, «Telle pédagogie, telle foi ou comment ce qu'on ne dit pas dit plus que ce qu'on dit», in: J.-C. Petit-J.C. Breton (Edd.), *Enseigner la foi ou former des croyants?*, Montréal, Fides 1989, 29-57; J.-M. Labelle, «La réciprocité éducatrice des personnes, fondement de l'éducation des adultes», in: A. Binz et al. (Ed.), *Former des adultes en Église. État des lieux, aspects théoriques et pratiques. Hommages à Gilbert Adler*, Saint-Maurice, Éditions Saint-Augustin 2000, 93-110.

와 참가자는 파트너임을 느껴야 한다. 그렇지 않으면 종속관계가 형성되고, 활성가는 항상 제자들에게 무엇을 생각하고 해야 하는지 알려주는 "사상적 지도자maître à penser"가 될 것이다. 이 경우에 대상을 포기하는 것은 특별히 위험하다. 그들은 스스로 생각하는 것을 단념하고 지식에 대한 열망과 탐구를 교리의 확실성으로 대체한다. 더는 의심의 여지가 없으며, 사람들은 주입과 이념 조작에 노출될 수 있다.

활성가를 위한 도전은 지식만이 아니라 그것에 접근하는 신앙에 눈을 뜨게 한다. 스스로 접근할 수 있는 수단을 제공하지 않고 지식을 전달해서는 안 된다. 활성가-교사가 (대상이 스스로 해야 하는) 신앙과 삶 사이의 상관관계를 스스로 정교화하는 곳에는 소외의 위험이 발생한다. 이처럼 교사의 교육적이고 방법론적인 전문 지식은 참가자의 믿음에 대한 이해를 손상시킬 위험이 있다.

- **교육** 분야에서 "교육자"와 "교육을 받는 사람"의 관계는 내면화된 복음적 가치의 표현인 신자의 행동 순서에 따른 자율성으로 이어진다. 그것은 전문 지식이지만, 교육자의 단순한 맹목적 모방보다 훨씬 더 풍요롭고 까다로운 것이 문제다. 만약 그런 모방이 무책임하고 비인격화한다면, 자율적인 그리스도교적 행동은 신자를 자기 삶과 역사의 독창적인 작가로 만들 수 있다. 동시에, 그의 행동은 권위로 가득 차며, 그 권위는 예수님의 청중을 깜짝 놀라게 했던 그것이다. 교리교사이자 교육자의 지원을 받는 시기에 성인은 이제 항상 새로운 상황에서 증거의 공간에 열려 있다. 그에게는 더 이상 안전함을

느끼기 위한 지도가 필요하지 않다.

여기서 **도전**은 그리스도교 행동의 가시성과 확실성 안에 존재한다. 교육자에게 필요한 것은 교리교육 활동을 안내하는 방식에서, 그리고 대상을 준비시키는 방식에서의 행동 논리의 엄격함이다.

- **입문** 분야에서 관계란 예수 그리스도 안에서의 형제자매 사이처럼 근본적으로 새로운 관계로 변화돼야 한다. 반대의 경우, 관계가 융합된 종속관계를 형성할 수 있다. 위험과 관련된 것은 시련의 순간에 입문자가 모든 "충격과 상처"를 피하고 싶어 하는 것이다. 입문자가 실수하거나 도중에 길을 잃는 것을 피하기 위해서 교육자는 자신의 회개 체험을 이야기하며 참가자들을 구한다. 어떤 면에서 교육자는 이미 전투에서 승리했기 때문에, 시련을 걷고 통과하는 노력은 그렇게 확신이 된다. 때때로 전수자는 자신의 "피보호자들"이 여정의 모험과 위험을 피하게 하고 싶어 하며, 과정의 결과를 곧바로 그들에게 알리면서 지름길로 안내한다.
- 여기에서 **도전**은 세상에 존재하는 새로운 방식의 변화에 도달하는 것이다. 문제는 입문자가 스스로 길을 걷고 시험에 직면하며, 마지막에 실제로 새로운 상황에 대한 인식을 발견하길 요구하는 것이다.

세 가지 전달 방식의 상호의존

이 세 가지 전달 방식은 같은 주제와 관련 있고 동일한 제도적 틀에서 발전하며 근본적으로 상호의존적이다. 사실 지식 전달이 없는 입문은 상상할 수 없고, 참가자들이 행동과 존재에 대한 성찰이 없는 입문도 상상할 수 없다. 같은 방식으로 행동에는 지식이 포함된다. 그것은 행동의 논리가 자발적 관찰에서 실행되는 것으로 직접 넘어가지 않고, (생각만큼 사악하게 행동의 근본주의로 이어질 수 있는) 주제 밖에 있으면서도 합리성과 거리를 두거나 비교하지 않는다. 그러므로 중기적으로 해로울 수 있는 이런 세 가지 교리교육 활동 중 한 가지만 일방적으로 강조하는 것을 피하게 된다. 사실 교리교육적 구성의 세 가지 핵심 기둥 -주체, 대상, 제도- 은 상호의존적이다. 하나가 해를 입는 것은 세 가지 모두 해를 입는 것을 의미한다. 하나를 다른 것보다 우선시하게 되면 좋지 않은 결과를 초래할 수 있다. 조화로운 교리교육 활동이란 가르침, 교육, 입문을 잘 표현하는 것이다.

결론적으로 어떤 선택된 모델이나 계획이라도 교리교육 방법은 지식, 전문 지식, 존재에 따라 잘 이해된 자율성에 대상의 접근을 보장해야 한다. 가르침, 교육, 입문을 통해서 이러한 목표를 향해 나아가야 한다.

2.3. "유효한 개입의 순서"로서의 방법

이러한 의미에서, 계획안에서 구체적으로 교리교육이 실행되는 일련의 행위나 개입을 명시하는 방법에 관해 이야기 하고자 한다.

2.3.1. 실행의 네 가지 기본 요소

일반적으로 적절한 순서는 말, 관계, 행동, 거행의 네 가지 기능과 긴밀한 관계를 갖는다.[30] 첫 번째는 "아는 것", "이해하는 것"과 연관된 요소와 결부된 것(교육적-인지적 요소)이고, 두 번째는 사람 사이의 상호작용의 집합(관계적, 정서적 요소)이며, 세 번째는 행동과 증거 영역(활동적 요소)을 포함하고, 마지막은 예식적이고 축제적인 측면(상징적, 기념적 요소)에 관한 것이다. 여기에 기본적으로 교리교육의 핵심 속에서 교회의 본질적 기능인, 증거, 친교, 봉사, 전례를 활성화하는 것이 필요하다.[31]

- **말**은 서술, 설명, 토론, 성찰, 연구, 이야기, 알림, 각색 등 다양한 교육 형태를 포함한다.
- **관계**는 (사회형태와 관련된) 상호작용, 집단의 역동성, 공동체적 역동성, 공생, 친교, 소속감, 등과 같은 요소를 통해 작용한다.
- **행동**은 증거, 사회적 행동, 인간적, 그리스도교적 촉진 활동, 고무, 작업 등을 통한 참여와 헌신 속에서 실현된다. 행동은 나중에 일어날 성인 교리교육의 단순한 결과가 아니라는 점에 주목해야 한다. 그것은 필수적인 부분일 뿐만 아니라 교리교육 과정 자체에서 이미 실행되고 있다.[32]

---

[30] 잘 알려진 몇 가지 예를 들면, 순서는 "관계-그룹 작업-전체 회의", "보고-판단하고-행동하기(거행하기)"(révison de vie), "듣고-반응하고-성찰하고-행동하기" 등.
[31] Cf. Cat.oggi, cap. 2.
[32] 이웃을 위한 사랑이 구체적으로 무엇을 구성하는지를 설명하는 교리교육은 끝이 없지만, "지금 여기"에서 이런 사랑에 대한 구체적 체험이 없는 교리교육은 무엇인가? Cf. Cat.oggi, cap.7.

- **거행**은 예식, 상징적 행동, 기도, 묵상, 놀이, 춤, 노래, 신체적 표현 등으로 이루어진다. 그것은 성인 교리교육에서 행동 중심의 상징적 차원을 책임지고 신앙 성숙을 위해 필요한 "글로벌 언어"를 교리교육에 제공한다.

이 네 가지 요소의 존재와 그것의 정확한 표현으로 가르침, 교육, 입문의 다양한 활동이 성인 교리교육으로서 자격을 얻을 수 있다. 하지만 신학 연구나 직무를 위한 양성과 같은 다른 활동에 이 같은 활동이 반드시 요구되는 것은 아니다. 예를 들어, 교리교사 양성에 그런 활동이 존재한다면, 이는 주된 목적을 구성하지는 않더라도 이 활동의 교리교육 차원을 나타낸다. 성인을 위한 각각의 교리교육 방법은 가르침, 교육, 입문에 따라 비율이 다르지만, 어떤 식으로든 네 가지 기능과 관련된 요소를 포함해야 한다.

2.3.2. "체험 지식"에서 "지식 체험"으로 [33]

인지적, 관계적, 활동적, 기념적 요소의 표현은 이론과 실천, 새로운 지식과 체험 간의 변증법도 움직이게 한다. 삶의 체험이 성인에게 적절하다면, 그것은 제안된 여정의 출발점으로만이 아니라 성공의 조건으로서도 성인 교리교육에서 반드시 존재할 것이다. 그래서 성인 교

---

[33] 이러한 성찰의 바탕에는 «Education permanente» (n.100/101 [1989]) 학술지의 다양한 기여가 발견된다. 케르셴슈타이너(Kerschensteiner)로 거슬러 올라가는 체험 지식과 이론 지식 간의 구별을 위해서 다음을 참고하시오. Cf. G. Artaud, *L'intervention éducative, au-delà de l'autoritarisme et le laisser faire*, Ottawa, Presses Universitaires d'Ottawa 1986.

리교육이 시작된 과정과 밀접하게 연결된 체험 공간을 제공해야 한다. 이 점은 체험 지식과 이론 지식이라는 두 가지 유형의 지식 사이의 관계를 명확히 하는 데 도움이 된다.

- **체험 지식**은 이미 참가자가 갖고 있다. 그것은 현실에 대한 반응, 축적된 다양한 정보, 개인적으로 사회화된 문화적 모델에서 시작해 삶의 과정에서 발전된 생각과 표현으로 구성된다. 이러한 지식은 현실과 연결돼 있기 때문에 단편적이며 종종 체계적이지 않다. 그것은 통찰력과 풍부한 체득 경험을 갖고 있지만, 동시에 현실을 왜곡하고 논리적 연결이 부족할 위험이 있는 불분명하고 해결되지 않은 문제도 많다(직접 관찰된 풍경과 비교할 수 있음).

- 반면에, **이론 지식**은 전체적이며, 원인과 결과 간의 일관된 관계를 이해하고 해석하며, 확립해야 할 필요성에 응답한다. 이것은 체험과 거리가 있기 때문에, 해결해야 할 질문에 응답하면서, 왜곡을 수정하고 체험 지식을 조직화할 수 있다(관찰된 풍경의 전체적인 그림을 제공하는 지도와 비교할 수 있음).

두 가지 지식의 방법은 서로를 보완한다. 체험 지식은 이론 지식의 의견을 묻고, 이론 지식은 체험 지식의 자료를 보완하도록 한다. 이론 지식은 습득한 지식을 조직화하는 데 필수적인 구조를 체험에 제공한다. 하지만 이론 지식은 종종 그것도 체험에서 비롯된다는 사실을 망각하고 완고해지면서 체험을 거부하는 경향이 있다. 필수적인 이중 관계를 잊는다면, 체험을 학습의 유일한 지침으로 삼을 위험이 있다. 또한 최종 생산물의 영역(도구가 아닌 결과의 논리)과 질문의 가능성을 차단하고 획득한 지식에 의문을 제시하는 정교한 사고 영역에 기반을 둔 과학적 제국주의를 겪을 위험이 있다. 생각은 두 가지 유형의 지식, 곧 초안을 제공하는 체험 지식과 현실에 대한 일관성 있고 일반화할 수 있는 표현을 보장하는 이론 지식을 통해 발전해야 한다.

따라서 성인 교리교육은 학습자가 경로의 일부를 스스로 걸을 시간을 남겨 두면서, 두 가지 유형의 지식과 개념의 상호작용과 관련된 요구 사항을 고려해야 한다. 그러나 이런 상황이 항상 발생하는 것은 아니라는 것을 인식해야 한다.

> 성인 교육학이 "체험 지식"이라 부르는 지식은 항상 성인과 함께 고려되거나 학습 상황에서 사용되는 것은 아니며, 신앙교육에서는 더더욱 그러하다. 이제 개인이 이미 얻은 유산(체험)과 유기적으로 통합되지 않는다면, 어떤 학습도 지속적인 효과를 가질 수 없다는 것이 분명하다.[34]

전달이 연역적 형식으로만 수행된다면, 그것이 매우 일관된 인상을 줄 수는 있지만(그리고 그것이 지금으로선 더욱 쉬워 보일 수 있다), 그것의 진정한 의미에 대한 이론 지식은 사라질 위험이 있다. 반면에, 체험의 요구와 질문에 응답하는 것만을 이론 지식에서 구하는 것은 그것을 "기능화 하는 것"이며 산산이 부수는 것과 같다. 이는 일관성을 유지

---

[34] Québec OP, 7.

하는 능력을 잃어버리게 되는 일이다.

　표현의 논리가 고려되지 않고 체험 지식을 통합하지 않으면, 이것은 일시적으로 참가자에게서 제거되지만, 궁극적으로는 현실에 대한 시각을 결정하고 행동을 이끌 것이다. 그러면 의미 없는 단어를 동화하거나 현실과 연결되지 않는 생각으로 가득 찰 위험이 생긴다. 이론 지식은 그것을 수정하지 않고 단순히 체험 지식으로 넘어갈 것이다. 물론 후자를 교리교육 여정의 유일한 안내자로 만드는 것은 문제가 되지 않는다. 위의 두 가지 경우에 네 가지 기본 요소인 말, 관계, 행동, 거행 사이에 나란히 놓이겠지만, 상호작용은 없을 것이다.

　두 지식의 상호작용은 연속성과 단절 사이의 변증법적 통일성을 지향하는 경향이 있다. 교리교육이 진정으로 의미가 있으려면 체험 지식과 이론 지식 사이의 연속성이 필요하다. 하지만 새로운 지식이 체험 지식의 좁은 한계를 확장하고 근사치를 벗어날 수 있도록 이끌기 위해 단절도 필요하다.

2.3.3. 교육 과정: 구체적 제안

　네 가지 요소 간의 상호작용을 쉽게 하기 위해 이 여정은 다음의 세 부분에서 권유된다.

경험을 살펴보기(전제조건)

첫 번째 단계인 '경험을 살펴보기'가 이루어지지 않을 경우 참가자의 의식에서 명확해지지 않은 지식의 존재는 교리교육에 이중적인 결과를 가져온다.

- 참가자들은 (스승의 제자가 돼) 모든 비판적 요구를 단념하고 주입되면서, 부족함을 느끼고 그들의 개인 능력에 대한 회의를 느낄 수 있다.
- (설명 부족으로 인해) 체험 지식이 부정확하게 유지된다면, 그것은 이론 지식과 비교할 수 없다.

이런 첫 번째 단계는 참가자를 자기 자신 앞에 서게 하고 의식을 불러일으키며, 자신의 확실성과 질문에 집중할 수 있게 한다. 이것의 목적은 경험과 관련된 지식 목록과 그 경험에서 파생된 현실 표현(의견, 가치, 판단 등)에 대한 인식 덕분에 실현된다.

이론 지식의 동화 assimilazione

두 번째 단계에서는 참가자가 개념의 내용을 통제하고 구조 요소 간의 관계를 인식할 수 있도록 하는 것이 중요하다. 여기에 도달하기 위해서는 연속성과 단절이 필요하다. 교리교육은 체험을 더욱더 잘 해석할 수 있는 상징적이고 이론적인 도구를 제공하고 (불변적으로 보여서는 안 되지만, 일관되고 일반화될 수 있는) 논리적이며, 조직적이고 일관된 구조를 제공한다. 활성가는 이러한 지식, 곧 결과뿐 아니라 도달 경로도 알고 있는 지식에 대한 자기 인식을 전달한다.

통합

이 세 번째 단계는 참가자들이 자신의 체험에서 성찰과 인식을 통합할 수 있도록 하는 데 필요하다. 그렇지 않으면, 체험 지식을 탐구하는 순간에 나타나는 직관과 선택은 여전히 심오한 태도를 결정할 위험이 있는 반면에, 이론 지식의 동화에서 작용하는 발견과 변화는 추론과 판단의 수준으로만 남게 될 것이다. 결과적으로 성찰과 판단은 행동과 심오함으로 가지 못할 것이다.

변증법적 관계에서 구조화된 지식은 체험을 풍부하게 하고 의문을 제기하지만, 그것 자체는 변화된 채로 남아 있다. 그 지식은 자기의 근원과 조직화를 위한 경로를 재발견할 뿐 아니라 체험과 비교해 자기 종합을 재고하고 확장하며, 다시 표현하게 할 것이다. 체험 지식보다 더 주관적인 배열과 이론 지식보다 더 객관적인 배열 사이의 상관관계는 지식뿐 아니라 모든 사람에 대한 새로운 통합을 열어 준다.

이러한 통합은 항상 의미에 대한 정교화의 지평에서 발생한다. 또한 성인 교리교육이 참가자와 활성가를 (지식 배열에서) 양적인 것뿐 아니라 특별히 질적인 전환과 변화로 이끄는 것은 통합 덕분이다. 일반적으로 이 통합은 참가자가 개인 메시지 같은 새로운 지식을 받아들이고 인생의 계획에서 통합할 수 있게 하는 창의적 제작에서 선호된다. 이제 새로운 말이 용솟음 치고 새로운 체험이 활성화될 수 있다.[35]

2.4. "기술", "도구", "재료"의 사용으로서의 방법

교리교육에서는 특정 기술과 도구 혹은 재료(예, 디스크 포럼, 역할극, 설문지, 시청각 편집 방법 등)의 사용과 관련해 "방법"에 대해 자주 듣는다. 기술이나 도구의 단순한 사용과 관련된 이 용어는 그 자체로는 적절치 않아 보인다. 기본적으로 적절한 수단의 선택에 대한 계획과 실행 순간에 해당하는 요소가 필요하다.

3. 기술, 도구, 재료

마지막 부분에서는 성인 교리교육에 도움이 되는 여러 가지 실용적 수단을 종합적으로 살펴본다. 여기서 기술^{tecniche}은 도구^{strumenti}나 재료^{materiali}와 구별되며, 학습 과정에서 각각의 역할이 명확하게 드러난다. 기술과 도구는 항상 달성해야 할 목적에 부합한다는 사실을 잊어서는 안 된다. 결코 그 자체가 목적이 돼서는 안 된다. 그 효과는 무엇보다 그것의 적절한 사용에 달려 있다. 체험은 더 나은 도구나 더욱 세련된 기술이 오용될 경우 부정적인 결과를 가져올 수 있음을 보여준다.

---

[35] 여기에 제시된 방법론에 대한 상세한 설명을 위해서 다음을 참고하시오. Binz-Salzmann, *Formazione cristiana degli adulti*, 97-101.

3.1. 기술과 그 기능

기술이란 학습과 그것의 구조화에 기여하는 과정이나 절차이다. 그것은 학습의 상황에 영향을 미치고 이를 결정한다. 실제로 많은 도구가 기술과 연결될 수 있기 때문에, 도구와 기술을 구별하기란 쉽지 않다. 예를 들어, 그 자체로 도구가 되는 시청각 편집은 (교육적) 특정 기술에 대한 사용을 가리킨다.

때때로 기술은 그 유혹의 힘을 고려할 때, 특히 정서적 방법을 통해 사람들의 잠재의식에 도달할 때, 조작된 기술이라는 비난을 받는다(그것은 거의 자동적이고 기계적인 방식으로 결과를 산출하지 않음). 따라서 활성가의 전문가적 의무는 개인과 공통된 고정 목표를 위해 의식적으로 기술의 사용 방법을 아는 것이다. 특히, 숙달되지 않은 경우에는 치료에서 유용하게 사용할 수 있는 특정 심리 기술적 과정의 사용을 피해야 한다. 곧, 마법사의 제자가 돼서는 안 된다.

기술의 목표는 가르침, 교육, 입문의 세 영역에서 학습을 촉진하고 도움을 주는 것이다. 어떤 경우든 가장 좋은 방법이 무엇인지에 대한 질문에는 대답할 수 없다. 그것은 무엇보다 활성가의 의도나, 집단이 설정한 목적과 집단 안에서 활성가에게 부여된 기능에 따라 달라진다. 운영 목적에서 단순히 기술을 추론할 수는 없다. 기술은 설명되는 사람, 내용, 방법, 목적과 함께 교육 행위의 일부이다. 예를 들어, 참가자들을 청취자의 수동적인 역할로 격하시키는 전달 기법을 사용하면서, 공의회의 친교 교회론에 대해 말하는 것은 교육학적으로 일관성이 없을 것이다.

기술은 수행하는 역할에 따라 분류할 수 있다. 어떤 것은 지식 획득을 촉진하는 반면에, 다른 것은 동기를 부여하고 참가자의 체험과 기대를 탐색하거나 집단 내에 상호작용을 계속해서 장려하는 역할을 한다. 또한 기술은 다양한 용도로도 사용될 수 있다. 교육적 관점에서만이 아니라 교육적 민감성을 갖고 참가자들에 따라 그 기능을 명확히 하는 것은 무엇보다 활성가의 몫이다. 298쪽에 제시된 표는 기술에 기인할 수 있는 역할을 나타내면서 가장 많이 사용되는 기술의 범위를 보여준다.[36]

3.2. 도구, 재료 및 학습 유형

도구 또는 재료는 시각과 음향 지원(예, 칠판, 영화, 음향기기)을 말하며, 활성가와 양성자가 기술과 함께 지식, 전문 지식, 존재 분야의 체득을 촉진하기 위해 사용하는 물질적인 도구이다.

교육학적 모델은 도구와 그것의 사용과 부분적으로만 연결돼 있다(예를 들면, 시청각 편집은 연역적이고 권위 있는 과정에서, 또는 귀납적이고 참여적인 과정에서 사용될 수 있다).

때때로 도구는 활성가가 내용을 보다 명확하고 생생하게 표현하기

---

[36] 다양한 기술과 도구에 대한 설명과 사용을 위해서 다음 도서들을 참고하길 권한다. A. Beauchamp et al., *Come animare un gruppo*, Leumann (Torino), Elledici 1977, 53-54; D. Emeis-K.H. Schmitt, *Klein Methodik der Erwachsenenbildung in der Kirche* [···]. Freiburg-Basel-Wien, Herder 1974; B. Grom, *Metodi per l'insegnamento della religione, la pastorale giovanile e la formazione degli adulti*, 2 ed., Leumann (Torino), Elledici 1989; R. Mucchielli, *Come condurre le riunioni. Teoria e pratica*, Leumann (Torino), Elledici 1989; J. Tigue-K. Szenrentkeresti, *Rethinking Adult Religious Education, a Pratical Parish Guide*, New York, Paulist Press 1986.

위해 사용하는 간단한 소품이다. 이 경우에는 지식을 전달하기 위한 단순한 수단이 된다. 하지만 도구가 또 다른 정보의 원천으로 사용된다면, 보완적이며 진정한 파트너도 될 수 있다. 여러 사람에게 다양한 독려의 기능을 나눠줄 수 없는 경우에 도구는 정보를 제공하는 전문가의 역할을 수행할 수 있다(예, 함께 연구하는 작품). 그러나 그것은 독려의 작업을 수행할 수 없으며, 오히려 영향력이 먼저 발휘된다면, 기생동물^{parassita}이 될 수 있다. 이런 경우는 주의를 분산시키고 더는 그에 맡겨진 기능을 담당하지 않는다.

도구의 사용과 차별화는 각 도구의 리듬과 학습 방식에 적응하는 데 도움을 준다. 어떤 이들은 더 "시각적인" 반면에, 다른 이들은 청각적인 방법으로 배운다. 어떤 이들은 이해하기 위해 개인적으로 시도하길 원하고(능동적 학습), 다른 이들은 모델을 이론화하고 정교화 해야 하며(개념화 학습), 어떤 이들은 성찰 과정을 반영하고 다시 실행하기 위해 시간과 공간을 얻은 후에 학습한다(성찰 학습). 마지막 성인의 범주는 구현에 기여할 필요를 느끼지 않고 구체적 제시 덕에 학습하게 된다(구체적 학습). 따라서 사람이 능동적인지, 반성적인지, 또는 구체적인 사용이나 개념화에 끌리게 되는지에 따라, 자신의 학습 방식에 가장 잘 맞는 기술과 도구를 더욱 쉽게 발견할 것이다.

가장 많이 사용되는 도구와 그 기능에 대한 종합적인 개요는 299쪽의 그림을 참고하시오.

Adulti e catechesi

성인 교리교육을 위한 기술

목적
12. 공동체를 형성하기
11. 집단의 삶을 자극하기
10. 참가자를 활성화시키기
9. 메시지를 내면화하기
8. 다른 관점에 개방하기
7. 가치를 비교하기
6. 해결책을 찾고 적용하기
5. 주제와 문제점을 분석하기
4. 체험 지식과 참가자의 요구를 구별하기
3. 태도에 영향력을 발휘하기/변화를 자극하기
2. 태도를 발전시키기
1. 정보를 제공하기(학습을 장려하기)

기술	1	2	3	4	5	6	7	8	9	10	11	12
a) 회의/보고	+						O	+				
b) 종합 보고서 혹은 제출 보고서	+						O	O/+				
c) 질문하는 시간		+					O					
d) 포럼forum/토의	O						O	+				
e) 패널토의/패널panel	O						O	+				
f) 교류carrefour				O		+	O	+	+			
g) 체험 나누기	O			O	+			+	+	+	+	O
h) 사례 방법					+		+	+		O		
i) 역할수행 연습role-playing					+	+	+	+		O		
j) 체험 분석			+	+						O		
k) 시범 설명							+					
l) 브레인스토밍brainstorming					+	O				O		
m) 독서/본문 작업	+		O	O	O			O				
n) 영화/영상/편집montaggio	O		O	O								
o) 방문(장소, 유적)	O	+	+							O	O	+
p) 창의적 생산		+	+						+	+	+	+
q) 구체적 행동										+	+	

+ = 매우 효과적이고 적절한 기술(이러한 기술의 첫 번째이자 주요한 기능이다)
O = 부차적으로 효과적인 기술

주의할 점) 기술이 다양한 목적을 달성하는 데 도움이 될 수 있다는 것은 분명하지만, 예를 들어, 회의가 행동을 추진할 수 있지만(목적 10번), 이런 결과를 달성하는 데 더욱더 효과적이고 적절한 기술은 항상 존재한다.

성인 교리교육을 위한 도구와 재료

3. 존재 ESSERE								
3.3. 삶의 방식과 가치를 제안하기								
3.2. 태도를 표현하기								
3.1. 사람들에게 영향을 미치고 관여하기								
2. 전문 지식 SAPER FARE								
2.2. 행동을 구조화하기								
2.1. 예를 제시하기								
1. 지식 SAPERE								
1.3. 해결책의 개요를 서술하기								
1.2. 요소들을 구조화하기								
1.1. 정보를 제시하기								
	1.1	1.2	1.3	2.1	2.2	3.1	3.2	3.3
A) 시각교구								
칠판, 판지, 빔 프로젝터	+	+		○				
사진, 광고판, 물건들				○		+	○	○
도표, 개요	+	+		○				
B) 문서								
도서, (관련) 서류, 기록문서, 연구할 문헌 등	+	+	+	○		○		○
워크시트 workscheet, 설문지, 연습, 분석표	+	+	+		○		○	
요약 노트, 요약	+	+	+					
C) 시청각 미디어								
시청각 편집, 영화, 영상	+	○	+	+		+	+	+
본인의 영상 기록 그룹별 실행	○			+	+	○	○	○
D) 음성자료								
음악 혹은 녹음된 음성 CD 등	○			○		+	○	○

+ = 매우 효과적이고 적절한 도구(주요 기능)
○ = 부차적으로 효과적인 도구

참고문헌

I. 성인 교리교육에 관한 공식 문헌

주교회의나 교리교육을 담당하는 공식 기관의 문헌을 소개한다.

BISHOPS' COFERENCE OF ENGLAMD AND WALES, *Living and Sharing our Faith, a National project of Catechesis and religious Education: To Be a People of Hope; Adult Education: a christian perspective*, edited by A. Patrick Purnell. London, Collins 1987.

CANADIAN CONFERENCE OF CATHOLIC BISHOP - NATIONAL OFFICE OF RELIGIOUS EDUCATION, *Adult faith, adult church, A report on the recommendations of the National Advisory committee on Adult Education.* Ottawa, Publications Service, Canadian Conference of Catholic Bishops 1986.

COMISIÓN EPISCOPAL DE CATEQUESIS - JUNTA CATEQUÍSTICA CENTRAL, *Algunas reflexiones sobre catequesis de adultos.* Buenos Aires, Oficina del Libro 1991.

COMISIÓN EPISOCPAL DE ENSEÑANZA Y CATEQUESIS, *Catequesis de adultos*. Orientaciones pastorales. Madrid, Edice 1991. Ediz. ridotta: SECRETARIADO NACIONAL DE CATEQUESIS, *Catequesis de adultos. Orientaciones pastorale. Síntesis del documento de la comisión Episcopal de Enseñanza y catequesis*. Madrid, Edice 1992.

COMISIÓN EPISCOPAL DE ENSEÑANZA Y CATEQUESIS, *Orientaciones básicas sobre catequesis de adultos. propuesta*. México, CEM 2000.

COMISIÓN NACIONAL EPISOCOPAL DE CATEQUESIS, Catequesis de adultos: desafio de la nueva evangelización. San José, Costa Rica, DECAT-CELAM/CONEC (Conferencia Episcopal de Costa Rica) 1999.

COMITÉ ÉPISCOPAL DE L'ÉDUCATION DE L'ASSEMBLÉE DE ÉVÊQUES DU QUÉBEC, *Options privilégiées en éducation de la foi des adultes*. Montréal, Comité épiscopal... 1994.

CONFERENCIA EPISCOPAL PORTUGUESA, *A formação cristã de base dos adultos. Instrução Pastoral*. Lisboa, Secretariado Geral do Episcopado 1994.

CONFERENCIA NACIONAL DOS BISPOS DO BRASIL, *O itinerário da fé na «iniciação cristã de adultos»*. Sâo Paulo, Paulus 2001.

CONSIGLIO INTERNAZIONALE PER LA CATECHESI [COINCAT], *La catechesi degli adulti nella comunità cristiana. Alcune linee e orientamenti*. Città del Vaticano, Libreria Editrice Vaticana 1990.

DEPARTMENT OF EDUCATIO – UNITED STATES CATHOILC CONFERENCE, *Serving Life and Faith: Adult Religious Education and the American Catholic Community*. Washington, D.C., Department of Education, United states Catholic Conference 1986.

OFFICE DE CATÉCHÈSE DU QUÉBEC, *Les nouveaux défis de l'éducation de la foi des adultes au Québex*. Montréal, Fides 1988.

SEKRETARIAT DER DEUTSCHEN BISCHOFSKONFERENZ (Ed.), *Erwachsenetaufe als pastorale Chance. Impulse zur Gestaltung des Katechumenats*. Bonn, Sekretariat der Deutschen Bischofskonferez 2001.

SEKRETARIAT DER DEUTSCHEN BISCHOFSKONFERENZ (Ed.), «*Da kam Jesus hinze...*» *(Lk 24,15). Handreichung für gistlich Begleitung auf dem Glaubensweg. 25 März 2001.* Bonn, Sekretariat der Deutschen Bischofskonferenz 2001.

UFFICIO CATECHISTICO NAZIONAE, *Adulti nella fede testimoni di carità. Orientamenti per la catechesi degli adulti. Schede di lavoro in preparazione al convegno Nazionale 1992.* Leumann (Torino), Elledici 1990.

-, *Adulti e catechesi nella comunità. Orientamenti per la catechesi degli adulti n. 2.* Leumann (Toriono), Elledici 1991.

-, *La catechesi con la famiglia. Orientamenti.* Leumann (Torino), Elledici 1994

-, *La catechesi e il catechesimo degli adulti. Orientamenti e proposte.* Bologna, Dehoniane 1995.

UNITED STATES CATHOLIC CONFERENCE, *Our Hearts Were Burning Within Us: A Pastoral Plan for Adult Faith Formation in the United States.* Washington, United States Catholic Conference 1999.

II. 성인 교리교육에 관한 일반 서적

AKTINSON H. (Ed.), *Handbook of Young Adult Religious Educatio.* Birmingham, Alabama, Religious Education Prees 1995.

BIEMMI E., *Accompagnare gli adulti nella fede. Linee di metodologia cathechistica.* Leumaan (Torino), Elledici 1994.

BINZ A. - R. MOLDO – A.-L. ROY (Edd.), *Former des adultes en Église. État des lieux, aspects théoriques et pratiques. Hommages à Gilbert Adler.* Saint-Maurice, Éditions

Saint-Augustin 2000.

BINZ A. - S. SALZMANN, *Documents d'andragogie. Outils pour la formation et la catéchèse des adultes*. Lausanne, Centre Catholique Romand de Formation Permanete 1996 (Ed. it.: *Formazione cristiana degli adulti. Riflessioni e strumenti*. Leumann [Toriono], Elledici 2001).

CENTRE NATIONAL DE L'ENSEIGNEMENT RELIGIEUX, *Formation chrétienne des adultes. Un guide théorique et pratique pour la catéchèse*. Paris, Desclée de Brouwer 1986 (Trad. it.: CENTRO NAZIONALE DELL'INSEGNAMENTO RELIGIOSO IN FRANCIA, *Formazione cristiana degli adulti. Una guida teorico-pratica per la catechesi*. Bologna, Dehoniane 1988; ed. sp.: CENTRO NACIONAL DE ENSENZA RELIGIOSA DE FRANCIA, *Formación cristiana de adultos. Guía teórica y prática para la catequesis*. Bilbao, Desclée de Brouwer 1989).

DE BOY J.J., *Getting started In Adult Religious Education: A Practical Guide,* New York, Paulist Press 1979.

ELLIAS J.L., *The foundations and Practice of adult Religious Education*. Malabar, Florida, Robert E. Krieger 1982.

ENGLERT R., *Religiöse Erwachsenenbildung. Situation-Problem-Handlungs- orientierug*. Stuttgart/Berlin/Köln, Kohlhammer 1992.

FOLTZ N.T. (Ed), *Handbook of Adult Relisious Education*. Birmingham, Alabama, Religious Education Press 1986.

FOSSION A. - RIDEZ L., *Adultes dans la foi. pédagogie et catéchèse*. Toutnai-Bruxell, Desclée-Lumen Vitae 1987 (Trad. it.; FOSSIO A.- RIDEZ L.[Edd.], *Adulti nella fede. Il metodo della correlazione in pedagogia e nella catechesi*. Milano, Paoline 1992).

GIGUÈRE P.-A., *Une foi d'adulte*. Ottawa, Novalis 1991 (Trad. it.: *Che cosa significa fede adulta?* Leumann [Torino], Elledici 2003).

-, *catéchèse et maturité de la foi*. Montréal / Bruxelles, Novalis / Lumen Vitae 2002.

GIUSTI G., *Comunità cristiana e catechesi degli adulti. Problemi e prospettive*. Leumann (Torino), Elledici 1991.

KOLLINGBAUM H. et al. (Edd.), *Den Glauben zur sprache bringen. Neue Ansätze in der religiösen Erwachesenbildung*. Graz, Katholisches Bildungswerk 1998.

LLANES TOVAR R., *La catequesis de adultos en la actualidad*. México, s,e. 1984.

LÜCK W. - F. SCHWEITZER, *Religiöse Erwachsener. Grundlagen und Impulse für die Praxis*. Stuttgart-Berlin-Köln, Kohlhammer 1999.

MCKENZIE L., *Religious Education of Aults*. Birmingham, Alabama, Religious Education Press 1982.

MORAN G., *Vision and Tactics. Toward and Adult Church*. New Tork, Herder and Herder 1970.

-, *Education Toward Adulthood: Religion and Lifelong Learning*. New York, Paulist Press 1979.

NERY I.J., *Catequese com adultos e catecumenato. História e proposta*. Sâo Paulo, Paulus 2001.

OFFICE DE CATÉSE DE QUÉBEC – NOVALIS, Université Saint-Paul, Ottawa (Edd.), *Dossiers d'andragogie religieuse*. Ottawa, Novalis 1981-1985(10 quaderni).

PAGANELLI R., *Formare alla fede adulta. Indicazioni per un cammino*. Bologna, Dehoniane 1996.

PEREIRA E. d. N., *A formaçâo cristâ de adultos. O grande desafio para a Igreja do III milênio*. Petrópolis. Vozes 1994.

ROUTHIER G. (Ed.), *L'éducation de la fio des adultes. L'expérience du Québec*. Montréal, Médiaspaul 1996.

SCABINI P. (Ed.), *Catechesi per crisriani adulti. Proposte ed esperienze*. Roma, Paoline 1987.

SOVRAVITO L., *La catechesi degli adulti. Orientamenti e proposte*. Leunmann(Torino), Elledici 1998.

III. 성찰과 심화

방대한 기존 연구물에서, 특히 성인 교리교육을 주제로 하는 **정기 간행물의 단행본 발행호** 표시와 함께 **도서와 논문**을 선택하여 제시한다.

Adult catechesis in the Christian Community, «The Living Light» 29 (1992-1993) 1-50 (numero monografico).

Les adultes aussi. Devenir adultes dans la foi comme dans la vie: repères, expériences et perspectives, «Catéchèse» (1999) 155, 13-124 (numero monografico).

Adultos: catequesis y catecumenado, «Actualidad Catequética» (1985) 124 (numero monografico).

ALBERICH E., *Per una educazione della fede in chiave di maturazione: quale tipo di cristiano deve promuovere oggi la catechesi?,* «Orientamenti pedagogici» 36 (1989) 2, 309-323.

-, *Catechesi «adulta» in una Chiesa «adulta». I nodi ecclesiologici della catechesi degli adulti*, «Orientamenti pedagogici» 38 (1991) 6, 1367-1384.

-, *La catechesi alla fine di un secolo: crisi e speranze*, «Orientamenti pedagogici» 46 (1999) 6, 1097-1108.

ALCEDO TERNERO A., «Adultos, catequesis de», in: Nueco Dic.Cat., 120-134.

ALVES DE LIMA L., *Com adultos, catequese adulta. Uma proposta brasileira*, «Revista de Catequese» 24 (2001) 94, 5-27.

AMBROSIO G., *Ricominciare il cammino di fede. L'ambivalenza del contesto culturale italiano*, «La Rivista del Clero Italiano» 81 (2000) 9, 565-583.

BIEMMI E., *Catéchèse et évangélistation des adultes en Italie*, «Lumen Vitae» 56 (2001) 1, 29-40.

BINZ A., *Den Glauben zum Tragen bringen. Wegbegleitung als Aufgabe und Dimension der religiösen Erwachesenbildung*, «Religionspädagogiche Beiträge» 11 (1988) 21, 3-11.

-, *Qulques conditions pour développer la dimension catéchètique des communautés chrétiennes: vers une catéchèse intergénerationnelle*, «Catéchèse» 30 (1990) 118/199, 159-172.

-, «Costruire insieme la casa della fede adulta. Condizioni, realizzazione e impegni per gli agenti pastorali», in UCN 2, 100-117.

-, *Erzähl mir von Deinem Leben! Von der Kraft der bibliscen Erzählung in der Erwachsenenkrateches*, «Religionspädagogische Beiträge» (1995) 36, 31-44.

BITTER G., *Von der Notwendigkeit der Erwachesenkatechese heute*, «Katechetisce Blätter» 116 (1991) 4, 238-244.

BOROBIO D., *El catecumenado, modelo de la catequesis de adultos. El puesto del Catecumenado y la catequesis en los procesos iniciáticos actuales,* «Teología y Catequesis» (1982) 2, 193-211.

CANCIANI M., *Patricolari luoghi di comunicazione per adulti ed esigenza di laici catechisti,* «Via Verità e Vita» 34 (1985) 104, 15-47.

CARVAJAL J. C et al., *La convocatoria a la catequesis de adultos,* «Actualidad Catequética» (1991) 150, 187-208.

CASALE U., *Centralità della catechesi degli adulti nella ciata della chiesa (per un' introduzione teorica-pratica al tema),* «Catechesi» 58 (1989) 6, 49-53.

-, *Prospettive per la catechsi degli adulti,* «Catechesi» 60 (1991) 5, 38-41; 6, 47-50; 7, 33-36.

Catechesi adulta per cistiani adulti, «Via Verità e Vita» 40 (1991) 133 (numero monografico).

Catequesis de adultos, «Teología y Catequesus» (1982) 2 (numero monografico).

Catequesis de adultos, «Actualidad Catequética» (1991) 150 (numero monografico).

CAVALLON G., *É possibile oggi evangelizzare gli adulti,* «Catechesi» 54 (1985) 9, 7-20.

-, *Rifondare la fede nella comunità parrocchiale.* Milano, Paoline 1992.

Colloque intercontinental, Francheville-Lyon, 5-9 juillet 1933. Le catéchuménat. Situations, enjeux, perpectives, «Spiritus» 35 (1994) 134, 1-144.

COLOMB J., *un luogo attuale della catechesi nell'insieme della Chiesa,* «Concilium» 6 (1970) 3, 409-420.

-, *Al servizio della fede. Manuale di catechetica.* Vol. II, Leumann (Torino), Elledici 1970, cap. VII-IX del libro IV (pp. 415-443).

COLZANI G., *Catechesmi dehli adulti: troppo silenzio, tanti problemi,* «Rivista del Clero

Italiano» 71 (1990) 11, 725-741.

COMTE R., *Quels objectifs?*, «Catéchèse» 21 (1981) 82, 69-77.

-, *Recherches Nord-américaines sur l'éducation de la foi des adultes,* «Catéchèse» 24 (1984) 96, 111-126.

-, *L'avenir de la catéchèse des adultes,* «Lumen Vitae» 51 (1996) 1, 75-87.

-, *La formation d'adultes en responsabilité écclésiale dans le diocèse de Saint-Étienne (france),* «Lumen Vitae» 52 (1997) 1, 20-37.

DELLA TORRE L. et al., *L'iniziazione cristiana degli adulti in Italia,* «Rivista di pastorale liturgica» 19 (1991) 169, 2-65.

DEVITT P.M., *How adult is ARE? Gabriel Moran's contribution to the field of Adult Religious Education.* Dublin, Veritas 1991.

Diventare Cristiani da adulti, «Via Vertà e Vita» 39 (1990) n. 130 (numero monografico).

Dossier Croire à nouveau, «Catéchèse» 35 (1995) 139, 3-150.

DUGGAN R., *The new Constellation of Catechesis,* «The Living Light» 37 (2000-2001) 4, 6-15.

Et les adultes? Questions et expériences, «Catéchèse» 21 (1981) 82 (numero monografico).

ELIAS J., *Parish Adult Religious Education: From Rhetoric to Reality,* «The Living Light» 19 (1982) 1, 28-34.

-, *Adult Religious Education: an Analysis of Roman Catholic Documents published in Australia, Canada, England and Wales, and the United States,* «Religious Education» 84 (1989) 1, 90-102.

-, *Preferential option for adult catechesis,* «The Living Light» 27 (1990-91) 4, 339-344.

ENGLERT R., *Warum ist Erwachsenenkatechese so schwierig? Erwachsenenkatechese aus katholischer Sicht*, «Theologische Quartalschrift» 174 (1994) 2, 107-119.

Erwachsenenkatechese, «Katechetische Blätte» (1991) 4 (numero monografico).

Erwachsenenkatechese, «Theologische Quartalschrift» 174 (1994) 2, 83-169 (numero monografico).

FOLEY K. - P. O'LEARY (Edd.), *Focus on Theology. An Adult Faith-Formation Discussion Program*. Collegeville, Minnesota, The Liturgical Press 1999.

FLORISTÁN SAMANES C., *Modelos de catequesis de adultos*, «Sinite» 35 (1994) 106, 343-359.

La formation chrérienne des adultes. Nécessité et intérêt, «Catéchèse» 41 (2001) 162, 1-131.

Formare il catechista degli adulti, «Via Vertà e Vita» 34 (1985) 104 (numero monofrafico).

La formazione degli adulti, «Presenza pastorale» 62 (1992) 6, 5-83 (numero monografico)

GALLAGHER M., *Forming Today's Disciples: Five Emerging Trends in Adult Catechesis*, «New Catholic World» (1987) 230, 196-201.

GARITANO F., *Puntos críticos en la experiencia actual de catequesis de adultos*, «Sinite» 35 (1994) 106, 361-377.

GONDAL M.- L., *Commencer ou recommencer à croire* (Formation à l'accompagnement d'adultes vers la foi). Lyon, Groupe Pascal Thomas – Catéchuménat de Lyon, s.d.

-, *Et les adultes?...*, «Lumière et Vie» 33 (1984) 169, 55-62.

GROOME T.H., *Conversion, Nurture, or Both. Towards a Lifelong Catechetical Education a Cautious Reading of the GDC*, «The Lving Light» 37 (2000-2001) 4, 16-29.

GROPPO G. - Di CHIO V., *Problemi teologici dell'educazione ed educazione religiosa dell'adulto*, «Orientamenti Pedagogici» 20 (1973) 5, 914-951; 21 (1974) 4, 759-780.

GUGLIELMONI L., (Ed.), *La lampada e l'olio. Dal Rinnovamento della Catechesi alla*

Nuova Evangelizzazione con Mons. Aldo Del Monte. Leumann (Torino), Elledici 1992.

HULL J.M., *What Prevents Christian Adults from Learning?* London, SCM Press 1985.

Katechese mit Erwachsenen, «Katechetische Blätter» 105 (1980) n. 4 (numero monografico).

KORHERR E. J., *Gedanken über die Eigenart der Erwachsenenkatechese,* «Christlich-pädagogische Blätter» 104 (1991) 2, 83-84.

KRÄTZL H., *Unidos en el camino hacia una fe adulta,* «Actualida Catequética» (1990) 146, 65-86.

LANGER W., «Den Glauben fassen. Vom Sinn und Anspruch eines Katechismus für Erwachsene», in; R. SCHULTE (Ed.), *Koinonia-Leiturgia-Diakonia* (Festschrift Kard. König). Wien-Freiburg-Basel, Herder 1980, 363-390.

-, *Das Evangelium lernen. Heraussforderung für die Erwachsenenkatechese,* «Theologische Quartalschrift» 174 (1994) 1, 83-94.

LEPERS E., *Nécessité d'une catéchèse d'adultes dans l'Eglise?,* «Catéchèse» 21 (1981) 82, 7-22.

MATTE N., *Erwachsen-sein in der Kirche – nur ein Wunschtraum?,* «Katechetische Blätter» 116 (1991) 4, 232-233.

NESI M.I., *El itinerario catequístico de la iniciación cristiana con adultos,* «Medellín» 27 (2001) 108, 511-520.

PARENT N.A. (Ed.), *Christian Adulthood. A Catechetical Resource.* Washington, Department od Education, United States Catholic Conference 1982ss (collana di volumi annuali o biennali).

-, *Educating for Christian Maturity.* Washington, D.C., Department of Education,

United States Catholic Conference 1990.

PARKS S.D., *Big Questions, Worthy Dreams. Mentoring Young Adults in Their Search for Meaning, Purpose, and Faith.* San Francisco, Jossey-Bass 2000.

PEDROSA V., *Caminos pastorales con los adultos en clave de evangelización,* «Actualidad Catequética» (1984) 116, 51-66.

 -, *La catequesis de adultos, si es prioritaria, ¿por qué está tan olvidada? (Presensetación del documento episcopal: Catequesis adultos, 1990),* «Sinite» 32 (1991) 98, 539-60.

 -, *Causas de la escasez de grupos de catequesis de adultos,* «Sínite» 35 (1994) 106, 315-341.

 -, *La catequesis de adultos. Condiciones teológico-pastorales para su promoción y consolidación,* «Teología y Catequesis» (1996) 58, 61-87.

 -, *¿Cómo poner en marcha grupos de catequesis de adultos? Una práctica contrastada.* Madrid, Ediciones San Pío X 1996.

Pero ¿existe la catequesis de adultos? «Sínite» 35 (1994) 106, 285-455 (numero monografico).

POGNATIELLO L.M., *I «vuoti» e i «medelli» dell'attuale catechesi agli adulti,* «Via Vertà e Vita» 29 (1980) 79, 24-33.

PIVETEAU D., *L'Église, les adultes et la formation permanente* «Catéchèse» 15 (1975) 59, 161-176.

 -, *Langages et catéchèse,* «Catéchèse» 21 (1981) 82, 53-58.

RECAN J., *When is Catechesis of Adults Genuinely Adult? Adult catechesis engages adults in sustanined, critical discussion about thing that matter,* «The Living Light» 37 (2000) 1, 15-25.

RUTA G., *Forme di comunicaione nella catechesi per gli adulti,* «Catechesi» 67 (1997) 3,

44-62.

SARIS W., *Credere da adulto. stimoli per la riflessione e il confronto*, «Catechesi» 60 (1991) 3, 41-46.

SARNATARO C., *La catechesi degli adulti: problemi e prospettive*, «Via Vertà e Vita» 30 (1981) 84, 11-23.

-, *Trattare gli adulti da adulti*, «Via Vertà e Vita» 40 (1991) 133, 36-43.

SARNATARO C. - GIUSTI G., *A che punto siamo con la fede?*. Milano, Paoline 1990.

SCABINI P., *Formare catechisti adulti per una catechesi di adulti*, «Via Vertà e Vita» 34 (1985) 104, 15-47.

SCHLÜTER R., *Erwachsenenkatechese nach neueren kirchlichen Dokumenten. Eine theologische und pädagogische Problemanzeige*, «Religionspädagogische Beiträge» (1992) 30, 116-131.

SCHMITT K.H., *Ernstfall «Erwachsenenkatechese»*, «Katechetische Blätter» 112 (1987) 5/6, 487-494.

SENTUCQ D., *Adultos y educación de la fe*, «Actualida Catequética» (2001) 192, 535-552.

SIMON M., *Trente ans de catéchèse d'adultes*, «Catéchèse» 18 (1978) 73, 491-504.

SORAVITO L., *Il catechista degli adulti: identità e ruolo*, «Notizioario UCN» 19 (1990) 2, 115-124.

-, *Gli adulti nell'azione pastorale della Chiesa, Contributo ad una riflessione teologico-pastorale fondamentale*, «Rivista di scienze religiose» 7 (1993) 13, 173-199.

TOBÍAS PÉREZ S.D., *Los cambios de la vida adulta como ámbito de la catequesis*, «Medellín» 27 (2001) 108, 501-510.

VOGEL L.J., *Teaching and Learning in Communities of Faith. Empowering Adults Through Religious Education.* San Francisco, Jossey-Bass Publishers 1991.

WARREN M., *A New Priority in Pastoral Ministry. The «General Directory for Catechesis» and «Our Hearts Were Burning Within Us» riorient the path to discepleship and its priorities,* «The Living Light» 37 (2000-2001) 1, 6-14.

WERNER E., *Das Katechumenat - ein Leitbild für die Katechese mit Erwachsenen?,* «Katechetische Blätter» 116 (1991) 4, 255-261.

ZACCHEO G., *Un nuovo impianto di pastorale catechistica,* «Orientamenti Pastorali» 35 (1987) 2-3, 47-62.

ZAPPATORE L. M., *Catechizzare i genitori per catechizzare i figli... e vicevera.* Roma, Paoline 2000.

IV. 성인 교리교육의 실현과 모델 및 체험

이 목록은 언어 및 문화 영역으로 구분되어 표시되며, 중요하다고 간주되는 성인 교리교육의 체험과 실현을 선별하여 제공한다. 이탈리아어로 된 기존 번역은 일반적으로 표시되며, 종종 스페인어로도 표시된다. 몇 가지 중요한 체험에 대한 국제적인 개요는 다음 책에서 찾아볼 수 있다. ALBERICH E. - A. BINZ, *Forme e modelli di catechesi con gli adulti. Esperienze riflessioni in prospettiva internazione.* Leumann (Torino), Elledici 1995 (Ed. sp.: *Formas y modelos de catequesis con adultos.* Madrid, Editorial CCS 1996; ed. port.: *Formas e modelos de catequese com adultos, Panorama internacional.* São Paulo, Editora Salesiana 2001).

1. 이탈리아어권

전체적인 개요를 위해서 다음을 참고하시오.

BIEMMI E., *Catéchèse et évangélisation des adultes en Italie*, «Lumen Vitae» 56 (2001) 1, 29-40.

BISSOLI C., La *«scelta degli adulti» nella Chiesa italiana*, «Note di pastorale giovanile» 24 (1990) 3, 9-30.

BOLLIN A. et al., *Dossier. Modelli di nuovo annuncio della fede agli adulti*, «Orientamenti sociali» 11 (1992) 8, 24-49.

SORAVITO L., *La catechesi degli adulti. Orientamenti e proposte*. Leumann (Torino), Elledici 1998, cap, II, «Esperienze di catechesi degli adulti in Italia oggi» pp. 27-65.

UFFICIO CATECHISTICO NAZIONALE, *Esperienze di catechesi degli adulti in Italia oggi*. Leumann (Torino), Elledici 1990.

-, *2° Convegno Nazionale dei Catechisti. Atti del Convegno. Voi siete il sale della terra. Roma 20-22 Novembre 1992*. Leumann (Torino), Elledici 1993.

ZUPPA P., *Adulti e catechesi: breve segnalazione bibliografica*, «Rivista di scienze religiose» 7 (1993) 13, 231-240.

가톨릭 운동은 특히 성인과 가족 부문의 활동과 텍스트를 통해 이탈리아에서 특별한 위치를 차지하고 있으며 계속해서 유지하고 있다. 다음을 참고하시오.

AZIONE CATTOLICA ITALIANA, *Progetto adulti, acura del'Ufficio Centrale del Settore Adulti di AC.* Roma, AVE 1989.

BURO M. L., *Il progetto formativo apostolico dell'AC; adulti nella chiesa per il mondo*, «Presenza pastorale» 62 (1992) 6, 77-83.

BIGNARDI P., *La figura del catechista-animatore di un gruppo di adulti di Azione Cattolica e la sua formazione*, «Presenza pastorale» 65 (1995) 5-6, 509-520.

PREZIOSI E., *In umiltà e fervore. Perché fare AC oggi da adulti.* Roma, AVE 1999.

가톨릭 운동은 성인을 위한 교리교육을 위해 연간 텍스트를 출판하고 있고 "성인: 지속적인 양성" 시리즈(Roma, AVE 1978ss)도 출판하고 있다.

특별히 중요한 것은 두 개의 판(1981년과 1995년)으로 된 이탈리아 주교회의 **성인 교리서**이다. 자세한 서지 검토는 다음에서 찾을 수 있다.

GIANETTO U., *Catechismi C.E.I Raccolta bibliografica 1967-2002.* 3a ed. Roma, Istituto di Catechetica 2002, 89-100.

COMMISSIONE EPISCOPALE PER LA DOTTRINA DELLA FEDE, LA CATECHESI E LA CULTURA, *Signore, da chi andiamo? Il catechismo degli adulti.* Roma, Ed. Conferenza Episcopale Italiana 1981 (Trad. sp.: COMISIÓN EPISCOPAL ITALIANA PARA LA DOCTRINA DE LA FE, LA CATEQUESIS Y LA CULTURA, *Catecismo de adultos, señor ¿a quién iremos?* Madrid, Marova 1982).

연구와 주석에 대해서는 다음을 참고하시오.

ALBERICH E., *Il catechismo degli adulti dell'Episcopato itliano. Significato – possibilità - limiti*, «Orientamenti Pedagogici» 29 (1982) 5, 817-835.

CAPORELLO E. et al., *Dossier sul Catechismo degli adulti. Strumento per la conoscenza, la presentazione e l'uttilizzazione*. Leumann (Torino), Elledici 1981.

FRANCHINI E. - VILLANI G., *Il catechismo degli adulti: dieci anni di ricerca per un itinerario di fede*. Bologna, Dehoniane 1981.

PINTOR S. et al., *La teologia e la pastorale nel Catechismo degli adulti, Una teologia rinnovata per una nuova catechesi*. Bologna, Dehoniane 1983.

1995년에 최종본이 출판되었다.

CONFERENZA EPISCOPALE ITALIANA, *La verità vi farà liberi. Catechismo degli adulti*. Città del Vaticano, Libreria Editrice Vaticana 1995.

교리서의 이해와 사용을 위해서 다음을 참고하시오.

ANTONELL E., *Il catechismo degli adulti* La verità vi farà liberi: *mete, struttura, contenuti*, «Presenza pastorale» 65 (1995) 5-6, 449-459.

BIEMMI E., - G. LAITI, *Conoscere il catechismo degli adulti*. «*La verità vi farà liberi*»: *il Catechismo della simpatia per l'uomo*, «Catechesi» 64 (1995) 7, 43-50.

CHIARINELLI L., *Il catechismo degli adulti La verità vi farà liberi e il contesto pastorale:*

dinamiche socio-culturali, «Presenza pastorale» 65 (1995) 5-6, 433-448.

MAZZRELLO M.L., *Il catechismo italiano degli adulti: sfide e compiti per la catechesi*, «Rivista di Scienze dell'Educazione» 35 (1997) 1, 105-116.

Il Nuovo catechismo degli adulti «La verità vi farà liberi», «Via verità e vita» 44 (1995) 154, 1-74.

NOSIGLIA C., *L'utilizzo del catechismo degli adulti La verità vi farà liberi nella comunità cristiana*, «Presenza pastorale» 65 (1995) 5-6, 461-485.

SORAVITO L., *Catechismo degli adulti e itinerari di fede. Criteri per l'utilizzazione del Catechismo degli adulti «La verità vi farà liberi»*. Leumann (Torino), Elledici 1998.

-, *La catechesi degli adulti. Orientamenti e proposte*. Leumann (Torino), Elledici 1998, cap. VIII («Il catechismo degli adulti "La verità vi farà liberi"», 183-201).

UFFICIO CATECHISTICO NAZIONALE, *La catechesi e il catechismo degli adulti. Orientamenti e proposte*. Bologna, Dehoniane 1995.

이탈리아의 중요한 사목 계획은 **예비신자 기간**의 제도화이다.

CONSIGLIO PERMANENTE DELLA CEI, *L'iniziazione cristiana. 1. Orientamenti per il catecumenato degli adulti [...]* Nota pastorale [30.3.1997]. Bologna, Dehoniane 1997.

-, *L'iniziazione critiana. 2. Orientamenti per l'iniziazione dei fanciulli e dei ragazzi dai 7 ai 14 anni [Roma, 23.5.1999]*. Bologna, Dehoniane 1999.

CANOBBIO G. et al., *Introdurre gli adulti alla fede. La logica catecumenale nella pastorale ordinaria*. Milano, Ancora 1997.

CAVALLOTTO G. (Ed.), *Iniziazione cristiana e Catecumenato. Divenire cristiani per essere battezzati*. Bologna, Dehoniane 1996.

DONGHI A., *Adulti verso il battesimo. Il cammino del catecumenato*. Città del Vaticano, Libreria Editrice Vaticano 1999.

Dossier Parrocchia e catecumenato, «Orientamenti Pastorali» (1994) 1, 35-51; (1994) 4-5, 19-117.

FALSINI R. (Ed.), *L'iniziazione ciristiana degli adulti. Modello tipico per la formazione cristiana*. Milano, OR 1992.

FONTANA A., *Guida per l'itierario catecumenale*. Leumann (Torino), Elledici 1998.

-, *Vorrei diventare cristiano*. Ibid. 2000.

-, *Che cosa significa «essere cristiani»*. Ibid. 2001.

-, *Itinerario catecumenale con gli adulti. Sussidio per accompagnare a pensare e vivere da cristiani*. Ibid. 2001.

GIULIANI A., *Catecumenato in casa nostra. Corso di preparazione per i gruppi di accompagnatori*. Bologna, Dehoniane 1995.

LANZA E., *Il catecumenato in Italia. Prospettive di rinnovamento pastorale,* «Rivista del Clero Italizno» 76 (1995) 7-8, 485-503.

LOMBARDI R., «L'iniziazione cristiana degli adulti Nuove prospettive teologoco-pastorali», in: N. Ciola (Ed.), *Servire Ecclesiae. Miscellanea in onore di Mons. Pino Scabini*. Bologna, Dehoniane 1998, 474-496.

RUSPI W., *Il catecumenato in Italia. Un primo quadro della situazione,* «La Scuola Cattolica» 127 (1999) 1, 5-32.

SERVIZO DIOCESANO PER L'INZIAZIONE CRISTIANA DEGLI ADULTI

- TORINO, *Accompagnare i catecumeni. Guida pratica per gli accompagnatori.* Leumann (Torino), Elledici 2000.

밀라노의 마르티니 추기경의 『말씀의 학교 Scuola della Parola』에 대한 중요한 체험에 대해서는 다음을 참고하시오.

PERRENCHIO F., *La scuola della Parola del Card. Martini,* «Note di Pastorale Giovanile» 27 (1993) 7, 55-72.

-, «La Scuola della Parola del Carl. Carlo Maria Martini», in: C. BUZZETTI – M. CIMOSA (Edd.), *I giovani e la lettura della Bibbia. Orientamenti e proposte.* Roma, LAS 1992, 147-180.

성인 교리교육을 위한 다양한 **교리서나 신앙 요약도** 있다.

ARUSSO F. - BRAMBILLA G., *Il Credo. Spiegazione e documenti della fede dei cristiani.* Leumann (Torino), Elledici 1987.

BOSCO T., *Il Cristianesimo in 50 lezioni.* Leumann (Torino), Elledici 1996.

BOSCO T., *La legge cristiana in 20 lezioni.* Ibid. 1996.

DE ROSA G., *Fatica e gioia di credere. I misteri della fede cristiana.* Leumann (Torino) / Roma, Elledici / La Civiltà Cattolica 2002.

FRACHINI E., *Partire dal proprio limite. Catechismo per chi dubita di essere abbastanza cristiano.* Bologna, Dehoniane 1986.

GAGEY H.-J. - A. LALIER, *Breve introduzione alla fede. Parlare del Dio cristiano con parole semplici*. Cinisello Balsmo (MI), San Paolo 1999.

GUGLIELMONI L. - F. NEGRI, *Credo, Signore!* Leumann (Torino), Elledici 2001.

MAGGIOLINI S., *Breve esposizione del Cristianesimo*. Casale Monferato, Ed. Piemme di Pietro Marietti 1985.

MASINA E. et al., *Linee di un catechismo per l'uomo d'oggi*, 2 voll.: 1. *L'annuncio di Gesù all'uomo contemporaneo*. Assisi, Cittadella, 1971; 2. *La chiesa comunità nata dalla risurrezione*. Ibid. 1973.

Noi crediamo. Breve presentazione della fede cattolica. Milano, Ancora 1995.

≪Breve esposizione della Dottorina Cattolica≫ (Istituto Regionale Lombardo di Pastorale) 의 시리즈

BIFFI G., *Io credo*. Milano, Jaco Book 1980.

BIFFI S., *In spirito e verità*. Ibid. 1984.

CAFFARRA C., Viventi in Cristo. Ibid. 1981.

COLOMBO C., *Il compito della teologia*. Ibid. 1983.

여기에 네덜란드어, 독일어, 스페인어, 프랑스어로 된 성인 교리서와 W. Saris, M. Thurian, T. Rey Mermet, Loidi-Longa, A. Salas, O.H. Pesch, W. Kasper, R. Lawler, A.M. Greeley, G.L Dyer 등의 모델과 같이 다른 분야에서 보고된 수많은 번역 작품이 추가된다.

『교회-세상의 사명Missione Chiesa-Mondo』과 안토니오 팔리코Antonio Fallico에

의한 공동체와 본당 쇄신에 대한 풍요로운 계획은 특별히 언급할 만하다.

ALBERICH E. - A. BINZ, *Forme e modelli di catechesi con gli adulti*, 175-182.

FALLICO A., *Chiesa-Mondo, Un movimento per le comunità ecclesiali di base*. Roma, Paoline 1982.

-, *Le comunità ecclesiali di base*. Roma, Paoline 1982.

-, *Corso di Formazione per animatori CEB*. Catania, Chiesa Mondo 1986.

-, *Parrocchia missionaria nel quartiere*. Ibidi. 1987.

-, *Progetto Parrocchia comunione di communità*. Ibid. 1992.

FALLICO A. (Ed.), *Dal tempio alla strada. Una parrocchia sulle piste del Concilio. Indagine socio-religiosa di Grazia Le Mura*. Ibid. 2000.

LUVARÀ F., *Le piccole comunità ecclesiali nel cammino della chiesa. Analisi del fenomeno in Italia con antologia di brani del magistero*. Ibid. 2000.

PROGETTO PARROCCHIA COMUNIONE DI COMUNITÀ, *Schede bibliche per il cammino catechetico delle Comunità Ecclesiali di Base*. [Vari voll.] Ibid. 1993ss.

SARCIÀ A., *Ti annuncio Cristo che ho incotrato. schede per un itinerario di evangelizzazione nei gruppi ecclesiali, nei centri di ascolto, nella piccole comunità*. Ibid. 1999.

다른 체험들은 다양한 **본당 쇄신 프로젝트**와 연결된다.

『**새로운 본당 이미지**^{Nuova Immagine di Parrocchia, NIP}』 프로젝트에 대해서는

다음을 참고하시오.

CAPPELLARO J. B. et al., *Da Massa a Popolo di Dio. Progetto pastorale*. Assisi, Cittadella 1981.

-, *Alla ricerca di senso. Cammino di fede dei piccoli gruppi*. Vol. 1. Ibid. 1991.

-, *Catecumenato di popolo. Cammino di fede di un popolo di battezzati*. Ibid. 1993.

DE MARTINI N., *Parrocchia nuova comunità di amici*. Leumann (Torino), Elledici 1982.

-, *Parrocchia nuova per tempi nuovi*. Ibid. 1985.

"세포(조직)^{Cellule}" 방법

MACCHIONI G., Evangelizzare in parrocchia. Il metodo delle «Cellule». Milano, Ancora 1994.

Manuale Addestramento Leaders. Milano [parrocchia S. Eustorigio 1995].

«P.A.C.E.» 프로젝트

DE MARTINI N., Parrocchia 2000. *Una risposta concreta all'appello della nuova evangelizzazione*. Leumann (Torino), Elledici 1993.

경청 센터^{Centri di ascolto}나 **경청 공동체**^{Comunità di ascolto}의 다양한 체험은 이탈리아에서 점점 더 중요해지고 있다. 전체적인 개요를 위해서는 다음을 참고하시오. L. SORAVITO. «Catechesi degli adulti come riscoperta della fede: i centri di ascolto», in: ALBERICH E. - A. BINZ, *Forme e modelli di catechesi con gli* *adulti*, 55-75. 성찰과 체험에 대해서는 다음을 참고하시오.

CAVALLON G., *Rifondare la fede nella comunità parrocchiale*. Milano, Paoline 1992.

-, *Egli sarà il tuo consolatore Dieci incontri sul Libro di Rut*. Bologna, Dehoniane 1996.

-, *Il Padre nostro: preghiera del Signore e nostro preghiera*. Ibid. 1996.

-, *La Salvezza cammino nell'Amore. Itinerario di annuncio sulla Veglia pasquale*. Ibid. 1996.

CONSIGLIO CATECHISTICO REGIONALE TRIVENETO, *La catechesi nei « Centri di ascolto». Esperienze ed orientamenti*. Mestre, 1995.

DIOCESI DI PADOVA, *I centri di ascolto. Sussidio pastorale*. Padova, Uff. Cat. Diocesano 1993.

GRUPPI ECCLESIANLI DI ASCOLTO DEL NORD-EST (Edd.), *«Io sarò il vostro Diom voi sarete il mio popolo» (Ger 7,23). Esperienze di incontro popolare con la Parola di Dio della Bibbia*. Leumann (Torino), Elledici 1999.

MAGHENZANI S., *La catechesi degli adulti in due esperienze*, «Via Verità e Vita» 40 (1991) 133, 55-63.

SACERDOTI DI VARESE, *I gruppi di ascolto. Corso base per la formazione degli animatori*. Leumann (Torino), Elledici 1994.

SARCIÀ A., *Ti annuncio Cristo che ho incontrato. Schede per un itinerario di evangelizzazione nei gruppi ecclesiali, nei centri di ascolto e nelle piccole* comunità. 2ª ed. Catania, Chiesa-Mondo 2001.

SCABINI P., *Cristo nella vita della famiglia*. Milano, Paoline 1992.

UFFICIO CATECHISTICO DIOCESANO DI TORINO, *Esperienze e riflessioni sulla catechesi degli adulti.* 5/Quderni dell'UCD, Torino 1984.

SORAVITO L., *Una famiglia, una Chiesa. Riflessioni e schede per centri di ascolto.* Bologna, Dehoniane 1994.

-, *Famiglia cristiana, riscopri la tua identità. Schede di riflessione per la catechesi degli adulti nei centri di ascolto.* Leumann (Torino), Elledici 1995.

훗날 "경청 공동체" 운동이 된 주세페 플로리오^{Giuseppe Florio}의 "샬롬^{Shalom}" 운동의 경험은 의미심장하다. 다음을 참고하시오.

FLORIO G., *Shalom. Itinerario biblico per l'evangelizzazione degli adulti.* Brescia, Queriniana 1984.

Da Gerusalemme a Emmaus alla chiesa locale [comunità di ascolto], «Il Regno-Attualità» 38 (1993) 14, 430-434.

다른 성인 교리교육의 실현은 네오까떼꾸메나도 길, "꾸르실료"(스페인어권을 보시오), 은사 공동체, 기초 공동체 등과 같은 **다양한 단체와 운동** 안에서 이루어졌다.

다른 체험과 도움에 대해서 다음을 참고하시오.

BARBI A. - BIEMMI E., *Abbiamo incontrato Gesù. Itinerari di catechesi per adulti.* Bologna, Dehoniane 1994.

BRAMBILLA F.G. - COMBI E., *Cristo pasqua del cristiano. Un itinerario di catechesi su Gesù di Nazaret per gli adulti.* Cinisello Balsamo (Milano), Paoline 1991.

COSTANTINI V., *Dopo il gruppo giovanile. Esperienza di comunità per giovani adulti.* Bologna, Dehoniane 1995.

Cristiano scelta adulta. Atti del Convegno Diocesano di studio e sperimentazione sulla catechesi degli adulti. Torino, 20-21 novembre 1993. Torino, Arcidiocesi di Torino – Ufficio Catechistico 1993.

DOTOLO C. - MEDDI L. (Edd.), *Adulti nella fede. Itinerari per la formaznioe del catechista degli adulti.* 2 voll. Bologna, Dehoniane 1991-92.

FONTANA A., *Progetti di catechesi e di iniziazione cristiana. Per un rinnovato impegno in ambito parrocchiale.* Leumann (Torino), Elledici 1994.

GRASSO G. - GENTILI C. (Edd.), *Nuovi sentieri di catechesi per adulti.* Roma, Borla 1988.

GUGLIELMONI L. - F. NEGRI, *Credo, signore!* Leumann (Torino), Elledici 2001.

NERI U., *Che cos'è il cristianesimo.* Bologna, Dehoniane 1993.

NOCETI S. (Ed.), *Catechesi degli adulti attraverso il libro dell'Apocalisse. Per una lettura profetica del tempo presente. Arcidiocesi di Firenze, anno pastorale 2000-2001.* Firenze, Edizioni Cooperativa Firenze 2000.

-, *Catechesi degli adulti attraverso la lettera agli Efesini. Arcidiocesi di Firenze, anno pastorale 2001-2002.* Ibid. 2001.

PAPASOGLI B. - D'AGOSTINO F. (Edd.), *Capire i Sacramenti. Un'esperienza di catechesi degli adulti.* Bologna, Dehoniane 1993.

UFFICIO CATECHESI DIOCESANO DI BOLOGNA, *La fede celebrata. Itinerari di catechesi per gli adulti.* Bologna, Dehoniane 2001.

UFFICIO CATECHESI DIOCESANO DI VERONA, *Catechesi degli adulti.* Raccolta di riflessioni e studi di questi ultimi anni elaborati nelle varie iniziative diocesane. Verona, UCD 1987.

UFFICIO CATECHESI DIOCESANO DI VERONA - ÉQUIPE PER LA CATECHESI DEGLI ADULTI, *Abbiamo incontrato Gesù. Itinerari di catechesi per adulti*. Bologna, Dehoniane 1994 (Ed. sp.: SECRETATIADO CATEQUÍSTICO DE VERONA, «*Hemos encontrado a Jesús*». *Itinerario de Catequesis para adultos* / 1. Santader, Sal Terrae 2002).

-, *Siate perfetti come il Padre vostro. Le esigenze della vita cristiana nel discorso della montagna. Itinerari di catechesi per adulti/2*. Bologna, Dehoniane 1995 (Ed. sp.: «*Sed perfectos como vuestro Padre*». *Itinerario de Catequesis para adultos/2*. Santander, Sal Terrae 2002).

-, *Parabole di vita. Itinerari di catechesi per adulti/3*. Bologna, Dehoniane 1996 (Ed. sp.: *Paràbolas de vida. Itinerario de Catequesis para adultos/3*. Santander, Sal Terrae 2002).

-, *La novità del Vangelo. Gesù buona notizia del regno di Dio. Itinerari di catechesi per adulti/4*. Bologna, Dehoniane 1997 (Ed. sp.: *La novedad del Evangelio. Jesús, buena noticia del Reino de Dios*. Santander, Sal Terrae 2002).

-, *Vivere da figli. La preghiera del Padre nostro. Itinerari di catechesi per adulti/5*. Bologna, Dehoniane 1998 (Ed. sp.: *Vivir como hijos. La oración del Padrenuestro*. Santander. Sal Terrae 2002).

-, *Nella forza dello spirito. Itinerari di catechesi per adulti*. Bologna, Dehoniane 1998 (Ed. sp.: *En la fuerza del Espíritu. Itinerario de catequesis para adultos/8*. Santander, Sal Terrae 2002).

-, *Sulla via del crocifisso. Seguire Gesù fino alla croce. Itinerari di catechesi per adulti/6*.

Bologna, Dehoniane 2000 (Ed. sp.: *Por el camino del Crucificado. Seguir a Jesús hasta la cruz.* Santander, Sal Terrae 2002).

-, *Davvero il Signore è risorto. Itinerari di catechei per adulti/7.* Bologna, Dehoniane 2000 (Ed. sp.:¡*Es verdad: el Señor ha resucitado!* Santander, Sal Terrae 2002).

-, *Una chiesa che serve. Itinerari di catechesi per adulti/9.* Bologna, Dehoniane 2001 (Ed. sp.: *Una Iglesia che sirve. Itineraio de Catequesis para adultos/9.* Santander, Sal Terrae 2002).

성서극에 대한 체험은 매우 흥미롭다.

MELESI L., *Le parabole di Gesù in teatro.* Leumann (Torino), Elledici 1984.

-, *Incontri. Drammatizzazione per una catechesi attuale e partecipata.* Ibid. 1988.

-, *Gli Atti degli Apostoli in teatro. Drammatizzazione per una catechesi attuale partecipata.* Ibid. 1996.

2. 프랑스어권

2.1. 프랑스-벨기에-스위스 로만디

전체적인 개요와 프랑스 및 참고문헌에서 보고된 다른 연구를 위해서는 다음을 참고하시오. CENTRE NATIONAL DE L'ENSEIGEMENT RELIGIEUX, *Formation chrétienne des adultes. Un guide théorique et paratique pour la catéchèse.* Paris, Desclée de Brouwer 1986. 다른 체험과 계획을 위해서는 다음

을 참고하시오. A. FONTANA, *Esperinze di catechesi degli adulti*, «Catechesi» 51 (1982) 11, 69-74.

프랑스 전통에서 1950년부터 시작된 **예비신자 기간의 복원**에 대한 체험과 **"다시 시작^{recommençants}"**에 대한 사목은 특히 중요하다.

Aux commencements de la foi: Pastorale catéchuménale en Europe aujourd'hui. Paris-Montréal, Mediaspaul-Paulines 1990 (Trad. it.: GRUPPO EUROPEO DEI CATECUMENATI, *Agli inizi della fede. Pastorale catecumenale oggi, in Europa.* Milano, Paoline 1991; trad. sp.: CONFERENCIA EUROPEA DE CATECUMENADO, *Los comenzos de la fe. Pastoral catecumenal en Europa hoy.* Madrid, Paulinas 1990).

BOURGEOIS H., *Théologie catéchuménale. A propos de la «nouvelle» évangélisation.* Paris, Cerf 1991 (Trad. it.: *Teologia catecumenale. A proposito della «nuova» evangelizzazione.* Brescia, Queriniana 1993).

-, *Redécouvir la foi. Les recommençants.* Paris, Desclée de Brouwer 1993.

-, *A l'appel des Recommençants.* Lyon, Éd. de l'Atelier 2001.

CASPANI P. - P. SARTOR, *Primi passi del catecumenato francese nel XX secolo. Aspetti della prassi e della teoria,* «La Scuola Cattolica» 127 (1999) 1, 45-131.

CIPAC (Centre Incrediocésain de Formation Pastorale et Catéchetique), *Recommencements. Guide de l'animateur.* Lambersart, Décanord 2001.

Colloque intercontinental, Francheville-Lyon, 5-9 juillet 1993. Le catéchuménat. Situations, enjeux, perspectives, «Spiritus» 35 (1994) 134, 1-144.

CORDONNIER G., *Des nouveaux chrétiens*. Paris, Desclée de Brouwer 1995.

Dossier Croire à nouveae, «Catéchèse» (1995) 139, 3-150.

FAYOL-FRICOUT A. - PASQUIER A. - SARDA O., *L'initiation chrétienne démarche catéchuménale*. Tournai/Paris, Desclée 1991.

FOSSION A., *Le catéchuménat des adultes, son actualité*, «La Foi et le temps» 23 (1993) 5, 389-402.

-, *Le catéchuménat et son actualité*, «Croissance de i'Église» (1997) 121, 7-17.

GONDAL M. L., *Communautés en christianisme. Un nouveau pas à faire*. Paris, Desclée de Brouwer 1993.

-, *Entrer dans la foi aujourd'hui: commencer et recommencer*, «Lumem Vitae» 46 (1991) 1, 71-84.

-, *Initiation chrétienne. Baptême, confirmation, eucharistie*. Paris, Centurion 1989 (Trad. it.: *L'iniziazione cristiana. Battesimo, cresima, eucaristia*. Brescia, Queriniana 1992).

LAURENTIN A. - DUJAROER M., *Catéchuménat. Données de l'historie et perspectives nouvelles*. Paris, Centurion 1969.

Photographie du catéchuménat, «Croissance de l'Église» (1994) 111, 5-84.

SERVICE NATIONAL DU CATÉCHUNÉNAT, *Dire la foi des chrétiens. Pour adultes commençant une réflexion chrétienne*. Paris, Bayard/Centurio 1995 (Trad. it.: *Catecumenato: l'avventura della fede. Itinerario per giocani e adulti che iniziano una riflessione cristiana*. Leumnn [Torino], Elledici 1998).

THOMAS PASCAL, *Pour une mémoire catéchuménal. Petite histoire du catéchuménat français*. Paris, Croissance de l'Église 1992.

VERNETTE J. - BOURGEOIS H., *Seront-ils chrétiens? Perspectives catéchumenales.* Lyon, Du Chalet 1975 (Trad. it.: *Saranno cristiani? Prospettive catecumenali.* Leumann (Torino), Elledice 1982; trad. sp.: *Prespectivas catecumenales.* Madrid, Marova 1980).

Rivista: «Croissance de l'Église», del «Service National du Catéchuménat», Paris.

리옹^{LYON}에서의 예비신자 체험을 위해서 다음을 참고하시오.

ALBERICH E. - A. BINZ, *Forme e modelli di catechesi con gli adulti,* 18-27.

BAGATIN L., *Il catecumenato di Lione. Presentazione della proposta e analisi interpretativa,* «La Scuola Cattoica» 127 (1999) 1, 133-171.

BOURGEOIS H., *Chi sono Ii nuovi venuti?* «La Scuola Cattoica» 127 (1999) 2-3, 219-246.

-, *Catéchèse catéchuménale. Parcours pour adultes et jeunes.* Lyon, Groupe Pascal Thomas, s.d.

BOURGEOIS H. et al., *Des recommençants prennet la parole [···].* Paris, Desclée de Brouwer 1996.

CATÉCUMÉNAT DE LYON, *Guide pratique de l'animateur catéchuménal.* Lyon, s.d.

LACROIX R., *Révisiter le foi chrétienn.* 2 voll. Lyon, Éd. de l'Atelier 2002.

THOMAS PASCAL, *Découvrir le christianisme.* 4 voll. Catéchuménat de Lyon-Paris, Fayard-Mame 1981-1983.

-, *Chemin de foi. Un parcours catéchumenale. 1. Vers le baptême et l'eucharistie.* Paris, Les Editions Ouvrières 1990.

-, *Chemin de foi. Un parcours catéchumenale. 2. Vers la confirmation ou la réinitiation.* Ibid. 1990.

-, *Découvrir le Christianisme. Faire l'expérience de la foi.* Paris Éditions de l'Atelier/Éditions Ouvrières 1995.

-, *Découvrir le Christianisme. Être disciple de Jésus.* Ibid. 1995.

이 자료에 대한 몇몇 이탈리아어 번역서가 있다.

THOMAS PASCAL, *Itinerari catecumenali per il battesimo degli giovani e degli adulti.* Milano, Paoline 1995.

-, *Credere? Parliamoe! Itinerari per quanti cominciano a credere e per quelli che vogliono ricominciare a credere.* Leumann (Torino), Elledici 1997.

-, *Credere? Come è possibile? Itinerari per quanti cominciano a credere e per quelli che vogliono ricominciare a credere.* Ibid. 1997.

-, *Credere da Cristiani.* Ibid. 1997.

-, *Credere in Gesù Cristo.* Ibid. 1997.

프랑스 주교회의와 국립 종교교육 센터 Centre National de l'Enseignement Religieux, CNER는 성인 교리교육을 위한 다양한 문헌과 보조 자료를 준비했다. 특히, 공식 교리서에 대해서는 다음을 참고하시오.

LES ÉVÊQUES DE FRANCE, *Catéchisme pour adultes. L'Alliance de Dieu avec les hommes,* Paris, Association épiscopale catéchistique 1991 (Trad. it.: CONFERENZA

EPISCOPALE FRANCESE, *L'alleanza di Dio con gli uomini. Catechismo degli adulti.* Bologna, Dehoniane 1992; trad. sp.: CONFERENCIA EPISCOPAL FRANCESA, *Catecismo para adultos. La alianza de Dios con los hombres.* Bilbao, Desclée de Brouwer 1992).

이 교리서의 사용을 위한 안내서가 준비되었다.

CENTRE NATIONAL DE L'ENSEIGNEMET RELIGIEUX (CNER), *Modes d'empoi du catéchisme pour les adultes. Guide d'utilisation proposé par le* CNER. Paris, Association épiscopale catéchistique 1992.

몇몇 연구와 주석에 대해서 다음을 참고하시오.

ADLER G., *Catéchisme pour adultes,* «Études», tome 375 (1991) 1-2, 255-261.

BAGOT J. P., *Le catéchisme pour adultes,* «Recherche de science religieuse» 79 (1991) 3, 401-413.

BILLÉ L. - M., *Le catéchisme per adultes des évêques de France,* «Catéchèse» 31 (1991) 124, 63-76.

KNOCKAERT A., *Les évêques de France: Le Catéchisme pour adultes,* «Lumen Vitae» 46 (1991) 4, 455-463.

MARLÉ R., *Le langage d'un catéchisme,* «Catéchèse» 31 (1991) 124, 77-90.

성인 교리교육을 위한 다른 보조 자료는 이전에 준비되었다.

LES ÉVÊQUES DE FRANCE, *Il est grand le mystère de la foi. Prière et foi de l'Eglise catholique.* Paris, Centurion 1978 (Trad. it.: *Mistero della fede. Preghiera e fede della Chiesa Cattolica.* Leumann [Torino], Elledici 1979).

CENTRE NATIONAL DE L'ENSEIGNEMENT RELIGIEUX, *12 livres sur la foi chrétienne.* Une sélection du Centre National de l'Enseignement Religieux pour la Catéchèse des Adultes. Paris, CNER 1977.

-, *Découvrir l'Église. Qu'est-ce que le christianisme?. 10 approches de l'Église (2ᵉ série).* Paris, Les Éditions de l'Atelier/Éditions Ouvrières 1997.

"**성인 교리교육**^{Catéchèse d'adultes}" 시리즈. Cf ALBERICH E. - A. BINZ, *Forme e modelli di catechesi con gli adulti,* 79-83. 출판된 도서는 다음과 같다.

CENTRE NATIONAL DE L'ENSEIGNEMENT RELIGIEUX (Ed.), *Vivre ensemble en Église.* Paris, Cerf 1987.

-, *Découvrir Jésus-Christ.,* Ibid. 1987.

-, *Souffrir: la foi au pied du meur.* Ibid. 1990.

-, *Pour oser dire: Notre Père.* Ibid. 1993.

COMTE R., *Les étapes de la vie. Évolution psychologique et spirituelle des adultes. Puor une relecture de l'histoire personnelle.* Paris, Cerf 1993.

NOURISSANT D. - ULRICH L., *Croire: un espérance. Parcours sur le Credo.* Paris, Cerf 1990.

주목할 만한 것은 주일 프로그램인 "주님의 날^{Le Jour du Seigneur}" 내의 성공적인 텔레비전 프로그램인 **"믿을 수 있는 길잡이**[Repères pour croire]**"** 이다.

Repères pour croire. Cas de conscience. Guide d'utilisation. Le vidéo au service de l'approfondissement de la foi (1993). Paris, CFRT 1993.

Cf ALBERICH E. - A. BINZ, *Forme e modelli di catechesi con gli adulti*, 195-197.

다른 시리즈는 다음과 같다.

DELUMEAU J., *Collection: Des religions et des hommes [serie di 12 videocassettte]*. Paris, La Cinquième/Voire&Dire 1996.

성인 교리교육을 위한 다른 도서와 보조 교재는 다음과 같다.

CHENU B. - COUDREAU F. et al. (Edd.), *La foi des catholiques. Catéchèse fondamentale.* 2ª ed. Paris, Le Centurion 1984 (Trad. it.: *La fede dei cattolici. Catechesi fondamentale.* Brescia, Queriniana 1986; trad. sp.: *La fe de los católico. Catequesis fundamental.* Salamanca, Sígueme 1986).

DE MIJOLA J., *Une école de la foi*. Paris, Les Éditions de l'Atelier/Éditions Ouvrières 1996.

ÉQUIPES ENSEIGNANTES, Dire la foi aujourd'hui. Paris, Cerf 1981.

FOSSION A. et al., *Manuel de catéchèse pour jeunes et adultes*. 3. Paris-Tournai, Desclée 1985-1989 (Trad. it.: *Manuale di catechesi*. 2 voll. Roma, Borla 1987-1988).

MARLÉ R., *Les quatre piliers de la catéchèse. Instructions sur le Symbole des Apôtres, le*

Notre Père, les Commandements, les Sacrements. Paris, Le Sarment/Fayard 1988 (Trad. it.: *I quattro pilastri della catechesi.* Brescia, Queriniana 1990; ed. sp.: *Los cuatro pilares de la catequesis. El Credo, el Padrenuestro, los Mandamientos, los Sacramentos.* Madrid, PPC 1997).

NOURISSAT D. - ULRICH L., *Croire: une espérane. Parcours sur le credo.* Paris, Cerf 1990.

POUPARD P., *La foi catholique.* Paris, PUF 1982 (Trad. it.: *La fede cattolica.* Torino, SEI 1984).

또 다른 체험과 계획은 다음과 같다(cf A. FONTANA, *Esperienze di catechesi degli adulti,* «Catechesi» 51 [1982] 11, 69-74).

BLANC D., *Week-ends de formation (W.E.F),* «Catéchèse» 21 (1981) 82, 81-86.
HAUMESSER F., *La formation par l'expression,* «Catéchèse» 15 (1975)59, 217-224.
«*Mess'Aje*» (1996) Numéro Hors-Série, Février 1996, 1-44.

"원격 신학 학습 센터 Centre d'Enseignement Théologique à distance, CETAD"(22 rue Cassette, F - 75006 PARIS)에 대해서는 다음을 참고하시오.

ALBERICH E. - A. BINZ, *Forme e modelli di catechesi con gli adulti,* 86-88.
DE VAUCELLE L., *Un centre de formation théologique parmi d'autres,* «Études», t. 345 (1976) 401-407.
DANET H., *Les Ateliers CETAD,* «Catéchèse» 21 (1981) 82, 91-97.

"엠마우스 주일^{Dimanches d'Emmaüs}"의 본래 체험도 기억된다.

ALBERICH E. - A. BINZ, *Forme e modelli di catechesi con gli adulti*, 114-117.

BINZ A., *Sonntagmorgen einmal anders*, «Katechetische Blätter» 107 (1982) 9, 693-695.

DANIÈRE G., *«Les dimanches d'Emmaüs». Une expérience de formation*, «Catéchèse» 21 (1981) 82, 87-89.

몇몇 정기 간행물은 성인 교리교육에서 특별히 유용하다.

«La foi aujourd'hui», Mensuel de réflexion chrétienne réalisé par Le Pélerin.

«Fêtes et Saisons». Paris, Ed. du Cerf.

«Les dossiers de la Bible». Paris, Ed. du Cerf (fino al 1983 col titolo: «La Bible et son message»).

교회 일치적 관심에 대한 출판물은 다음과 같다.

Dieu et vivant. Catéchisme pour les familles, par une équipe de chrétiens orthodoxes. Paris, Cerf 1979 (Trad. it.: *Dio è vivo*. Catechismo per tutto scritto da un gruppo di ortodossi. Leumann [Torino], Elledici 1989).

벨기에의 경우, 공식 신앙서의 출판은 중요하다.

DE BISSCHOPPEN VAN BELGIE, *Geloofsboek*. Tielt, Lannoo 1987.

LES ÉVÊQUES DE BELGIQUE, *Livre de la foi*. Bruxelles- Tournai, Desclée 1987 (Trad. it.: CONFERENZA EPISCOPALE BELGA, Il libro della fede. Cinisello balsamo [Milano], Paoline 1988).

몇몇 주석과 보조 교재들은 다음과 같다.

HARPIGNY G., *A propos du Livre de la Foi*, «La Foi et le temps» 17 (1987) 259-280.
KNOCKAERT A. - VAN DER PLANCKE C., *Livre de la foi. Dossier d'utilisation n° 1*. Bruxelles, Lumen Vitae 1987.
 -, Livre de la foi. Dossier d'utilisation *n° 2*. Ibid. 1987.
 -, «*Livre de la foi*». *Les évêques de Belgique*, «Nouvelle reveu théologique» 109 (1987) 6, 801-828.

벨기에의 예비신자 기간은 다음과 같다.

CLAES J. et al., *Champs libres pour l'Évangile. L'accompagnement catéchuménal*. Bruxelles, Lumen Vitae 1993 (Trad. it.: *Spazi liberi per il Vangelo*. Bologna, Dehoniane 1993).
FOSSION A., *Le catéchuménat des adultes, son actualité*, «La Foi et le temps» 23 (1993) 5, 389-402.

스위스에서는 "복음과 문화^{Évangile et Culture[개신교]}"/"지속적 양성을 위한 로마 가톨릭 센터 ^{Centre Catholique Romand de Formation Permanente, CCREP}"와 "복음과 문화" 시리즈와 CCRFP에서 발행된 "성경 애니메이션을 위한 로만디 에큐메니컬 팀^{Équipe Romande Oecuménique d'Animatio Biblique}"의 **"성경 애니메이션**

l'animation biblique" 모델이 중요하다.

Cf ALBERICH E. - A. BINZ, *Forme e modelli di catechesi con gli adulti*, 130-136.

ÉQUIPE ROMANDE ŒCUMÉNIQUE D'ANIMATION BIBLIQUE, *Boîte à Outils pour l'animation biblique, guide méthodologique*. 3ª Ed. Laisanne 1993.

"지속적 양성을 위한 로마 가톨릭 센터[Centre Catholique Romand de Formation Permanente, CCREP]"의 "성경 주일[Dimanches de la Bible]"에 대한 스위스의 체험도 흥미롭다.

Cf ALBERICH E. - A. BINZ, *Forme e modelli di catechesi con gli adulti*, 117-118.

Dimanches de la Bible; éléments pour la préparation et l'animation. Lausanne, Centre Catholique Romand de Formation Permanente 1990.

2.2. 프렌치 캐나다

전체적인 개요와 성찰에 대해서는 다음을 참고하시오.

OFFICE DE CATÉCHÈSE DU QUÉBEC, *Les nouveaux défis de l'éducation de la foi des adultes au Québec*. Montréal, Fides 1988.

BRODEUR R., «La Faculté de théologie et l'éducation des adultes dans la foi», in: VIAU M. (Ed.), *Les défis du dialoque. Questions de théologie pratique*. Québec, Faculté de Théologie Université Laval 1990, 69-83.

PELCHAT M., «Vers une pastorale de la foi: présent et avenir» Ibid. 85-100.

ROUTHIER G., *Le catéchuménat: indice du changement social et ecclésial. L'exemple du Québec*, «Lumen Vitae» 49 (1994) 1, 69-92.

ROUTHIER G., (Ed.), *L'éducation de la foi des adultes. L'expérience du Québec*. Montréal, Médiaspaul 1996.

ROUTHIER G., «La formation des adultes au Québec», in: A. BINZ et al. (Edd.), *Former des adultes en Église* [···]. Saint-Maurice, Éditions Saint-Augustin 2000, 31-53.

UFFICIO CATECHISTICO DEL QUÉBEC, *Col cuore in mano. Indicazioni per il volontariato nella comunità cristiana*. Bologna, EDB 2001.

특히 주목할 만한 것은 퀘벡 교리교육 연구소^{Office de Catéchèse du Québec}에서 조직한 **"현장 활동**^{Opération Chantier}**"**에서의 12년(1972-1984년)간 경험이다. 다음을 참조하시오. OFFICE DE CATÉCHÈSE DU QUÉBEC, *Les nouveaus défis*, pp. 10-13 e la rivista «Le souffle», dal 1972 in poi. 그밖에 다음을 참고하시오.

PERRELLI L.V., *Il progetto «Chantier» (Significato e valore di un'esperienza di formazione degli adulti nel Canada francofono)*, «Catechesi» 48 (1979) 13, 35-42.

SALVADOR V., *Esperienze di Catechesi audiovisiva per adulti. Québec: Chantier/72, esperimento di catechesi multi-media di liberazione*, «Via Verità e Vita» (1973) 42, 79-89.

체험도 중요하다.

ÉBACHER R., *Éducation de la foi. Une Église diocésaine engage ses adultes*. Montréal, Fides 1979.

2.3. 아프리카(프랑스어권)

Rivista «Piroque» (Éd. Saint-Paul, 184 avenue de Verdun, 92130 Issy les Moulineaux, Francia; con argomenti di formazione religiosa).

SANON A. T. - LUNEAU R., *Enraciner l'Évangile. Initiations africaines et pédagogie de la foi.* Paris, Cerf 1982.

차드

BOUCHARD J.C., *Tchad: la transmission orale de l'Évangile.* «Spiritus» 35 (1994) 134, 61-65.

La bonne nouvelle de Jésus Christ. Première annonce de l'Évangile. Pala (Tchad), Diocèse de Pala 1992.

르완다

Catéchuménat des adultes au Rwanda. 4 voll. Butare, Paroisse Nyumba-Centre Catéchétique 1968-1971.

Guide pratique du catéchuménat à l'intention du prêtre responsable. Butare, Paroisse de Nyumba 1970.

VAN DER MEERSCHI J., *Le catéchuménat au Rwanda de 1900 à nos jours, Étude historique et pastorale.* Kigali, Pallotti-Presse 1993.

3. 스페인어권과 포르투갈어권

3.1. 스페인

전체적인 개요와 서지 정보를 위해서는 다음을 참고하시오.

ALCEDO TERNERO A., «Adultos, catequesis de», in: Nuevo Dic. Cat. 120-134.

ESTEPA LLAURENS J.M., *La catequesis de adultos en España*, «Vida Nueva» n.1667 (7.1.1989) 27-34.

LOPEZ SAEZ J., *Panorámica globla de la catequesis de adultos en España, hoy*, «Teología y Catequesis» 1 (1982) 2, 169-176.

RUIZ CEBERIO T., «Catequesis de adultos», in: UNIVERSIDAD PONTIFICIA DE SALAMANCA – INSTITUTO SUPERIOR DE PASTORAL, *La transmisión de la fe en la sociedad actual. II Semana de Estudios de Teología Pastoral.* Estella(Navarra), Verbo Divino 1991, 405-413.

무엇보다 주교회의의 공식 **교리서**에 주목해야 한다.

CONFERENCIA EPISCOPAL ESPAÑOLA, *Esta es nuestra fe. Esta es la fe de la Iglesia* (Tercer catecismo de la comunidad cristiana). Madrid, EDICE 1986. (Trad. it.: *Questa è la nostra fede. Questa è la fede della Chiesa.* Casale Monferrato, Piemme 1989).

Cf. *Estudios sobre el catecismo esta es nuestra fe esta es la fe de la iglesia*, «Actualidad Catequética» (1987) 132 (numero monografico).

다른 교리서, 신앙서적, 보조 교재들에 대해서는 다음을 참고하시오.

DELEGACIÓN EPISCOPAL DE CATEQUESIS – BILBAO, *Nuevos rostros de la Iglesia y de la moral cristiana. III. Evangelización de adultos desde una pastoral misionera. Guía para el animador. Documentos para los participantes*. Bilbao, Delegación Episcopal de Catequesis 1993-1994.

-, Y...¿quién eres tu, Jesús de Nazaret? II. Evangelización de adultos desde una pastoral misionera. Guía para el animador. Documentos para los participantes. Ibid. 1992-1993.

GARRIDO J. et al., *Experiencias humanas y camino de fe. Materiales para acompañar grupos de adultos*. Estella (Navarra), Verbo Divino 2000.

GEA ESCOLANO J., *Catecismo básico*. Madrid, San Pablo 1996.

GONZALEZ-CARVAJAL SANTABARBARA L., *Esta es nuestra fe. Teología para universitarios*. 5ª ed. Santander, Sal Terrae 1984.

GONZALEZ DE CARDEDAL O., *La entraña del cristianismo*. Salamanca, Secretariado Trinitario 1997.

MALVIDO MIGUEL E., *El Credo de un cristiano de hoy*. Madrid, San Pablo 2000.

MOLINER J. M., *Creer para amar*. Slamanca, Sígueme 1995.

SALAS A., *Catecismo bíblico para adultos*. Madrid, Ed. Biblia y Fe 1977 (4ª ed. 1979) (Trad. it.: *Catechismo Biblico per Adulti*. Napoli, Dehoniane 1979).

스페인에서 특히 중요한 것은 **공동체 운동의 발전과 세례 받은 그리스도인들을 위한 현대의 예비신자 기간의 고유한 체험을 나타내는**

예비신자 기간이 주는 영감에 대한 교리교육(재입문의 교리교육)이다.

전체적인 개요를 위해 앞서 언급한 《Actualidad Catequética》 (1975: *El catecumenado*; 1985: *Adultos: catequesis y catecumenado*), 《Pastoral misionera》 (1976: La iniciación cristiana, tarea actual)와 《Misión abierta》 (1979: *La educación catecumenal de la fe. Nuevo lugar de creación de Iglesia*)을 상기해보자. 아울러 다음 도서도 참고하시오. C. FLORISTÁN, *Para comprender el catecumenado*. Estella (Navarra), Verbo Divino 1989; *Proyecto de catequesis de adultos de talante catecumenal*, 《Actualidad Catequética》 (1985) 124, 475-495; D. BOROBIO, *Catecumendado para la evangelización*. Madrid, San Pablo 1997.

스페인의 여러 교구와 지역에서는 자체적인 예비신자 교리교육 모델이 개발되었다.

Andalucía: SECRETATIADOS DE CATEQUESIS DE LAS DIOCESIS DEL SUR, *Catequesis misionera en Andalucía. Criterios para una catequesis de inspiración catecumenal con adultos*, 《Actualidad Catequética》 (1993) 159, 403-415.

Cataluña y Baleares: DELEGACIÓN DIOCESANA DE CATEQUESIS DEL ARZOBISPADO DE BARCELONA, *Raíces de nuestra fe. Catequesis de adultos. Material complementario del libro para la iniciación en la vida cristiana Con nosotros*. 2 vol. Barcelona, Delegación Diocesana de Catequesis del Arzobispado de Barcelona / Editorial Edebé 2000.

SECRETARIAT INTERDIOCESÀ DE CATEQUESI DE CATALUNYA I LES ILLES BALEARS (SIC), *Itinerari d'Iniciació cristiana. Procés catequétic per a adults batejats al servei de la seva Iniciació cristiana.* Barcelona, Secretariat Interdiocesà de Catequesi de Catalunya i les Illes Balears (SIC) 2000.

SECRETARIAT INTERDIOCESÁ DE CATEQUESI DE CATALUNYA I LES ILLES BALEARS (SIC), *Itinerari d'Iniciació cristiana per a Adults. Primera etapa.* Ibid. 2000.

Huelva: SECREATIADO DIOCESANO DE CATEQUESIS – HUELVA, *Camino de Emaús.* Itinerario catecumenal para adultos. Madrid, Paulinas 1985ss (교리교사 와 학생, 시청각 자료를 위한 이중판 5권의 여정).

Madrid: SECREATIADO DIOCESANO DE CATEQUESIS – MADRID, *De la cristiandad a la comunidad.* 2ª ed. Madrid, Paulinas 1978.

–, *Etapas de un caminar.* Madrid, Paulinas 1979.

–, *La experiencia de fe el catecumenado. III Encuentro Catecumenal Diocesano.* Madrid, PPC 1979.

–, *Comunidades plurales en la Iglesia.* Madrid, Paulinas 1981.

–, *Manual para el catequista de adultos.* Madrid, Paulinas 1983.

Málaga: COORDINADORA DE ADULTOS - DELEGACIO DIOCESANA DE CATEQUESIS - DIOCESIS DE MALAGA, C*atequesis de adultos de inspiración catecumenal [un folleto «Itinerario», curato carpetas y cinco fascículos de guías del catequista].*

Málaga, 1991-1996.

Mérida y Badajoz: SECRETARIADO DIOCESANO DE CATEQUESIS DE MÉRIDA-BADAJOZ, *Venid y lo veréis [1 Un camino de esperanza]; Venid y lo veréis [2 Un hogar en la humanidad]; Venid y lo veréis [3 Las brasas del Espiritu]; Venid y lo veréis, Guía.* Madrid, PPC 1998.

Murcia: SECRETARIDO DIOCESANO DE CATEQUESIS. DEPARTAMENTO DE ADULTOS – MURCIA, *Hacia la comunidad.* Catecumenado de adultos (dos carpetas). Murcia, s.d.

País Vasco y Navarra:

전체적인 개요, 특히 빌바오Bilbao 교구의 체험을 위해서는 다음을 참고하시오. ALBERICH E. - A. BINZ, *Forme e modelli di catechesi con gli adulti,* 40-45.

SECRETATIADO DE CATEQUESIS DE PAMPLONA Y TUDELA, BILBAO, SAN SEBASTIAN Y VITORIA, *Cristianos adultos. Un proceso catequérico de estilo catecumenal.* Bilbao, Secretariado Diocesano de Catequesis 1987.

Cf V. PEDROSA, *Caminos pastorales con los adultos en clave de evangelización,* « Actualidad Catequética» (1984) 116, 51-66.

SECRETARIADOS DE CATEQUESIS DE PAMPLONA Y TUDELA, BILBAO, SAN SEBASTIAN Y VITORIA, *Cristianos adultos en el mundo, Documento de trabajo. Temas. Dinámicas metodológicas.* Secretariados [···] 1992.

–, *Guía para catequistas de adultos. Proceso catequético de adultos. Diócesis de Euskal-*

Herría. *Documento de trabajo.* Secretariados [···] 1990.

-, *A la búsqueda del Dios Vivo. Hacia la fe inicial. A modo de precatequesis.* Secretariados [···] 1995.

DELEFACIONES Y SECRETARIADOS DE CATEQUESIS PAMPLONA Y TUDELA, BILBAO, SAN SEBASTIÁN Y VITORIA, *Catequesis de adultos de inspiración catecumenal. Nuevo proceso. Segunda etapa (1) Cuaderno de los participantes. Documentos.* Bilbao, Delegaciones y Secretariados [···] 2001.

-, *Catequesis de adultos de insprtación catecumenal. Nuevo proceso. Segunda etapa (1) Guía para el catequista.* Bilbao, Delegaciones y Secretariados [···] 2001.

SECRETARIADOS DE CATEQUESIS DE PAMPLONA Y TUDELA, BILBAO, SAN SEBASTIAN Y VITORIA – COMISION GESTORA DIOCESANA DE COMUNIDADES. DIOCESIS DE BILBAO, *Las pequeñas comunidades eclesiales. como son y como viven. Documento de trabajo. Versión para la Diócesis de Bilbao.* Bilbao, Delegación Episcopal de Catequesis 1992.

SECRETARIADO DIOCESANO DE PAMPLONA Y TUDELA, *Catecumenado de adultos* (Serie de carpetas para 4 años, en doble serie: «Catequista» y «Temas». 2ª ed. 1985-1987).

SECRETARIADO DIOCESANO DE ADULTOS – SAN SEBASTIAN, *Catequesis de adultos* (3 carpetas), 2ª ed. San Sebastián, Edit. Diocesana IDATZ 1984-1987.

Palencia: *Testigos en el mundo, Plan catecumenal de adultos de la Diócesis de Palencia.* 4 vol. Palencia, Delegación de catequesis 1991-1993.

Tenerife: DEPARTAMENTO DE ADULTOS – SECRETARIADO DIOCESANO DE CATEQUESIS – DIOCESIS DE TENERIFE, *Catequesis de adultos inspiración catecumenal* [varios fascículos y materiales]. Tenerife, s.f.

Valencia: ARZOBISPADO DE VALENCIA – COMISION DIOCESANA DE CATEQUESIS, *Itinerario abreviado de confirmación de adultos* [dos fascículos de precatecumenado y dos de catecumenado]. Valencia, Edim 1997-1998.

키코 아르궤요^{Kiko Argüello}의 네오까떼구메나도 길이 널리 사용된다는 점에서 주목할 가치가 있다. 이 체험의 실제 자료 (K. ARGÜELLO - C. HERNANDEZ, *Orientaciones a los equipos de catequistas para la fase de conversión*. Madrid 1972)는 개인용이며, 접근이 어렵다. 일반적으로 이 체험에 대해서는 다음을 참고하시오.

GIOVANNI PAOLO II, *Il vostro itinerario di fede e il vostro apostolato siano sempre inseriti nella parrocchia e nella diocesi* (discorso ai presbiteri e vescovi delle comunità neocatecumenali, il 10.2.1983), «L'Osservatore Romano» 11.2.1983.

ARGÜELLO K., *Le comuità neocatecumenali*, «Presbiteri» 6 (1975) 3/4/5, 39-47.

–, *Il Neocatecumenato. Un'esperienza di evangelizzazione in atto. Sintesi delle sue linee di fondo*, «Riv. di Vita Spirituale» 31 (1977) 84-102.

BLÁZQUEZ R., *Las comunidades neocatecumenales. Discernimiento teológico*. Bilbao, Desclée de Br. 1988.

BLEISTEIN R., *Das Neukatechumenat. Zwischen Erwachsenenkatechese und*

Kirchenpolitik, «Stimmen der Zeit» 117 (1992) 7, 435-448.

BOURGEOIS H., *Teologia catecumenale. A proposito della «nuova» evangelizzazione.* Brescia, Queriniana 1993, 275-280

BUTTURINI G., *Il Cammino: un autoritratto,* «Il Regno-Documenti» 41 (1996) 3, 121-128.

FAYOL-FRICOUT A. - A. PASQUIER – O. SARDA, *L'initiation chrérienne démarche catéchuménal.* Tournai, Desclée 1991, 169-177 («Note sur le chemin néo-catéchuménal»).

FLORISTÁN C., *Para comprender el catecumenado.* Estella, Verbo Divino 1989, 102-103.

-, *Modelos de catequesis de adultos,* «Sinite» 34 (1994) 106, 354-356

FUNETES A., *El Neocatecumenado. Un camino de iniciación cristiana.* Bilbao, Desclée de Brouwer 1996.

GALIANA J., *El Neocatecumenado parroquial.* Alicante, Instituto Diocesano de Pastoral 1978.

LOPEZ J., «Pastorale catecumenale ed altre pastorali analoghe», in GRUPPO EUROPEO DEI CATECUMENATI, *Agli inizi della fede. Pastorale catecumenale oggi, in Europa.* Milano, Paoline 1991, 148-151.

MARIGHETTO E., *I segreti del cammino neocatecumenale.* Udine, Edizioni Segno 2001.

PASOTTI E. (Ed.), *Il cammino Neocatecumenale secondo Paolo VI e Giocanni Paolo II.* Cinisello Balsamo (Milano), Paoline 1993.

SANTAGADA O.D., *El camino Neocatecumenal,* «Medellín» 12 (1986)48, 526-532.

ZEVINI G., «Neocatecumenato», in: S. DE FIORES – T. GOFFI (Edd.), *Nuovo Dizionario di Spiritualità.* Roma, Paoline 1979, 1056-1073.

-, «Il cammino catecumenale. Itinerario di maturazione nella fede», in: A. FAVALE (Ed.), *Movimenti ecclesiali contemporanei.* Roma, LAS 1980, 235-265.

ZOFFOLI E., *Verità sul cammino Neocatecumenale. Testimonianze e documenti.* Udine, Segno 1995.

"꾸르실료 운동 CURSILLOS DE CRISTIANDAD"에도 상당한 발전과 보급이 있었다.

CARMINATI A., *Al Servizio della Parola nel movimento dei cursillos.* Bologna, Gruppo di Lavoro Interdiocesano (G.L.I.) 1986.

SILANES N., *Líneas de fuerza del Movimento de Cursillos de Cristiandad.* Salamanca, Secretariado Trinitario 1980.

SECRETARIADO NACIONAL DE CURSILLOS DE CRISTIANDAD, *Ideas fundamentales del Movimiento de Cursillos de Cristiandad.* 4ª ed. Madrid 1980.

부모와 가정 교리교육에 대한 몇 가지 흥미로운 체험에 대해서는 다음을 참고하시오.

DELEGACIO EPISCOPAL DE CATEQUESIS - BILBAO, *Iniciación a la Historia de la Savación: Antiguo Testamento.* Bilbao 1990 (Carpeta de temas y Guía).

-, *Y...¿quién eres tú, Jesús de Nazaret? II. Evangelización de adultos desde una pastoral misionera. Guía para el animador. Documentos para los participantes.* Ibid. 1992-1993.

-, *Nuevos rostros de la Iglesia y de la moral cristiana. III. Evangelización de adultos desde una pastoral misionera. Guía del animador. Documentos para los participantes.* Ibid. 1993-1994.

GINEL A., *Catequesis de primera comunión. Catequesis para padres.* Madrid, CCS 1995.

MUÑOZ FERRER J. - M. MARTÍ VILLAR, *Colección «Catequesis Familiar» (13 volúmenes y 1 cassette).* Madrid, CCS 1998.

TALVATULI ANGLADA S., *Iniciación cristiana y familia: la catequesis familiar,* « Actualidad Catequética» (2001) 189, 109-121.

3.2. 포르투갈

BERNARDO M., *Evangelizar os baptizados: catequese de adultos. A bíblia e a história da salvação.* Porto, Perpétuo Socorro 1987.

-, *Evangelizar os baptizados: catequese de adultos. Salvos em Jesus Cristo.* Ibid. 1988.

-, *Evangelizar os baptizados: catequese de adultos. Um mundo novo no Espírito Santo.* Ibid. 1989.

DOMINGUES M.P. (Ed.), *Formação cristã de pais. Temas para reuniões de pais.*

-, *Da catequese dos filhos à formação dos pais.* Coimbra, Fràfica de Coimbra 1989.

DOMINGUES M.P. - A.D S. MARTO, *Catequese para o povo de Deus. Caminho para a vida.* Lisboa, Secretariado Nacional da Educação Cristã 1998.

-, *Catequese para o povo de Deus. Esta é a nossa fé.* Ibid. 1993.

SECRETARIADO NACIONAL DA EDUCAÇAO CRISTA (Ed.), *A Catequese de adultos na comunidade cristã. Algumas linhas e orientações.* Ibid. 1991.

3.3. 라틴 아메리카

전체적인 개요를 위해서 다음을 참고하시오.

ACHA V., *Catequesis Familiar ¿Un Nuevo Camino? Informe sobre el Seminario de Catequesis Familiar (Santiado de Chile, 17-21 de junio de 1985)*, «Medellín» 12 (1986) 48, 533-542.

DECAT–DEPARTAMENTO DE CATEQUESIS, *Catequesis familiar.* Bogotá, Consejo Episcopal Latinoamericano – CELAM, 1987.

DECAT-CELAM, *Algunas experiencias de catequesis familiar en Latinoamérica,* «Medellín» 12 (1986) 48, 543-554.

Documento base. Breve estudio sobra la Catequesis en Comunidades Eclesiales de Base, «Medellín» 12 (1986) 48, 437-445.

GARCIA AHUMADA E., *A Catequese na Comunidade Eclesial de Base,* «Rivista de Catequese» 8 (1985) 30, 51-58.

-, «Catequesis Familiar en América Latina», in: Nuevo Dic.Cat. 374-384.

El hoy de la catequesis en Latinoamérica. En el V Centenario de la Evangelización de América Latina, «Sinite» 33 (1992) 99, 3-213 (numero monografico).

VIOLA R., *La catéchèse d'adultes en Amérique Latine,* «Catéchèse» 26 (1986) 104, 91-97.

-, *Visages de la Catéchèse en Amérique Latine. Enjeux anthropologiques et théologiques,* Paris, Desclée 1993.

대륙 수준에서 SERPAL^{Servicio radiofónico para América Latina}의 미디어 그룹 (레코드와 CD)을 통한 성인 교리교육의 체험을 기억해야 한다(Am

Kiefernwald 21, D-8000 München).

ALBERICH E. - A. BINZ, *Forme e modelli di catechesi con gli adulti,* 197-201.

LOPEZ VIGIL J.I. y M., *Un tal Jesús.* Salamanca, Loguez Ed. 1982, 3 voll.

LEVER F. - N. SCHWERZ, *Un modello di catechesi per adulti con I mass-media,* « Catechesi» 55 (1986) 4, 33-39.

SERPAL은 SERPAL과 동일한 관리자가 있는 PROA^{Asociación Latinoamericana de Comunicación Grupal}로 대체되었다. SERTAL^{Servicio Radiotelevisivo de la Iglesia en América Latina}(Apartado Aéreo 51086 - Santafé de Bogotá, D.F.) CELAM 본부에 설립되었다.

아르헨티나 - 우루과이

CONFERENCIA EPISCOPAL ARGENTINA - COMISIÓN EPISCOPAL DE CATEQUESIS - JUNTA CATEQUÍSTICA CENTRAL, *Felices los que creen. Compendio popular de nuestra fe católica.* Buenos Aires, Oficina del Libro 1991.

COMISIÓN EPISCOPAL DE CATEQUESIS - JUNTA CATEQUÍSTICA CENTRAL, *Felices los que creen. Guía catequística.* Ibid. 1991.

-, *Algunas reflexiones sobre catequesis de adultos.* Ibid. 1991.

CONFERENCIA EPISCOPAL ARGENTINA, *¿Qué es la catequesis familiar?* Ibid.

DAGORRET A. - C. TAZZIOLI, *El Dios en quien creemos. Encuentros catequísticos de iniciación y reecangelización para adultos.* Rosario (Argentina), Ed. Didasclia 1999.

OEYEN O., *Ubicación histórica de la Catequesis de Adultos en los últimos 30 años,* «

Didascalia» 46 (1992) 454, 25-43.

VALLA H., *Mensaje cristiano. Breve catequesis para adultos.* 3ª ed., Buenos Aires, Ed, Don Bosco 1980.

-, *Iniciación Cristiana de Adultos.* 4ª ed. Rosario (Santa Fe), Ed. Didascalia 1989.

VIOLA R., *Viaje a la esperanza.* Compendio popular de la fe cristiana. Montevideo, Ed. D. Bosco 1983.

-, *El libro de las sorpresas. Hacia el año 2000 y los 10 mandamientos.* Montevideo, s.e. 1987.

-, *Guía pedagógica para trabajar El libro de las sorpresas hacia el año 2000 y los 10 mandamientos.* Montevideo, s.e. 1988.

-, *Un mapa para viajeros. Itinerario para catequesis de adltos y jóvenes.* Montevideo, s.e 1990.

WEICHS M., *Vivir con Cristo. Cristo. Curso fundamental de la fe católica.* s.l [Argentina], 1987.

아르헨티나에서의 **"성모님의 사명**Misión de la Virgen**"**에 대한 사목 체험은 흥미롭고 감동적이다.

CABRERA J. C., *La virgen visita nuestras familias,* «Didasclia» 46 (1992) 451, 28-35.

CABRERA M. A., *María, estrella de la evangelización. Aspectos de la devoción mariana y de la catequesis en Argentina,* «Teología y Catequesis» (1993) 45-48, 397-407.

볼리비아

DEPARTAMENTO NACIONAL DE CATEQUESIS – LA PAZ, *Machaka catecismo*.
La Paz 1976.

브라질

브라질은 일반적으로 교리교육의 쇄신과 성인 교리교육 체험에서 특별한 풍부함과 활력을 보여준다. 전체적인 개요에 대해서는 다음을 참조하십시오.

ALVES DE LIMA L., *Panorámica de la renovacín catequética brasileña de los últimos años*, «Medellín» 18 (1992) 72, 795-817.

-, *Panorámica de la renovación catequística brasileira de los últimos años*, «Teología y Catequesis» (1993) 45-48, 369-395.

-, *O recente movimento catequético brasileiro*, «Revista de Catequese» 19 (1996) 73, 5-24.

ANTONIAZZI A., «A catequese de adultos: luzes e sombras e desafios», in: M. PASSOS (Ed.), *Uma história no plural. 500 anos do movimento catequético brasileiro*. Petrópolis, Vozes 1999, 201-208.

BEOZZO O., *Problemi della trasmissione della fede in una società che cambia*.

-, *Esempio: il Brasile*, «Concilium» 20 (1984) 4, 579-596.

CANSI B., *Desafios de catequese no Brasil*, «Revista de Catequese» 12 (1989) 48, 22-36.

NERY I., *Catequese de adultos no documento Catequese Renovada*, «Revista de Catequese»

8 (1985) 30, 7-17.

-, *Brasil: presnte y futuro de la Cateqiesis,* «Sinite» 33 (1992) 99, 43-66.

PASSOS M. (Ed.), *Uma história no plural. 500 anos do movimento catequético brasileiro.* Petrópolis, Vozes 1999.

PASSOS M., *Trajetórias do Movimento Catequético Brasileiro: 500 anos,* «Revista de Catequese» 23 (2000) 90, 5-17.

PEREIRA E.D.N., *A formação cristâ de adultos. O grande desafio para a Igreja do III milênio.* Petrópolis, Vozes 1994.

중요한 브라질의 두 번째 교리교육 주간^{Segunda Semana Brasileira de Catequese}(Itaicí, ottobre 2001)을 기억해야 한다.

Segunda Semana Brasileira de Catequese. Catequese com adultos. Histórico. Abertura. Conteúdos. Propostas e compromissios. Documentos. De 8 a 12 de outubro de 2001 na Vila Kostka - Itaici Indaiatuba - SP. São Paulo, Paulus 2002.

ALVES DE LIMA L., *Com adultos, Catequese adulta. Uma proposta brasileira,* «Revista de Catequese» 24 (2001) 94, 5-27.

NERY I., *Catequese com adultos e catecumenato. História e proposta.* São Paulo, Paulus 2001.

성인 교리교육에서 특히 중요한 영역은 중요한 사목 및 교리교육 체험의 장소인 **기초 교회 공동체**^{COMUNITÀ ECCLESIALI DI BASE, CEB}이다. 다음을 참고하시오.

CNBB, *Comunidades Eclesiais de Base na Igreja do Brasil*. 3 ed., Sâo Paulo, Paulinas 1984.

Catequese Renovada Orientçâes e Conteúdo. Ibid. 1983. Iv Parte: «A cominidade catequizadora».

ALBERICH E. - A. BINZ, *Forme e modelli di catechesi con gli adulti*, 160-166.

AZEVEDO M.D.C., *Comunidades eclesiais de base e incultraçâo da fe. A realidade das CEBs. e sua tematizaçâo teórica, na perspectiva de uma evangelizaçâo inculturada.* Sâp Paulo, Loyola, 1986.

ALVES DE LIMA L., *A comunidade catequizadora no Brasil*, «Revista de Catequese» 10 (1987) 40, 7-20.

-, *La comunidad catequizadora en Brasil. Testimonio*, «Medellín» 15 (1989) 57, 125-140.

BARREIRO A., *As Comunidades Eclesiais de Base como modelo inspirador da nova evangelizaçâo*, «Perspectiva Teológica» 24 (1992) 331-356.

Brasil. La Comunidad Eclesial de Base como Comunidad Catequizanda y Catequizadora en Brasil, «Medellín» 12 (1986) 48, 446-458.

CANSI B., *A Catequese e as CEBs*, «Revista Eclesiástica Brasileira» 52 (1992) 208, 894-902.

-, *O 8° Incontro Intereclesial das CEBs e a catequese*, «Revista de Catequese» 16 (1993) 61, 63-66.

CNBB, *Comunidades Eclesiais de Base na Igreja do Brasil*. 3ª ed. Sâo Paulo, Paulinas 1984.

Documento base. Breve estudio sobra la Catequesis en Comunidades Eclesiales de Base, «Medellín» 12 (1986) 48, 437-445.

GARCIA AHUMADA E., *A Catequese na Comunidade Eclesial de base*, «Revista de Catequese» 8 (1985) 30, 51-58.

IGREJA DE SAO FELIX DO ARAGUAIA, *Deus da vida do povo*. Poteiros populares para as reuniôes de comunidades e grupos de base. 3ª ed. Petrópolis, Vozes 1983 (coordinatori: C. Mesters, Betto, C. Boff, L. Boff).

-, Coleçâo «*De base para a base*», Ibid.

SOUSA M. - VERAS M., *O método ver-julgar-agir-celebrar na catequese. Reflexâo para catequistas*, «Revista de Catequese» 9 (1986) 33, 30-34

TEOFILO J.I., *Linhas Metodológicas de uma Catequese Libertadora*, «Revista de Catequese» 6 (1987) 23, 27-35.

또한 1964년부터 브라질 주교회의 Conferência Nacional dos Bispos do Brasil, CNBB에서 매년 조직한 "친교 캠페인 CAMPANHA DA FRATERNIDADE"의 중요한 사목 체험도 특별히 언급할 가치가 있다. "캠페인 Campagna"은 매년 수많은 문헌과 보조 자료를 발간하고 있다. 전체적인 개요는 (브라질의 성인 교리교육에 대해선 앞에서 인용한 연구에 추가) 다음을 참고하시오.

ALBERICH E. - A. BINZ, *Forme e modelli di catechesi con gli adulti*, 156-160.

ARAUJO E. (Ed.), *Quando falo o coraçâo*. Londrina, PR, Livre Iniciativa 2000.

CNBB (Ed.), *Campanha da Fraternidade. Vinte anos de serviço à Missâo da Igreja*. Sâo Paulo, Paulinas 1983.

MENDES DE OLIVERI R., «A funçâo catequética da Campanha da Fraternidade», in: ID., *O movimento catequético no Brasil*. Sâo Paulo, Ed. Salesiana Dom Bosco 1980,

147-152.

SPINOSA B., *Campanha da Fraternidade uma experiência catequética através da comunicaçêo de massa (uma análise das peças publicitárias que compôem a CF)*, «Revista de Catequese» 23 (2000) 89, 49-63.

특히 "성서 그룹^{Círculos bíblicos}"과 "성경의 달^{Mêsda Bíblia}"을 통한 대중적인 성경 읽기^{LETTURA POPOLARE DELLA BIBBIA}의 다양한 체험도 주목해야 한다. 이 분야에서 가장 중요하고 잘 알려진 저자는 카를로스 메스터스^{Carlos Mesters}이다.

MESTERS C., *Círculos bíblcos* [16 voll.]. Petrópolis, Vozes 1972 (Trad. it.: *Incontri biblici. 40 schede per riunioni di gruppo.* Assisi, Cittadella 1974; ed. sp.: *Lecturas bíblicas.* Estella Verbo Divino 1987).

-, *Come si interpreta la Bibbia in alcune comunità ecclesiali di base del Brasile*,

-, «Concilium» 16 (1980) 8, 84-94.

-, *Introdução geral aos círculos bíblicos. Guia do dirigente.* Petrópolis, Vozes 1981.

-, Biblia: *Flor sem dfesa. Uma explicação da Biblia a partir do povo.* Ibid. 1984 (Trad. it.: *Fiore senza difesa. Una spiegazione della Bibbia a partire dal popolo.* Assisi, Cittadella 1986).

-, «*Ascoltare ciò che lo Spirito Santo dice alle chiese*». *L'interpretazione popolare della Bibbia in Brasile*, «Concilium» 27 (1991) 1, 125-137.

-, *Paolo apostolo. Un lavoratore che annuncia il Vangelo.* Assisi, Cittadella 1993.

-, *Il profeta Geremia. Bocca di Dio, bocca del popolo. Introduzione alla lettura del profeta*

Geremia. Assis, Cittadella 1994.

-, *Con Gesù controcorrente*. Assisi, Cittadella 1996.

Cf ALBERICH E. - A. BINZ, *Forme e modelli di catehesi con gli adulti*, 136-140.

LIMA DA CRUZ T.M., *A leitura da Bíblia Brasil hoje*, «Revista de Catequese» 17 (1994) 65, 26-39.

SEVIÇO DE ANIMAÇÂO BIBLICA – SAB, *Projeto «Biblia em comunidade»* (tre serie: «*Visâo global*», «*Teologias bíblicas*», «*Palavra: forme e sentido*»). Sâo Paulo, Paulinas 2001.

크리스마스 전 9일 기도, «Romaria da Terra»(Rio Grande do Sul), 대중가요 등과 같은 일부 쇄신된 형태의 **대중 신심**도 브라질에서 특별한 관심을 갖고 있다.

칠레

Cf E. GARCIA AHUMADA, *Catequesis Postconciliar en Chile*. Bogotá, Consejo Ep. Latinoamericano - CELAM, 1988.

주목할 만한 것은 "**가정 교리교육**^CATEQUESIS FAMILIAR"의 중요한 체험이며, 교재와 보조 자료는 네 부분에서 배포된다. 네 부분에는 "살아계신 하느님과의 만남^Al Encuentro del Dios Vivo" 시리즈(처음 2년), "새로운 도시^Un Pueblo Nuevo"시리즈(세 번째 심화 사이클), 일부 지원 교재, 양성 과정을 위한 교재가 해당된다. 종합적인 설명을 위해서는 다음 도서를 참고하시오.

ALVERICH E. - A. BINZ, *Forme e modelli di catechesi con gli adulti*, 97-101. 칠레와 그 외 지역의 "가정 교리교육"에 대해서는 다음 도서를 참고하시오.

AGUILÓ E., *Escuela de catequesis para cumunidades evandelizadoras de adultos*, «Teología y Catequesis» (1993) 45-48, 685-693.

CAVALLOTTO G., *La catechesi familiare nella Chiesa Cilena*, «Via Vertà e Vita» 42, (1993) 143, 80-88.

DECAT-CELAM, *Algunas experiencias de catequesis familiar en Latinoamérica*, «Medellín» 12 (1986) 48, 543-554.

DECKER GUERRA C., *Catequesis familiar. su metodología*. Arquidiocesis de Santiago, 1982. 2ª ed. 1988.

-, *Catequesis familiar en Chile*, «Teología u Catequesis» (1986) 20, 583-595.

DECKER C. et al., *Al encuentro del Dios vivo. 1*. 7ª ed. Stantiago de Chile, Instituto Arquidiocesano de Catequesis 2000.

Catequesis Familiar. Bogotá, CELAM 1987.

Catequesis Familiar de Iniciación Eucarística, «Catecheticum» 3 (2000) 5-101 (numero monografico).

GARCIA AHUMADA E., *Avanza la catequesis familiar*, «Didascalis» 38 (1984) 373, 32-41.

-, *Séminaire Latino-Américain de Catéchèse Familiale*, «Lumen Vitae» 41 (1986) 3, 347-351.

-, *Crónica de un plan nacional de familias catequistas*, «Sinite» 35 (1994) 105, 169-182.

-, *¿Qué es la catequesis familiar?* Madrid, San Pio X 1998.

그 밖의 보조 교재와 체험에 대해서는 다음을 참고하시오.

ECHEVERRÍA N.R., Un camino de vida cristiana. Catequesis para adultos. Texto y guión del catequista. 2a ed. Santiago de Chile, Arzobispado de Santiago, Instituto de Catequesis 1997.

GARCOA AHUMADE E., Catequesis social. 1. Liberación para la Comunión. 2ª ed. Santiado de Chile, Oficina Nacional de Catequesis (ONAC) 1979.

-, Catequesis social – 2. 2ª ed. Ibid. 1982.

-, Serie «Catequesis económico-política» (5 fascículos). Ibid. 1984.

콜롬비아

CONFERENCIA EPISCOPAL DE COLOMBIA, *Catecimo básico para adultos. Creemos en Jesucristo,* Bogotá 1988.

EQUIPO CENTRO NACIONAL DE CATEQUESIS DE COLOMBIA, *Caminemos en la fe. Catecismo popular para la feflxión del puelo cristiano.* Tunja, Fundación Adán Puerto 1976.

OBISPADO CASTRENSE DE COLOMBIA, *Catecismo para el hogar. En nuestra familia creemos en ti, Señor.* Bogotá, s.e. 1988.

코스타리카

COMISIÓN NACIONAL DE CATEQUESIS, *Esta es Nuestra Fe.* 3 ed. San José [Costa

Rica], Editorial CONEC 2001.

에콰도르

CONFERENCIA EPISCOPAL ECUATORIANA, *En camino hacia el Reino de Dios [Perspectivas sociales desde el Evangelio].* Quito-Ecuador, Conferencia Episcopal Ecuatoriana 1996.

DONEDA A., *Un catecismo católico para adultos. Síntesis de doctrina y vida cristiana.* Vicariato Apostólico de Esmeraldas (Ecuador) 1986.

리오밤바^{Riobamba}의 레오니다스 프로아뇨^{Mons. Leónidas Proaño}의 사목 계획과 체험에 대해서 살펴보자.

RPOAÑO L., *Concientización, evandelización, política.* Salamanca, Sígueme 1974.

-, *Evangelizzazione e promozione umana nel Chimborazo.* Milano, Jaca book 1976.

-, *Creo en el hombre y en la comunidad.* Bilbao, Desclée de Br. 1977.

과테말라

SECRETARIADO DIOCESANO DE CATEQUESIS – QUETZALTENANGO, *Venga tu Reino. Catecismo básico para adultos.* Quetzaltenango (Guatemala), Secretariado Diocesano de Catequesis 1988.

온두라스

CONFERENCIA EPISCOPAL DE HONDURAS. DEPARTAMENTO DE BIBLIA Y CATEQUESIS, *Caminando con Jesús. Catecismo de Adultos.* Tegucigalpa, 2002.

"말씀의 대리자^{delegados de la Palabra}"로부터 고무된 하느님 말씀의 거행은 중요하다.

CONFERENCIA EPISCOPAL DE HONDURAS, *10 años por nuevos caminos. Mensaje pastoral de los Obispos de Honduras en ocasión del décimo aniversario de la Celebración de la Parabra de Dios [19 de abril de 1976].* [Choluteca], [Equipo de Promoción de Comunidades Cristianas] s.d.

-, *Directorio de la Celebración de la Palabra de Dios. Honduras.* Secretariado de la Conferencia Episcopal de Honduras 1991.

EQUIPO DE PROMOCION DE COMUNIDADES CRISTIANAS, *Celebrando nuestro compromis. Celebraciones de la Palabra de Dios. Ciclo «B»* […]. 2ª ed., Choluteca, Honduras, C.A., 1987.

-, *Hacia Cominidades Nueva. Celebraciones de la Palabra de Dios. Ciclo A* […]. Ibid. 1989.

-, *Luz en mi camino. Curso bíblico.* 5ª ed. Ibid. 1988.

-, *Responsables de un mundo nuevo. Celebraciones de la Palabra de Dios. Ciclo «C»* […]. 3ª ed. Ibid. 1994.

LEPAGE M. M., *El contexto de la Celebración de la Palabra de Dios en Honduras,* «

Teología y Catequesis» (1993) 45-48, 439-451.

멕시코

BRAVO P.B., *Preparación a los Procesos de Conversión, Precatecumenado.* México D. F., Servicios de Impresión y Publicidad 1997.

-, *Proceosos de conversión* 1 [2, 3]. Ibid. 1986-1988.

EQUIPO INTERCOMUNITARIO DE CATEQUESIS PARA ADULTOS, *Valores humanos a la luz del Evangelio, según el Documento de Puebla.* Temas de reflexión para jóvenes y adultos. México. D.f., Paulinas 1981.

R. SEGUNDO – A. ZENTENO, «Un itinerario de la fe del puelo el proceso de las Comunidades Cristianas de Base (CCM) en México», in: F. SOTO C. (Ed.), *Cruz y Resurrección. Presencia y anuncio de una iglesia nueva.* México, Centro de Reflexión Teológica – Servir 1978.

알퐁소 나바로 카스텔라노스[Alfonso Navarro Castellanos MSpS] 신부의 사목 계획이자 교리교육적 계획인 «SINE[Sistema Integralde Evangelización]»는 주목할 만 하다. 참고: Comunicaciones Nueva Vida, A.C. - Kantunil 419 – Pedregal S. Nicolás – 14100 Mexico, D.F.

NAVARRO CASTELLANOS A., *Parroquia evangelizadora. Sistema Integral de la Nueva Evandelización.* México, Dabar 1994.

-, *El Anuncio Kerigmático por si mismo – solo y todo. La laguna más grande en la evangelización de la Iglesia Católica. Aporte del SINE a Santo Domingo.*

-, México, Ed. Librería Parroquial Clavería s.d.

-, *Evangelización. Kérigma.* México, Dabar 1993.

-, *La comunidad cristiana.* México, Nueva Vida s.d.

-, *Permancer y preseverar. Koinonia, Discípulos y apóstoles.* México, Dabar 1994.

페루

농민을 위한 신앙서는 특별한 주의를 기울일 필요가 있다.

EQUIPO PASTORAL DE BAMBAMARCA, *Vamos caminando. Los campesinos buscamos con Cristo el camino de nuestra Liberación.* Lima, CEP (Centro de Estudios y Publicaciones) 1977 (Ed. ingl.: PASTORAL TEAM OF BAMBAMARCA, *Vamos caminando. A peruvian Catechism.* Maryknoll, NY, Orbis books 1985; Ed. ted.: *Vamos caminando; Machen wir uns auf den Weg: Glaube, Gefangenschaft und Befreiung in den peruanischen Anden.* Freiburg, Exodus 1983).

그밖에 다음을 참고하시오.

CARRARA A. - J. BIGONI (Edd.), *Método de catequesis familiar.* Lima, Oficina Nacional de Catequesis Familiar 2001.

IDIGORAS J.L. et al., *Una religión para nuestro pueblo. El mensaje cristiano para adultos en la fe.* 2 voll. Lima, Oficina Nacional de Educación Católica, Departamento de

Extensión, 1974.

베네수엘라

MOSCA J. (Ed.), *Evangelio popular*. En el primer aniversario de la III Conferencia de Puebla. 7ª ed. Catacas, Ed. Trípode 1980.

MORACHO F., *Cristianos hoy. La historia de la Salvación a la luz de la Biblia, del Magisterio y del Concilio, de Medellín y de Puebla. Catequesis para jóvenes y adultos.* 4ª ed. Bogotá, Paulinas 1982.

-, *Iniciación cristina y Devocionario popular*. 3ª ed. Bogotá, Paulinas 1989.

-, *Seguir a Jesús. Catequesis para comunidades cristianas*. Bogotá, Paulinas 1989.

3.4. 모잠비크

SECRETARIADO DIOCESANO DE CATEQUESE DE LICHINGA, *Catecismo de adultos*. Niassa - Moçambique, Diocese de Lichinga – Niassa – Moçambique 1987.

4. 영어권

4.1. 영국과 미국

특히 미국에 대한 전체적인 개요에 대해서는 정기 간행물인 "종교

교육Religious Education"과 "생명의 빛The Living Light"을 참고하시오. 이어 다음 도서들도 참고하시오. R. COMTE, *Recherches Nord-américaines sur l'éducation de la foi des adultes*, «Catéchèse» 24 (1984) 96, 111-126; M. GALLAGHER, *Forming today's Disciples. Five emerging Trends in Adult Catechesis*, «New Catholic World» 230 (1987) n.1379, 196-201; J. ELIAS, *Adult Religious Education: an Analysis of Roman Catholic Documents Published in Australia, Canada, England and Wales, and the United States*, Religious Education» 84 (1989) 1, 90-102.

교리교육적 실현 중에서 몇 가지 **교리서**와 **신앙서적**을 살펴보자.

COGAN W. J., *A Catechism for adults*. Aurora, Illinois, Cogan Productions 1995.

GREELEY A.M., *The Great Mysteries*. An Essential Catechism. New York, Seabury Press 1976 (Ed. it.: *I grandi misteri della fede. Un catechismo essenziale*. Brescia, Queriniana 1987).

LAWLER R. - WUERL D. W. - COMERFORD LAWLER T. (Edd.), *The Teaching of Christ. A catholic catechism for adults*. 4ª ed. Huntington, Indiana, Aur Sunday Visitor 1995 (Ed. it.: *L'insegnamento di Cristo. Catechismo cattolico per adulti*. Roma, Centro Volontari della Sofferenza 1982; ed. fr.: Ed. Téqui 1979).

REDFORD J. - PASCO R., *Una fede viva. Esposizione semplice della fede cattolica*. Cinisello Balsamo (Milano), Paoline 1990.

WILHELM A.J., *Christ Among Us; A modern presentation of the Catholic Faith for Adults*. Westminster, Md., Newman Press 1967 (3ª ed. Paulist Press 1981; 4ª ed. San Francisco, Harper & Row 1985). Sull'intervento della Congr. per la Dottrina della Fede e la discussione che ne è seguita, cf: B.L. MARTHALER, *The Cardinal and the Catechism*, «The Living Light» 21 (1984-85) 1, 32-42; COLLINGE W., *CUF's Critique of Anthony Wilhelm's «Christ Among Us»: A Reponse*, «The Living Light» 21 (1984/85) 2, 162-175.

미국에서 영어와 스페인어로 된 수많은 간행물과 보조 교재와 함께 3년간의 교구 갱신 프로그램인 **"쇄신**[RENEW]**"**은 성인 교리교육에 중요하다. 특별히 다음을 참고하시오.

Renew: an Overview. Ramsey, N.Y., Paulist Press 1984.
Renew. Pastoral Staff Book. 2 voll. New York/Ramsey, Paulist Press 1980 e 1982.
MARTIN C., *Leadership Book*. Ibid. 1982.

크리스티안 브뤼셀만[Christiane Brusselmans]의 성사 준비를 위한 **가정 교리교육** 계획은 영국과 미국에 널리 퍼져 있다.
BRUSSELMANS C. - HAGGERTY B.A., *We celebrate the Eucharist*. Morristown, NJ, Silver Burdett 1984 (5 sussidi diversi) (Ed. fr.: C. BRUSSELMANS, *Tu es invité pour préparer la première communion*. Livre des parents et des catéchistes. Paris, Centurion-Privat 1978).

-, *We celebrate Reconciliation*. Ibid. 1984.

성인 교리교육의 특정 영역은 일반적으로 『어른 입교 예식[RICA]』의 지침에 영감을 받고 이를 따르는 본당의 **예비신자 기간**의 영역이다. 미국에는 잘 조직된 **"교리교육에 관한 북미 포럼**[The North America Forum on the Catechumenate"이 있다(3033 Fourth Street, NE, Washington, DC 20017-1102; cf http://www.naforumcatechumenate.org/htlm). 미국과 영국의 예비신자 기간에 대해서는 다음을 참고하시오.

ANDERSON W.A., *Journeying throuth the RICA.* Dubuque, Iowa, Religious Education Division, Wm. C. Brown 1984.

BALL P., *Adult Believing. A Guide to the Initiation of Adults.* London- Oxford, Mowbray 1988.

-, *Adult Way to Faith. A Practical Handbook with Resources to photocopy.* London, Mowbray 1992.

DE GIDIO S., *RCIA: The Rites Revisited.* Minneapolis, Minnesota, Winston Press 1985.

DUNNING J. B., *Echoing God's Word. Formation for Catechests and Homilists in a Catechumenal Church.* Chicago, Liturgy Training Publications 1993.

-, *La catéchèse liturgique,* «Spiritus» 35 (1994) 134, 71-80.

LEWINSKI R., *Welcoming the New Catholic.* Chicago, Liturgy Training Publications 1983.

MURPHY CENTER FOR LITURGICAL RESEARCH, *Made, not born. New Perspective on Christian Initiation and the Catechumenate.* 3ª ed. Notre Dame- London, Univ. of Notre Dame Press 1980.

REEDY W.J., *Becoming A Catholic Christia. A Symposium on Christian Initiation. Organized and directed by Christiane Brusselmans.* New York-Chicago-Los Angeles, W.H. Sadlier 1979.

REEDY W.J. (Ed.), *Christian Initiation Resources Readers.* New York, Sadlier 1984.

TEBARTZ-VAN ELST F., *Der Erwachsene-Katechumenat in den Vereinigten Staaten von America. Eine Anregung für die Sakramentenpastoral in Deutschland.* Altenberg, Oros Verlag 1993.

TIMMONS G., *Welcome. An Adult Education Program Based on* RCIA. New York-Ramsey, Paulist Press 1982.

"기억하는 교회^{Remembering Church}"에 대한 미국에서의 체험도 세례 받은 사람들의 "재입문^{re-iniziazione}"을("교리교육에 관한 북미 포럼"을 참고하시오) 위해서 주목할 만하다.

영국과 **아일랜드**에서는 복음화를 위한 **알파**^{Alpha} 계획에 주목해야 한다.

Alpha Administratos's Handbook. London, The Alpha Office s.d.

The Alpha Team Traning Manual. for leaders and helpers on the Alpaha Course. Revised Edition ed. London, HTB Publications 1998.

CATHOLIC ALPHA OFFICE, *Alpha for Catholics? Questions and Answers.* St. Alban Herts, England, Catholic Alpha Office 1998.

GUMBELL N., *Questions of Life. Eastbourne,* Kingsway Publications 1998.

또한 **VIDEO-DEC**(텍사스 산 안토니오 «Hispanic Telecommunication Network» 의 복음화와 교리교육학과)의 비디오 지원 시리즈도 주목할 만하다.

GUTIERREZ J.R. - AMEZCUA CASTILLO C., *Nueva Familia y La Nueva Evangelizacion. Hacia il futuro: Un reflexion Vivencial de los Medios Electrónicos al Servicio de la Iglesia*. San Antonio, Texas U.S.A., 1992.

4.2. 그 밖의 나라들

캐나다

서두에 언급된 문헌과 퀘벡(프랑스어권)에 관한 자료에 추가하여 다음을 참고하시오.

CANADIAN CONFERENCE OF CATHOLIC BISHOPS – NATIONAL OFFICE OF RELIGIOUS EDUCATION, *INSIGHT, a Resource for Adult Religious Education*. Ottawa, Publication Service – Canadian Conference of Catholic Bishops 1987ss.

카리브 제도

CARIBBEAN CONFERENCE OF CHURCHES (Ed.), *Fashion me a people. A curriculum for Church Schools. Adult, Year 1*. Caribbean Conference of Churches 1981.

필리핀

CBCP – CATHOLIC BISHOPS' CONFERENCE OF THE PHILIPPINES, *Catechism for Filipino Catholics*. Manila, ECCCE – Word & Life Publications 1997.

THE CCP NATIONAL TEAM, *Christian Formation Sessions for Basic Christian Communities*. 2 voll. Manila, East Asian Pastoral Institute 1977-1979.

MERCADO L.N., *Toward an Inculturated Filipino Catechesis*, «Docete» 12 (1990) 90, 17-27.

인도

AMALADOSS M., *Proclamer l'Évangile*, «Spiritus» (1996) 145, 347-355.

AMALORPAVADASS D.S. et al., *Adult Catechumenate and Church Renewal*. Bangalore, National Catechetical and Liturgical Centre 1970.

AMALORPAVADASS D. (Ed.), *Moving with the Spirit. Report of the V all India Catechetical meeting*. Ibid. 1979.

–, *Adult Catechesis*. Ibid. 1979.

Sulla figura e l'opera di Amalorpavadass, cf: C. DE SOUZA, *Catechesis for India today. An Apparaisal of the Catechetical Proposal of D.S. Amalorpavadass*. Bangalore, Kristu Jyoti Publications 1994.

아일랜드

LACEY L., *Adult Catechesis in Ireland: a Way Forward*, «The Irish Catechist» 7 (1983) 3,

31-41.

아일랜드에서는 복음화를 위한 알파 프로젝트가 있다(앞에 영국 부분을 참고하시오)

케냐

BERTINAZZO G., *A Catholic Catechism for Adults*. Nairobi, St. Paul Publications Africa 1990.

남아프리카

남아프리카와 여러 아프리카 국가로 확산됨에 따라 **룸코 연구소**^{LUMKO Institut}(Institut of the Southern African Catholic Bishops' Conference – P.O. Box 5058 -1403, Delmenville)의 활동에 특별한 관심을 기울일 필요가 있다.

HIRMER O., *Our Journey Together. A Guide for the Christian Community to accompany adult catechumens on their journey of faith*. Lumko Institute 1986 (Ed. e adattamento port.: *Caminhar juntos. Iniciação cristã de adultos. RICA 47 encontros de catequese para «Comunidades Catecumenais»*. Maputo, Ed. Paulistas-Africa 1992).

《Community Reflections》과 《Training for Community Ministries》 시리즈는 풍부한 자료들을 제공한다.

남아프리카의 «Gospel Sharing» 모델을 대해서는 다음을 참고하시오.

ALBERICH E. - A. BINZ, *Forme e modelli di catechesi con gli adulti*, 140-145.

HIRMER O., *Wo sich Kirche ereignet: «Bible-Teilen». Entstehung, Beschreibung und theologische Konzeption des Bibel-Telens*, «Katechetische Blätter» 117 (1992) 6, 384-391.

-, *The Pastoral Use of the bible, Gospel Sharing Methods*. 3ª ed. Delmenville, South Africa, Lumko Institute 1991.

LOBINGER F., *Afrikaner suchen sich in der Bibel. Warum Afrikaner das Bibel-Teilen lieben,* «Katechetische Blätter» 117 (1992) 6, 380-383.

MISSIO – KATHOLISCHES BIBELWERK, *Sie werden auf meine Stimme hören. 5 quaderni: 1. Einführung: 4 Wege des Bibel-Teilens; 2. Bible-Teilen in 7 Schritten; 3. Bibel-Teilens als Lebensspiegel; 4. Bibel-Teilen als Sehen – Hören – Handeln; 5. Bibel-Teilen als Deuten der Zeichen der Zeit*. München/Stuttgart, 1991.

PRIOR A., *Gospel Sharing. An Introducion to Three Gospel Sharing Methods*. Delmenville, South Africa, Lumko Institute 1997.

우간다

CATECHISTS' TRAINING CENTRE (P.O. box 200, Gulu, Uganda), *Towards Adult Christian Community*. 4 voll. (cicl.).

5. 독일어권(독일-오스트리아-스위스)

이 문화 지역의 전통적인 모델은 "성인의 신학적 양성^{Theologische Erwachsenenbildung}"이다. 전체적인 개요에 대해서는 다음을 참고하시오.

GROPPO G. - DI CHIO V., *Problemi teologici dell'educazione ed educazione religiosa dell'adulto*, «Orientamenti Pedagogica» 20 (1973) 5, 914-951; 21 (1974) 4, 759-780.

JENEMANN A., *Erwachsenenkatechese-Kurse. Eine nur unvollständige Zwischenbilanz*, «Katechetische Blätter» 116 (1991) 4, 283-286.

-, «Erwachsenenbildung» in: G. BITTER - G. MILLER (Edd.), *Handbuch religionspädagogischer Grundbegriffe*. Vol. I, München, Kösel-Verlag 1986, 238-244.

정기 간행물인 «Erwachsenenbildung»(Düsseldorf, Patmos Verlag)와 «Evangelische Erwachsenenbildung / Éducation des adultes»(Zurigo, protestanti svizzeri)는 풍부한 정보를 갖고 있다.

독일어권의 전통적인 체험은 "신학 세미나^{Theologisches Seminar}" 혹은 "신앙 세미나^{Glaubensseminar}"의 체험이다. 다음의 예를 참고하시오.

EXELER A. - EMEIS D., *Reflektierter Glaube. Perspektiven, Methoden und Modelle der theologischen Erwachsenebildung*. Freiburg, Herder 1970, cap. 5 («Das Theologische Seminar»).

HUNGS F.J., *Theolosiche Grundseminar. Eine neue oder bewährte Arbeitsform der theologischen Erwachsenenbildung?*, «Katechetische Blätter» 104 (1979) 1, 63-70.

-, *Einführungskurs Bibel, 10 erprobte Lerneinheiten.* Zürich-Köln, Benziger Verlag 1982.

독일에서는 다양한 **성인 교리서**가 만들어지거나 보급되었다. 가장 중요한 것은 두 권으로 된 독일 주교회의의 공식 교리서이다.

DEUTSCHE BISCHOFSKONFERENZ (Ed.), *Katholischer Erwachsenen-katechismus. Das Glaubenbekenntnis der Kirche.* Verlagsgruppe «Engagement» 1985 (Trad. it.: CONFERENZA EPISCOPALE TEDESCA, *Catechismo Cattolico degli adulti. La confessione di fede della Chiesa.* Cinisello Balsamo, Paoline 1989; trad. sp.: *Catesicmo católico para adultos. La fe de la Iglesia.* Madrid, BAC 1988).

DEUTSCHE BISCHOFSKONFERENZ (Ed.), *Katholischer Erwachsenen-katechismus. Zweiter Band, Leben aus dem Glaube.* Freiburg-Basel-Wien, Herder / Verlagsgruppe engagement 1995.

교리서의 연구와 주석에 대해서는 다음을 참고하시오.

BITTER G., *Der Katholische Erwachsenenkatechismus und die theologiche Erwachsenebildung. Ein schwieriges Verhältnis,* «Erwachsenenbildung» 33 (1987) 1. 5-9.

KASPER W. (Ed.), *Einführung in den Katholischen Erwachsenenkatechismus.* Grundkonzept des neuen Katechismus und Eröffnung der Diskussion.
-, Düsseldorf, Patmos-Verlag 1985.

KEMPER M.E., *Der neue Katholische Erwachenen-Katechismus*. Eine Einführung, «Religionsunterricht an höheren Schulen» 29 (1986) 2, 64-71.

RUH U., *Gediegen und hilfreich. Der Zweite Band des deutschen Erwachsenenkatechismus*, «Herder Korrespondenz» 49 (1995) 7, 351-55.

교리교육적 사용을 위한 보조 교재: A. LÄPPLE, *Lesebuch zum Katholischen Erwachsenenkatechismus*. Aschaffenburg, Paul Pattloch Verlag 1986.

복음교회[Chiesa Evangelica]의 성인을 위한 가치 있는 교리서도 같이 주목해야 한다.

JENTSCH W. et al., *Evangelischer Erwachsenenkatechismus. Kursbuch des Glaubens. Im Auftrag der Katechismuskommission der Vereinigten Evangelisch-Lutherischen Kirche Deutsclands*. 5ª ed. Gütersloh, Gütersloher Verlagshaus Gerd Mohn 1989 (1ª ed. 1975).

이 교리서에는 다음의 도움과 주석에서 모든 가정이 동반된다.

JETTER H., *Werkbuch zum Evangelischen Erwachsenenkatechismus*. Gütersloher Verlagshaus Gerd Mohn 1977.

HAMPE J.C., *Was wir glauben. Taschenbuch zum Erwachsenenkatechismus*. Ibid. 1977.

HANSELMANN J. - JENTSCH W. (Edd.), *Glaube konkret. Katechismusbriefe* (serie di lettere su temi del EEK). Ibid. s.d.

RELLER H. et al. (Edd.), *Evangelischer Gemeindekatechismus*. 4ª ed. Gütersloher

Verlaghaus Gerd Mohn 1987 (1ª ed. 1979).

일반적으로 교리교육을 뒷받침하는 다른 교리서들이 만들어졌다.

BAUR A. - PLÖGER W. (Edd.), *Botschaft des Glaubens. Ein katholischer Katechismus,* In Auftrag der Bischöfe von Augsburg und Essen. 2ª ed. Donauwörth, Ludwig Auer 1979.

DEUTSCHER KATECHETEN-VEREIN (Ed.), *Grundriß des Glaubens. Katholischer Katechismus zum Unterrichtswerk Zielfelder ru.* Münche, Kösel-verlag 1980 (Trad. it.: ASSOCIAZIONE DEL CATECHETI TEDESCHI [Ed.], *Manuale della fede.* Brescia, Queriniana 1985).

EMEIS D., *Anleitung zum Glaubensbekenntnis. Ein kleiner Katechismus.* Freiburg-Basel-Wien, Herder 1986 (trad. it.: *Guida alla professione di fede. Un piccolo catechismo.* Leumann [Torino], Elledici 1991).

또한 주목할 만한 것은 **"신앙 입문서"** 혹은 **"신앙서적"**으로, 일반적으로 신학자들에 의해 다양한 형태로 그리스도교 신앙에 대한 종합적인 비전을 제시한다. 다음을 참고하시오.

EBELING G., *Das Wesen des christlichen Glaubens.* Freiburg-Basel-Wien, Herder 1993.

GRABNER-HAIDER A., *Glaubensbuch für skeptiker.* Graz-Wien-Köln, Styria 1986 (Trad. it.: *Breviario della fede per credenti e non credenti.* Cinisello Balsamo [Mi], Paoline 1988).

IMBACH J., *Breve corso fondamentale sulla fede.* Brescia, Queriniana 1993.

KASPER W., *Einführung in den Glauben*. Mainz, Matthias-Grünewald-Verlag 1972 (Trad. it.: *Introduzione alla fede*. Brescia, Queriniana 1972).

KEHL M., *Hinführung zum christlichen Glauben*. Mainz, Grünewald 1995.

KÜNG H., *Christ sein*. München, R. Piper & Co. 1974 (Trad. it.; *Essere cristiani*. Milano, Mondadori 1976).

-, *Credo. Das Apostolische Glaubensbekenntnis – Zeitgenossen erklärt*. Münche, 1992 (Trad. it.: *Credo*. Milano, Edizione CDE 1994; Trad. sp.: *Credo. El Símbolo de los Apóstoles explicado al hombre de nuestro tiempo*. Madrid, Trotta 1994).

RAHNER K., *Grundkurs des Glaubens. Einführung in den Begriff des Christentums*. Freiburg-Basel-Wien, Herder 1976 (Trad. it.: *Corso fondamentale sulla fede. Introduzione al concetto di Cristianesimo*. Alba, Paoline 1977).

RATZINGER J., *Einführung in das Christentum. Vorlesugen über das Apostolische Glaubensbekenntnis*. München, Kösel-Verlag 1968 (Trad. it.: *Introduzione al Cristianesimo. Lezioni sul simbolo apostolico*. Brescia, Queriniana, 1969).

SCHNEIDER T., *Was wir glauben. Eine Auslegung des Apostolischen Glaubensbekenntnisses*. Düsseldorf, Patmos Verlag 1985 (Trad. it.: *La nostra fede. La spiegazione del simbolo apostolico*. Brescia, Queriniana 1989; trad. sp.: *Lo que nosotros creemos: exposición de los Apóstoles*. Salamanca, Sígueme 1990).

독일에서는 **예비신자 기간**에 대한 관심이 커져가고 있다.

PASTORALKOMMISSION DER DEUTSCHEN BISCHOFSKONFERENZ, *Erwachsenentaufe als pastorale Chance. Impulse zur Gestaltung des Katechumenats.*

März 2001. Bonn, Sekretariat der Deutschen Bischofskonferenz 2001.

TEBARTZ-VAN ELST F.-P., *Der Erwachsenen-katechumenat in der Vereinigten Sataaten von Amerika. Eine Anregung für die Sakramentenpastoral in Deutschland (1993)*. Altenberge, Oros Verlag 1993.

M. BALL et al., *Erwachsenen auf dem Weg zur Taufe. Werkbuch Erwachsenenkatechumenat. Erarbeitet von M. Ball, F.-P. Tebarz-van Elst, E. Waibel, E. Werner im Auftrag der Zentralstelle der Deutschen Bischofskonferenz und des Deutschen Liturgischen Instituts*. München, Kösel 1997.

독일에서는 "가정 교리교육 catequesis familiar"에 대한 라틴아메리카의 체험이 조화를 이루었다.

BIESINGER A., *Erstkommunion als Familienkatechese. Zur Relevanz von catequesis familiar*, «Theologische Quartalschrift» 174 (1994) 2, 120-135.

BIESINGER A., *Chancen der Familienkatechese*, «Lebendige Katechese» 21 (1999) 1, 33-35.

BLESINGER A. et al., *Gott mit neuen Augen sehen. Wege zur Erstkommunio*. 4 voll.: *Für das Leitungsteam, Einführung; Für die Elterntreffen, Leitfaden; Für die Kindertreffen, Leitfaden; Familienbuch*, München, Kösel 1999.

Ed. it.: A. BIESINGER – H. BENDEL – D. BIESINGER, 1. *Incontro a Gesù con mamma e papà. In cammino verso la Prima Comunione. Libro del progetto*. […]. Leumann (Torino), Elledici 2002; 2. *Incontro a Gesù con mamma e papà. In cammino verso la Prima comunione. Libro per i gruppi dei genitori*. Ibid. 2002; 3. *Incontro a*

Gesù con mamma e papà. In cammino verso la Prima Comunione. Libro per i gruppi dei bambini. Ibid. 2002; 4. Incontro a Gesù con mamma e papà. In cammino verso la Prima Comunione come catechesi familiare. Libro della famiglia. Ibid. 2002.

BIESINGER A. -H. BENDEL (Edd.), *Gottesbeziehung in der Familie. Familienkatechetische Orientierungen.* Ostfildern, Schwabenverlag 2000.

SCHARER M., *Familienkatechese zwischen Ideal und Wirklichkeit. Zur peruanischen Praxis der «catequesis famigliar»*, «Christlich-pädagogische Blätter» 104 (1991), 44-45.

독일어권에서 **텔레비전과 멀티미디어 프로그램**, 특히 "**그리스도인이 믿는 이유**^{WARUM CHRISTEN GLAUBEN}"의 몇몇 체험도 주목할 만하다.

ALBERICH E. -A. BINZ, *Forme e modelli di catechesi con gli adulti*, 190-194.

KATHOLISCHE LANDESARBEITSGEMEINSCHAFT FÜR ERWACHSENENBILDUNG IN RHEINLAND-PFALZ,

-, *Warum Christen glauben: Begleitbuch zur 13teiligen Fernsehreihe.* Trier, Spee 1979.

-, *Warum Christen glauben: theologisches Sachbuch zur Fernsehreihe.* Trier, Spee 1979.

6. 네덜란드어권(네덜란드와 벨기에)

번역을 통해 더 접근하기 쉬운 몇몇 업적만 보고된다.

성인 교리교육의 발전에 매우 중요하고 영향력 있는 **네덜란드어 성**

인 교리서^{CATECHISMO OLANDESE DEGLI ADULTI}를 기억해야 한다.

De nieuwe katechismus. Geloofsverkondiging voor volwassene. Hilversum-Antwerpen, Paul Brand 1966 (Ed. it.: *Il nuovo catechismo olandese. Annuncio della fede agli uomini di oggi*. Leumann (Torino), Elledici 1969; ed. sp.: *Nuevo catecismo para adultos* [⋯]. Barcelona, Herder 1969).

네덜란드 교리서는 주석, 소개 및 사용에 대한 수많은 출판물이 수반되었다. 이탈리아어로 출판된 작품 중에서 다음을 참고하시오.

BLESS W. - VAN LEEUWEN H., *Guida al Catechismo Olandese*. Roma-Brescia, Herder-Morcelliana, 1969.

Orientamenti per una lettura de «Il Nuovo Catechismo Olandese», «Catechesi» 38 (1969) 471, 1-40.

DREISSEN J., *Diagnosi del Catechismo Olandese*. Brescia, Morcelliana, 1968.

MOURITS H., *I grandi temi del catechismo olandese*. 2ª ed. Brescia, Queriniana 1968.

CHIARUTTINI A. et al. (Edd.), *Il dossier del Catechismo olandese*. Milano, Mondadori 1968.

빔 사리스^{Wim Saris}의 **가정과 공동체 교리교육**^{CATECHESI FAMILIARE E COMUNITARIA}에 대한 체험은 언급할 만하다.

SARIS W., *Daar gebeurt kerk. 1. Gezinskatechese*. Bloemendal, s.d. (Ed. it.: *Dove nasce la Chiesa. Catechesi familiare*. Leumann [Torino], Elledici 1978; ed. ingl.: *Towards a Living*

Church. Family and Community Catchesis. London, Collins 1980).

SARIS W., *A Living Church Project. Family and Community Catechesis. Together we communicate. Resource File*. London, Collins 1982 (esiste anche il blocco di schede « Family File»).

-, *Living the Faith together. Relationship Catechesis*. London, Collins 1985.

빔 사리스의 교리교육 모델에 대해서는 다음을 참고하시오.

ALBERICH E. - A. BINZ, *Forme e modelli di catechesi con gli adulti*, 118-122.

LATOUR T., *Catequesis familiar en los Países Bajos*, «Actualidad Catequética» 19 (1979) 519-531.

GALLAGHER J., *Introducing the Wim Saris Program*, «The Living Light» 20 (1983-84) 261-264.

KOGELMAN F. - LIEBEROM H. - SARIS W., *Miteinander den Weg suchen*, « Christlich Pädagogische Blätter» 103 (1990) 6, 294-298.

SARIS W., *Glauben lernt man miteinander*, «Christlich Pädagogische Blätter» 104 (1991) 2, 85-88.

Nihil Obstat :
Rev. Raphael Jung
Censor Librorum
Imprimatur :
Most Rev. John Baptist JUNG Shin-chul, S.T.D., D.D.
Episcopus Dioecesanus Incheonensis
2022. 4. 19.

―― *Adulti e catechesi* ――

성인 교리교육

성인 교리교육의 방법론적 요소

교회인가 2022년 4월 19일
초판 1쇄 발행 2022년 6월 24일

지은이 E. 알베리치, A. 빈즈
옮긴이 김상인

펴낸이 (사)미래사목연구소 | **펴낸곳** 위즈앤비즈
디자인 이건우
주소 경기도 김포시 고촌읍 신곡로 134 | **전화** 032)986-7141
출판등록 제409-3130000251002007000142호 2007년 7월 2일
홈페이지 miraesm.modoo.at

ISBN 978-89-92825-08-5 03230

값 18,000원

성경·교회 문헌 ⓒ 한국천주교중앙협의회, 2022.